JIRA Core

Einsteigerhandbuch für Business-Nutzer

JIRA ist ein fantastisches Softwareprodukt, das Organisationen dabei hilft, Vorgänge, Aufgaben, Prozesse und Projekte zu verwalten.

„JIRA Core“ erklärt die Grundlagen von JIRA in einem einfach zu verstehenden, nicht-technischen Format mit Fokussierung auf den Business Nutzer.

Das Buch bietet eine exzellente Erklärung der unterschiedlichen Elemente von JIRA, enthält Übungen für eine praktische Erfahrung und bietet anleitende Skripte, die dabei helfen, JIRA anzupassen, um die Anforderungen Ihrer Organisation zu erfüllen.

JIRA Core

Einsteigerhandbuch für Business Nutzer

Rynder Roy Klomp

Ins Deutsche übersetzt von Philipp Sendek

Erschienen im Verlag

KlompRS Publishing

Toronto, Canada

ISBN 978-1988018-05-8

Widmung

Ina und Rynder Klomp, meine phantastischen Eltern

Zinaida Ogibenina, eine wundervolle Schwiegermutter

Wie immer meine geliebte Frau Anna, meine Herausgeberin

Vorwort zur Übersetzung

„JIRA Core" (der Originaltitel des Buches) hat sich weltweit großer Beliebtheit erfreut; den größten Erfolg hatte es allerdings in Deutschland. Vermutlich, weil Deutschland eine wohl verdiente Reputation dafür hat, an vorderster Front in der Prozess-Entwicklung und -Automation zu stehen. Unabhängig von dem Grund bin ich begeistert von der Resonanz.

Noch erfreuter war ich, als sich Philipp Sendek mit einer Herausforderung und einer Lösung bei mir gemeldet hat. Als JIRA Berater bei Brainbits (vorher bei Accxia und Adaptavist) in Deutschland hat er viele Klienten, die mein Buch mochten. Die meisten würden jedoch bevorzugen, es in ihrer Muttersprache zu lesen. Freundlicherweise bot er an, „JIRA for the Rest of Us" ins Deutsche zu übersetzen.

Obwohl ich kein Deutsch verstehe, kann ich mir keine Person vorstellen, die besser für die Aufgabe, „JIRA for the Rest of Us" zu übersetzen, geeignet ist. Über die Monate, die Philipp am Buch gearbeitet hat, zeigte mir die Qualität seiner Fragen ein tiefes und komplexes Verständnis von JIRA (so weit, dass er ein paar kleine Fehler in der originalen englischen Version des Buches gefunden hat). Sein Fokus und seine Aufmerksamkeit für Details sind unvergleichlich. Ich kann mich glücklich schätzen, dass er die Übersetzung übernommen hat. Vielen Dank, Philipp.

Außerdem möchte ich Patrick Schuh und Sascha Emondts, Geschäftsführer der Brainbits GmbH, danken, die Philipp in diesem Projekt bestärkt und unterstützt haben. Brainbits, Patrick, Sascha und Philipp verkörpern klar die Atlassian TEAM-Kultur und erkennen, dass alle JIRA-Nutzer in Deutschland von dieser Übersetzung profitieren. Ich bin zuversichtlich, dass Sie – die/der Leser/in – mir zustimmen werden.

Inhaltsverzeichnis

Einführung

Hallo und willkommen zu **„JIRA Core - Einsteigerhandbuch für Business-Nutzer“**. Ich freue mich, Ihnen JIRA vorstellen zu dürfen; ein fantastisches Produkt, das Organisationen und Nutzern dabei hilft, Vorgänge, Aufgaben, Prozesse und Projekte zu verwalten.

In der heutigen Geschäftswelt, in der von Mitarbeitern gefordert wird, mit weniger Ressourcen in kürzerer Zeit mehr zu leisten, bedarf es nach „Automatisierungen“ und Vereinfachungen wo immer es geht. JIRA erfüllt diese Anforderungen perfekt.

Ich stolperte über JIRA, als ich nach Software suchte, die ich für ein Projekt nutzen konnte, das ich gerade erstellte. Ich suchte eine Software, die mich 1) Aufgaben verwalten lies 2) Außendienstmitarbeiter Projektstatus-Formulare von unterwegs ausfüllen lies und 3) automatische Aktionen abhängig von bestimmten Bedingungen in einem Status-Formular ausführt (z.B. eine automatische Notfall-E-Mail an den Geschäftsführer, wenn ein Projektstatus-Formular angibt, dass ein Projekt seine Deadline nicht einhalten würde). Im Grunde wollte ich etwas, das mir erlaubt, das Projekt von einem Strand in Bora Bora zu managen. Obwohl JIRA noch nicht soweit ist, letzteres zu bewerkstelligen, erfüllt es die ersten drei sehr gut, was für mich der Grund war, mich damit auseinander zu setzen. Und ich bin froh, dass ich es tat; Ich war in der Lage, ein JIRA Projekt aufzusetzen, das es einem Klient ermöglichte, ein neues Produkt landesweit schneller und mit weniger Herausforderungen zu veröffentlichen, als es mit dem bisherigen manuellen Prozess möglich gewesen wäre.

Es gibt eine ordentliche Anzahl an Büchern und Artikel, die sich an die JIRA-Nutzer richten. Obwohl die meisten davon sehr gut sind, sind fast alle von Informations Technologie (IT) Mitarbeitern für IT-Leser geschrieben. In diesen Büchern und Dokumenten liest man meistens Dinge wie „Als nächstes komprimieren Sie die parsnipialische Umgebung mit Hilfe eines, aus mehreren Teilen bestehenden, ambidextrösen Stapelalgorithmus. Hier ist ein kurzes 761-Zeilen Beispiel, wie Sie dies mit Hilfe von Bilingua ASCII code erledigen können. Für Ihr zusätzliches Vergnügen haben wir den Code in obskurem west-mongolischen Dialekt geschrieben, der schon seit 450 Jahren nicht mehr gesprochen wurde." Das mag prima für IT-Mitarbeiter sein, aber was ist mit dem Rest von uns?

Dieses Buch wurde für diejenigen geschrieben, die keinen IT Hintergrund besitzen. Es wurde in einer nicht-IT-Sprache geschrieben und ist an den Einsteiger gerichtet, der entweder mit JIRA Core arbeiten möchte, oder aufgefordert wurde, mit JIRA zu arbeiten („Sam, wir haben gerade 300 JIRA Core Lizenzen gekauft um unsere Prozesse zu optimieren. Finde doch heraus, wie es funktioniert und erstell' uns eine Lösung. Achja und das bis nächsten Dienstag."). Wenn Sie also IT-Mitarbeiter sind und nach einem Buch zu JIRA-Programmierung oder Datenbanken, sowie bestimmten Fragen bezüglich Makros und spezialisierten Installationen, etc. suchen, ist dieses Buch nicht für Sie. In diesem Fall gibt es viele andere JIRA-Bücher, die Ihre IT-Anforderungen besser erfüllen.

Was ist JIRA Core

Wie im ersten Abschnitt beschrieben, ist JIRA Core (das wir ab jetzt einfach „JIRA" nennen) im Kern ein Software-Programm, das Organisationen dabei hilft, ihre Vorgänge, Aufgaben, Prozesse und Projekte zu verwalten. Allerdings ist es „smarte Software", denn viele der lästigen Dinge, in Bezug auf Vorgänge, Aufgaben, Prozesse oder Projekte, kann recht einfach automatisiert werden. Sagen wir, Sie müssen ein Produkt, Dokument oder etwas anderes freigeben. Sie können dies in JIRA so aufsetzen, dass der Freigebende nur den „freigeben"-Knopf drücken muss und es werden automatisch Nachrichten an diejenigen herausgeschickt, die dies wissen müssen. Wenn es nicht freigegeben ist, kann der Freigebende aus einer Liste mit vordefinierten Ablehnungsgründen wählen oder selbst eine Erklärung formulieren und auch hier wird eine Nachricht an alle nötigen Personen geschickt.

„Na und?“ fragen Sie sicher „Ich kann das bereits per E-Mail oder Telefon“. Natürlich können Sie das. Allerdings, wie oft haben Sie vor gehabt, diese E-Mail direkt zu schreiben oder diesen Anruf zu tätigen, wurden dann aber vom Alltag unterbrochen? Vielleicht fiel Ihnen dann ein paar Stunden später oder am Ende des Tages ein, dass Sie ja noch diese E-Mail schreiben wollten. Wie oft erinnerten Sie sich am nächsten Tag daran oder haben es komplett vergessen, bis Sie jemand daran erinnert hat? Der Vorteil von JIRA ist, dass es Ihr stiller ‚administrativer Assistent‘ ist und es sich automatisch für Sie um solche Dinge kümmert.

JIRA begann bei Atlassian (dem Hersteller) als eine Möglichkeit, Vorgänge im Sinne von Software „Bugs“ zu verfolgen. Es dauerte nicht lange bis weitere Funktionen hinzugefügt wurden und es zu einem Projekt Management Programm herangewachsen ist, das einen Teil der Arbeit ‚automatisieren‘ kann, der zwar erforderlich ist, aber wenig Wert schafft, wie zum Beispiel das Mailen oder Anrufen eines Arbeitskollegen, wenn eine Aufgabe erledigt und bereit zur Übergabe ist.

Über die Jahre wuchs es zu einem hoch flexiblen und anpassbaren Werkzeug heran, um Arbeitsaktivitäten zu verwalten. Zusätzlich gibt es einige „plug in“-Module, die besondere Lösungen zu spezifischen Problemszenarien bieten.

Jedoch ist es kein Hilfsprogramm für jede beliebige Arbeitssituation.

Wieso? Nun, Organisationen erledigen zwei Arten von Arbeiten: Produktion (Betrieb) und Projekte. Die Produktion schließt Prozesse und Vorgänge ein, die mit geringen Veränderungen fortlaufend wiederholt werden. Bankgeschäfte, Prozesse um Forderungen/Verbindlichkeiten oder das Bauen von Fahrzeugen am Fließband sind Beispiele hierfür. JIRA ist ein exzellenter Kandidat für diese Arten von standardisierten, prozessualen Arbeiten

Projektarbeit umfasst wiederrum das Erstellen eines einzigartigen „Gegenstands“ und hat festgelegte Start- und Endtermine. Ich würde behaupten, dass, solange Sie nur die Grundfunktionen von JIRA ohne Anpassungen verwenden wollen, JIRA nicht sehr für diese Art von Arbeit geeignet ist. Ich denke, es ist womöglich schneller, ein einmaliges Projekt zu beenden, als eine angepasste JIRA Lösung für dieses Projekt aufzubauen, um das Projekt damit zu verwalten.

Um jedoch meiner vorherigen Aussage fast unmittelbar zu widersprechen gibt es noch eine dritte Art der Arbeit in Organisationen: Eine Kombination aus Produktion und Projekt. Zum Beispiel eröffnen Einzelhändler regelmäßig neue Filialen. Jede Neueröffnung ist einzigartig und wird als Projekt geleitet, jedoch eröffnen Einzelhändler genügend Filialen, dass sie produktionsartige Prozesse für diese Art von Aufgabe entwickelt haben. Gleichermaßen führen Hersteller regelmäßig neue Produkte oder Verpackungen ein. Jede Einführung wird wie ein Projekt behandelt, Firmen haben allerdings durch die Häufigkeit etablierte Prozesse entwickelt, um mit diesen Einführungen umzugehen. JIRA ist eine großartige Lösung um „wiederholbare Projekte“ zu verwalten.

Wie JIRA Core einen Beitrag leistet

Hier sind drei Beispiele, wie JIRA Core zum Geschäftswert einer Organisation beiträgt.

Ticketing

JIRA begann das Leben als „Ticketing“-Programm. Als „Ticketing“ bezeichnet man jede Art von Arbeit, die einen konstanten Fluss von eingehenden, individuellen Aufgaben oder Aufträgen umfasst, der einem Ressourcenpool zugewiesen werden muss.

Ein perfektes Beispiel ist ein IT-Helpdesk. Jede Organisation mit mehr als drei Computern hat einen IT-Helpdesk. In kleinen Firmen mag das Sam sein, dessen Aufmerksamkeit Sie dadurch erlangen, dass Sie „Hey Sam, mein Drucker funktioniert schonwieder nicht!“ quer durch den Raum brüllen. In großen Unternehmen ist dies allerdings eine ganze Abteilung, die Mitarbeitern bei deren IT-Problemen hilft. Jedes Mal, wenn ein Hilfeschrei eintrifft, wird ein „Ticket“ erstellt, um den Vorgang bis zur Lösung zu verfolgen. JIRA handhabt diese Dinge perfekt. Tickets (auch Vorgänge genannt) können von einem Manager erstellt und zugewiesen werden, oder sie können von jedem Team-Mitglied beim Erhalt eines Anrufs oder einer E-Mail erstellt werden. Viele Organisationen verwenden „Ticketing“-Abläufe überall dort, wo ein Fluss von individuellen Aufgaben herrscht, die Arbeitern zugewiesen werden müssen. Liefer- und Taxi-Unternehmen, Reparatur-Unternehmen, Textilreinigungen etc. sind Beispiele dafür.

Mit JIRA können Sie zudem Ihr Ticketing kategorisieren. Ihr IT-Helpdesk kann angepasste Vorgänge (Tickets) für Drucker-Probleme, PC-Probleme, Login-Probleme, etc. erstellen. In einem Transport-Ticketing-System können zum Beispiel zwei verschiedene Vorgangstypen angelegt werden, die davon abhängen, ob für das zu liefernde Produkt ein Kühllaster erforderlich ist oder nicht.

Prozesse und Abläufe

Wie bereits erwähnt, glänzt JIRA im Bereich der *wiederholbaren Prozessabläufe*. Ein Prozess ist eine Serie von Aktivitäten oder Aufgaben, die für das Erfüllen eines Ziels erforderlich sind. In anderen Worten: Es beschreibt, *Was* erledigt werden muss. Ein Ablauf ist im Geschäftsumfeld der Satz von Anweisungen, der die erforderlichen Schritte liefert und beschreibt, *Wie* die nötigen Aktivitäten ausgeführt werden müssen, um den Prozess abzuschließen (nicht zu verwechseln mit IT-Abläufen, die lediglich die detaillierten Schritte auflisten)

Viele Prozesse und Abläufe benötigen Prüfungen (Qualitätskontrolle oder Freigaben) sowie Übergaben an den Bereich, der als nächstes im Prozess involviert ist. Diese sind meist sehr zeitaufwändig und schaffen, im Fall von Prüfungen, keinen zusätzlichen Wert. Es ist vermutlich fair zu sagen, dass in vielen Situationen genauso viel Zeit für das Weiterleiten zur Prüfung oder Übergeben einer Aufgabe aufgebracht werden muss, wie für das Bearbeiten der Aufgabe selbst. Alles, was die dafür aufzubringende Zeit reduziert, ist von großem Wert. Zusätzlich zum Verfolgen von Prozess-Aufgaben ist JIRA, durch seine Arbeitsablauf-Komponente, herausragend im Verwalten dieser Prüfungen und Übergabe-Transfers.

Für weitere Business-Beispiele möchte ich Sie auf die Sektion „Welcher Projekttyp gewählt werden sollte“ in Kapitel 3 verweisen.

Auftragsarbeit als Team

Viele Projekte und Prozesse beinhalten das Erfüllen einer Reihe von zusammenhängenden Aufgaben innerhalb eines definierten Zeitraums. Sie haben beispielsweise eine Liste von 100 Aufgaben, die erledigt werden müssen. Ein Team mit sechs Mitgliedern entscheidet nun, zum Beispiel, dass sie *diese* 17 (von den 100) in den nächsten 30 Tagen abschließen können. Jedes Teammitglied nimmt sich dann eins dieser 17 und arbeitet daran. Sobald abgeschlossen, geht sie/er zurück zum Pool, nimmt sich einen weiteren der übrigen Objekte und arbeitet an diesem; das wird so oft fortgeführt, bis der Arbeitsrückstand von 17 Objekten abgearbeitet ist. An diesem Punkt planen sie ihren nächsten Block an Tätigkeiten.

Das obige Beispiel mag der Eröffnung einer neuen Filiale sehr ähnlich sein, bei der 400 Produktkategorien (z.B. Erdnussbutter) von einem Pool von 40 Mitarbeitern in 40 Tagen einsortiert werden müssen. Jede/r Mitarbeiter/in nimmt eine Kategorie und wenn die Produkt inie korrekt platziert ist, geht sie/er zurück und nimmt das Ticket für eine weitere Kategorie. Unter Verwendung von JIRA kann der Projektmanager einfach den Fortschritt des kompletten Projektes verfolgen.

Wieso dieses Buch

„Prozessorientiert“ beschreibt mich vermutlich am besten. Der Großteil meiner Arbeit umfasst das Entwickeln und Implementieren von Lösungen für Großunternehmen. Ich liebe es, Prozesslösungen für ein Problem zu entwickeln und zu bauen. Obwohl ich sehr viel mit Software und IT-Personen gearbeitet habe und ich tatsächlich ein Partner in einer IT-Firma bin, bin ich nicht „IT“.

Mittlerweile wissen Sie, dass es oftmals eine „Verständnislücke“ zwischen IT-Fachleuten und Geschäftsleuten gibt. Weshalb? Die Bezeichnungen und Definitionen, die IT-Personen nutzen, haben in vielen Situationen eine geringfügig andere Bedeutung als gewöhnlich. Zum Beispiel hätten Sie im täglichen Leben keine Probleme damit, zu verstehen, was ein Projekt, ein Vorgang oder ein Schema ist. Sie werden allerdings überrascht sein, wie diese Begriffe in JIRA definiert sind. Ich finde, dass das IT-Volk, wie jede spezialisierte Arbeitsgruppe, dazu neigt ihre eigene einzigartige Sprache zu sprechen. Obwohl diese spezialisierte Sprache notwendig ist, übersetzt sie sich sehr schlecht für den Rest von uns.

Zusätzlich bin ich der Meinung, dass der Großteil der JIRA Dokumentation von IT-Fachleuten für IT-Fachleute geschrieben wurde, was den Rest von uns im Dunkeln zurücklässt. Letztlich finde ich, dass die JIRA Dokumentation, obwohl sie individuelle Schritte sehr gut erklärt, keine einfach verständliche Übersicht von JIRA bietet.

Das ist der Grund, warum ich mich dazu entschieden habe, dieses Buch zu schreiben. Ich wollte verstehen, wie JIRA funktioniert und wie all die Einzelteile zusammenpassen; und ich wollte dies in einer Sprache schreiben, die diejenigen AUßERHALB der IT einfach verstehen können.

Struktur dieses Buches

Während wir uns durch das Buch arbeiten, werde ich die JIRA Benutzer in zwei Gruppen, Projekt Administrator und Benutzer, unterteilen. Der Projekt Administrator (ich gehe davon aus, das sind Sie) ist die Person, die Projekte und die verschiedenen JIRA Elemente (Vorgänge, Bildschirmmasken, Arbeitsabläufe, etc.) erstellt und verfolgt. Ich sollte anmerken, dass obwohl JIRA eine System Administrator Funktion besitzt, die die ganzen IT-Dinge steuert, dies nicht das gleiche ist wie die Rolle des Projekt Administrators. Benutzer sind die Personen, die in Projekten involviert sind, aber normalerweise keine Berechtigung haben, diese zu erstellen, zu verwalten oder zu überwachen.

Das Ziel des Projekt Administrators ist es, die JIRA Elemente für die Benutzer so einfach wie möglich zu gestalten. Wenn der Buchhalter (ein Benutzer) nur drei Felder auf einer Vorgangsmaske sehen soll, sollten ihm nicht acht angezeigt werden. Wenn die Verkaufsangestellte (ein Benutzer) nur fünf Felder auf einer bestimmten Vorgangsmaske sehen soll, sollten ihr nicht neun angezeigt werden.

Der Projekt Administrator muss die Projekte und deren Bildschirmmasken aus zwei Gründen so einfach wie möglich gestalten. Erstens gibt es keinen Grund Software zu kaufen, die den Benutzern das Leben schwerer macht. Zweitens tun Sie dies um Widerstand zu verhindern. Alles, was Benutzern das Leben schwerer macht, wird Widerstand hervorrufen. Und kontinuierlicher Widerstand führt zu Misserfolg. Es gibt zwei Hauptgründe für Widerstand bei Software: Die Benutzer sehen keinen Vorteil in der Nutzung des Produkts; oder, sie empfinden das Produkt als zu schwierig/verwirrend in der Nutzung. Insofern, obwohl JIRA per se mit den Standardeinstellungen verwendet werden kann, werden Sie es wahrscheinlich (z.B. durch Spezialisierung und Vereinfachung) anpassen wollen, um es in Ihrer Organisation zum Erfolg zu führen.

Wie bereits beschrieben, können Sie JIRA Core nutzen, sobald sie es heruntergeladen und installiert haben. JIRA Core kommt mit Standard-

„Dingen", die es einem erlauben, sehr zügig ein Projekt zu erstellen. Tatsächlich würde ich Ihnen dies sogar empfehlen. Versuchen Sie, ein Testprojekt mit Hilfe der Standardeinstellungen anzulegen und laden Sie ein paar Volontäre dazu ein daran teilzunehmen. Während Sie mit dem Projekt arbeiten, könnten Sie feststellen, dass die Standardeinstellungen gut zu Ihrer Situation passen. Was fantastisch ist, da Sie Sich keine Arbeit machen müssen, wo sie unnötig ist. Nach einer Weile werden Sie allerdings merken, dass die Standardeinstellungen doch geringfügig – oder signifikant - angepasst werden müssen, um Ihren Geschäftsansprüchen gerecht zu werden oder die Effizienz zu steigern. Diese Fähigkeit, die Software in so ziemlich jede vorstellbare Konfiguration anpassen zu können und somit fast jede beliebige Situation zu erfüllen, ist der wahre Wert von JIRA.

„Der Rest von Uns" bevorzugt es, sich auf die Software selbst zu konzentrieren, anstatt sie zu installieren; daher gehen wir davon aus, dass entweder Sie oder jemand in Ihrer Organisation JIRA Core auf Ihrem Computer installiert hat. Ebenfalls gehen wir davon aus, dass jemand die grundsätzliche Konfiguration der E-Mails und ähnlichem durchgeführt hat.

JIRA Core: Einsteigerhandbuch für Business-Nutzer wird:

- Sie durch die Erstellung eines einfachen Projektes mit Hilfe von JIRA Core-Standardvorlagen führen
- Die gängigsten Bildschirmmasken in JIRA Core und deren Funktionsweise erklären
- Die verschiedenen JIRA-Elemente (Ich nenne sie „Puzzleteile") beschreiben und aufzeigen wie diese zusammenpassen
- Das bereits angelegte Projekt mit einigen kleinen Änderungen versehen
- Eine „Spickzettel"-Sektion mit Skripten für die meisten Standardaktivitäten bereitstellen.

Nach Abschluss werden Sie ein gutes Verständnis davon haben, wie JIRA funktioniert und bereits Ihr erstes JIRA Core-Projekt erstellt haben; und Sie werden im Stande sein, eigenständig fortfahren zu können.

Was Sie nicht finden werden

Da es sich hier um ein Einsteigerhandbuch für den Business-Nutzer handelt, werden sie folgendes nicht finden:

- IT-Fachbegriffe und Details
- Programmiersprachen
- JIRA-Systeminstallation und -konfiguration
- Themen, die ich als weiterführend und fortgeschritten einstufe

Der letzte Punkt enthält die Anpassung der Startseiten; Denn ich habe noch nie jemanden sagen hören „Roy, bevor ich lerne ein Projekt und einen Vorgang zu erstellen, könntest du mir zeigen, wie ich eine Startseite anlege."

Annahmen

Beim Schreiben dieses Buches treffen wir folgende Annahmen über Sie:

1. Sie sind ein Einsteiger in der Arbeit mit JIRA Core
2. Sie sind ein „Business"-Nutzer, keine IT-Fachkraft
3. Sie haben eine Kopie von JIRA Core bereits auf Ihrem Computer installiert
4. Ihnen wurden „Projekt Administrator"-Rechte gewährt. „Projekt Administrator"-Rechte bedeuten, dass Sie einige Änderungen an der Applikation durchführen können. Falls nicht, stellen Sie dies bitte direkt sicher, da Sie dies für Anpassungen an der Applikation benötigen. Falls Ihre IT sich sträubt, erklären Sie Ihnen, dass Sie nicht

um „JIRA System Administrator“-Rechte, sondern lediglich „JIRA Projekt Administrator“-Rechte bitten. Der System-Administrator hat Zugriff auf sämtliche IT-Dinge im Hintergrund; Sie möchten und brauchen dies nicht. Der JIRA „Projekt Administrator“ erlaubt es Ihnen, „geschäftsbezogene“ Änderungen in Projekten durchzuführen.

ACHTUNG: In einzelnen Organisationen könnte der Projekt Administrator auch „Entwickler“ (Englisch: „Developer“) oder ähnlich heißen. Das Ziel ist es, die Berechtigung zum Entwerfen und Erstellen von „JIRA Core“-Projekten zu bekommen, ohne von Sicherheitsrichtlinien blockiert zu werden.

Formatierung

Um zu versuchen, Ihnen das Verständnis all dieser Dinge zu vereinfachen, werden in diesem Buch die folgenden Formatierungen verwendet

ACHTUNG: Deutet auf eine Warnung oder Grund zur Vorsicht

Reguläre Schrift (wie diese) wird für normalen Text verwendet.

1. Kleine Großschrift wird für Instruktionen für Sie zum Umsetzen verwendet (z.B. Klicken SIE **Hinzufügen**).

Fette Schrift wird auf ein Element in JIRA wie einen Button, einen Link, ein Feld, eine Bildschirmmaske, etc. hinweisen. Außerdem wird es einige wichtige Nachrichten hervorheben.

Kursive Schrift wird auf einen Begriff aus JIRA, wie einen Schritt, einen Status, etc. hinweisen oder es handelt sich womöglich um eine Information, die Sie in ein JIRA-Feld eintragen sollen.

Das Wort „**Bildschirmmaske**“ bezieht sich auf etwas, das der **Nutzer** sieht, wenn er mit einem Vorgang oder Projekt arbeitet. Ein **Nutzer** hat sehr eingeschränkte Rechte, die in der Regel darauf reduziert sind, nur Bildschirmmasken zu sehen, die für das Erledigen seiner oder ihrer Aufgaben erforderlich sind

ANMERKUNG oder **TIPP:** Weist auf eine Anmerkung oder einen nützlichen Tipp hin

Ist es wirklich so einfach, mit JIRA zu arbeiten? Nein, es erfordert Übung. Ich würde jedoch stark behaupten, dass es nicht die Software ist, die schwierig ist. Die Realität ist, dass das Entwerfen eines Prozesses oder Projektes als solches und unabhängig von der Software, eine sehr schwierige Aufgabe ist. Aus dieser Perspektive betrachtet, glaube ich, dass JIRA eine der einfachsten Softwares für das Arbeiten mit Prozessen und Projekten ist. Sie haben über die Jahre wirklich sehr hart daran gearbeitet, ein schwieriges Thema in eine Software zu überführen, die so intuitiv wie möglich ist.

Die gute Nachricht ist, dass es innerhalb einer relativ kurzen Zeit wirklich sehr instinktiv benutzt werden kann. Ich empfehle als erste Übung das Anlegen eines fiktiven Projekts; Zeichnen Sie es auf Papier auf und spielen Sie damit in JIRA um ein „Gefühl" dafür zu bekommen, wie die einzelnen JIRA-Elemente zusammenpassen. Ich habe es geschafft, also schaffen Sie es auch!

WAS BEDEUTET JIRA?

Falls Sie sich wundern, was JIRA bedeutet, ist hier eine sinngemäße Übersetzung der Erklärung von der Atlassian JIRA Webseite.

"Wie alle guten Namen in der Software-Industrie, begann es als interner Codename.

Ursprünglich verwendeten wir Bugzilla für unsere Fehlerverfolgung und die Entwickler im Büro begannen damit, es bei dem japanischen Namen für Godzilla, Gojira (die originalen Schwarzweißfilme des japanischen Godzilla sind zudem Lieblingsfilme im Büro), zu nennen. Als wir unser eigenes Fehlerverfolgungstool entwickelten und es zu einem Vorgangsverwaltungstool wurde, ist der Name hängen geblieben, das „Go" wurde jedoch entfernt – daher JIRA!

Weitere Ermittlungen haben aufgedeckt, dass „Gorira" im Japanischen für „Gorilla" und „Kujira" für „Wal" steht. Gojira bedeutet also frei übersetzt „Gorilla mit der Größe eines Wals"! (Danke an yusuke_arclamp — Okt 2002)"

Kapitel 1 – Erstellen Sie Ihr erstes JIRA-Projekt

KAPITELZIELE

Ich vermute, rein logisch sollten wir dieses Buch damit beginnen, die technischen Elemente von JIRA Core und deren Zusammenarbeit zu erklären. Allerdings, wenn Sie wie die meisten Menschen sind, wollen Sie sicherlich so schnell wie möglich anfangen. **In diesem Kapitel werden Sie also Ihr erstes Projekt sowie Ihren ersten Vorgang in diesem Projekt erstellen**.

Am Ende des Kapitels werden Sie ein gutes Verständnis von Projekten, dem Erstellen von Vorgängen und den Vorgangsdetail-Masken haben.

ANMERKUNG: Die Kapitel nach dem folgenden werden die meisten Ihrer Fragen, wie zum Beispiel „wie funktioniert es?“ und „wo kann ich das finden?“, beantworten.

ERSTELLEN SIE IHR ERSTES PROJEKT

Um Ihr erstes Projekt anzulegen, folgen Sie den Instruktionen:

1. KLICKEN SIE IN DER **HAUPTMENÜLEISTE** AUF **PROJEKTE**
2. KLICKEN SIE IM **PROJEKTMENÜ** AUF **PROJEKT ERSTELLEN**

ACHTUNG: Sie werden gegebenenfalls aufgefordert, sich mit Ihren Zugangsdaten im Administrationsbereich anzumelden.

Es öffnet sich der „Projekt erstellen"-Assistent wo sie den **Business-Projekttyp** auswählen werden:

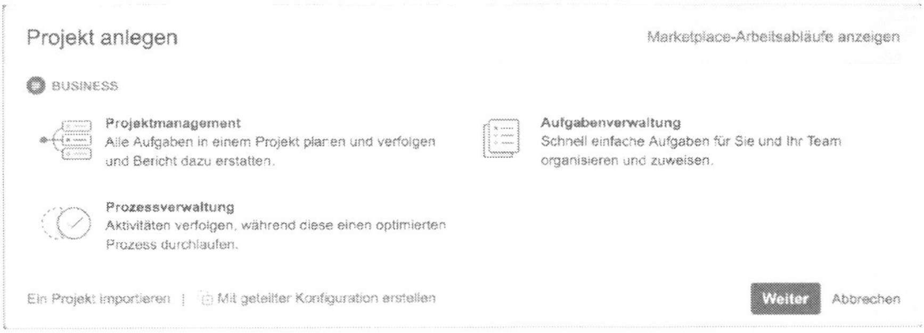

1. HIER KÖNNEN SIE AUS DREI TYPEN WÄHLEN: PROJEKTMANAGEMENT, AUFGABENVERWALTUNG UND PROZESSVERWALTUNG. KLICKEN SIE AUF **AUFGABENVERWALTUNG** UND ANSCHLIEßEND AUF **WEITER**.

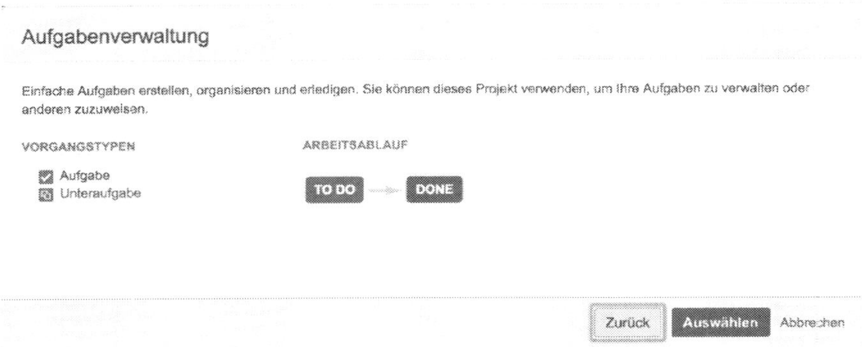

Dieses Popup bietet Ihnen eine Übersicht des Projekttyps. Es zeigt, dass es zwei **Vorgangstypen** enthält, sowie den **Arbeitsablauf** der mit dieser Wahl einhergeht. Wir werden Vorgangstypen und Arbeitsabläufe noch besprechen, aber für jetzt

2. KLICKEN SIE **AUSWÄHLEN**

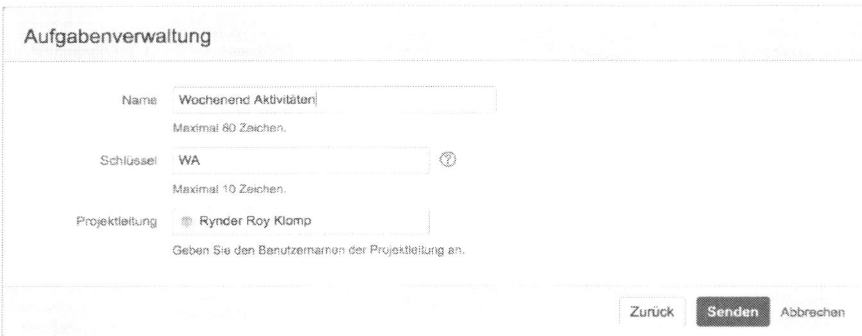

Hier benennen Sie Ihr Projekt und weisen einen Projektleiter zu.

3. GEBEN SIE IM **NAME**-FELD NUN „*WOCHENEND AKTIVITÄTEN*" EIN.

Beachten Sie, dass während dem Tippen des Projektnamen das Feld **Schlüssel** automatisch mit Großbuchstaben gefüllt wird. Der **Projektschlüssel** erfüllt zwei Funktionen. Erstens identifiziert JIRA mit dessen Hilfe Ihr Projekt in der internen Datenbank. Dieses Schlüsselfeld erstellt eine einzigartige Kombination von Buchstaben, die Ihr derzeitiges Projekt von allen anderen Projekten unterscheidet. Zweitens, wird immer wenn ein Vorgang in diesem Projekt erstellt wird, JIRA diesem Vorgang einen Vorgangsschlüssel zuweisen, der mit Ihrem Projektschlüssel beginnt (z.B. WA-001, WA-002, etc.). Sie können den Projektschlüssel auch nachträglich ändern, doch dies ist weder eine einfache noch weise Angelegenheit.

4. Prüfen Sie, ob im **Projektleiter**-Feld automatisch Ihr Name eingetragen wurde und falls nicht, tragen Sie dort Ihren **Nutzernamen** ein

Sie sind nun Besitzer dieses Projekts.

5. Klicken Sie auf **Senden**

Herzlichen Glückwunsch, Sie haben soeben Ihr erstes Projekt in JIRA Core erstellt und sollten nun auf die „**Offene Vorgänge**"-Seite weitergeleitet worden sein. Hier werden alle Vorgänge in Ihrem Projekt angezeigt. Da Sie allerdings noch keine angelegt haben, sieht dieser Bildschirm folgendermaßen aus:

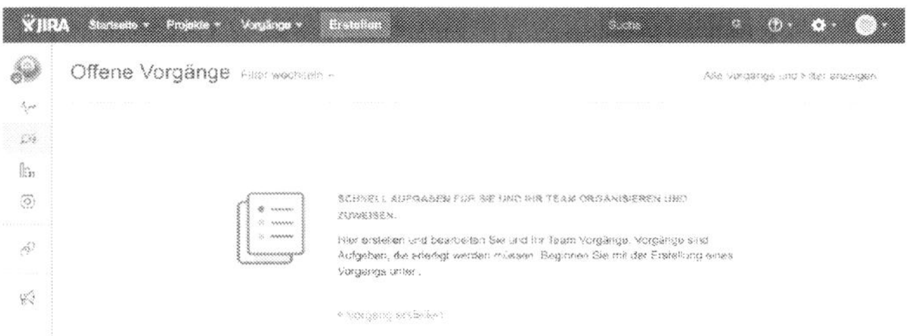

Wir werden uns die „Offene Vorgänge"-Seite in Kapitel 3 noch detaillierter ansehen und Ihnen zeigen, wie Sie verschiedene Änderungen durchführen können, doch jetzt werden wir erst einmal unseren ersten Vorgang im „**Wochenend Aktivitäten"-Projekt** erstellen.

Erstellen Sie Ihren ersten Vorgang

1. Klicken Sie auf der Hauptmenüleiste auf **Erstellen**

Das „**Vorgang erstellen“**-Popup öffnet sich

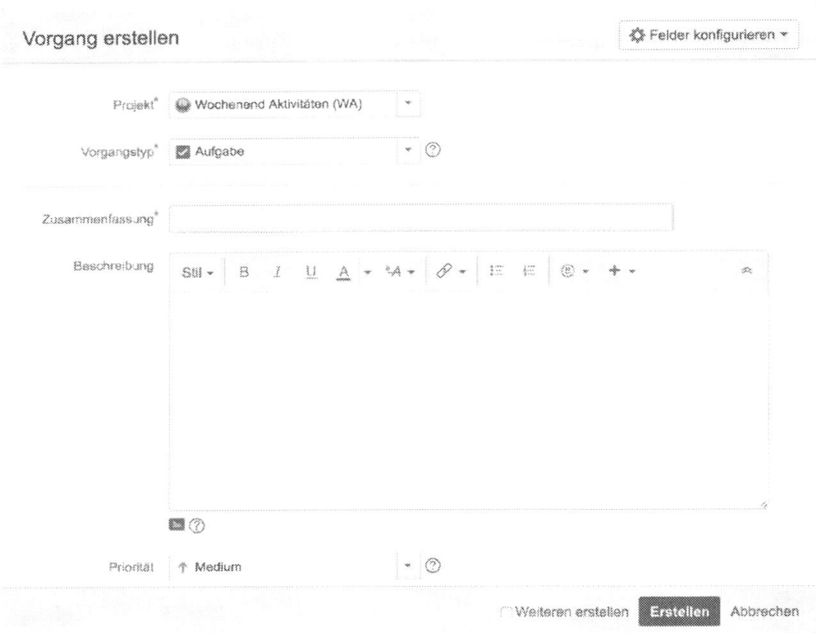

2. Wählen Sie „Wochenend Aktivitäten“ im **Projekt**-Feld aus, falls dies nicht bereits ausgewählt ist.

3. Wählen Sie **Aufgabe** aus dem **Vorgangstyp**-Feld aus, falls dies nicht bereits ausgewählt ist.

4. Geben Sie *„Neue Wochenend Hausarbeit“* im **Zusammenfassung**-Feld ein

5. Im **Beschreibung**-Feld können Sie eine Beschreibung Ihres neu erstellten Projektes eingeben, sowie mit Hilfe der Symbole in der Werkzeugleiste oberhalb des Textfeldes

Stil, Schriftart, Größe, einen Link oder/und einen Anhang, etc. auswählen.

6. Wählen Sie **High** aus dem **Priorät**-Feld aus indem Sie auf den Dropdown-Pfeil klicken.

7. KLicken Sie auf **Erstellen**

Woo Hoo! Sie haben Ihren ersten Vorgang erstellt. Lassen Sie uns einen genaueren Blick darauf werfen.

Wenn Sie Ihren Vorgang erstellt und die Seite anschließend neu geladen haben, wird dieser auf der „**Offene Vorgänge**“-Seite angezeigt. Dieser Bildschirm zeigt die Details Ihres Vorgangs/Ihrer Vorgänge:

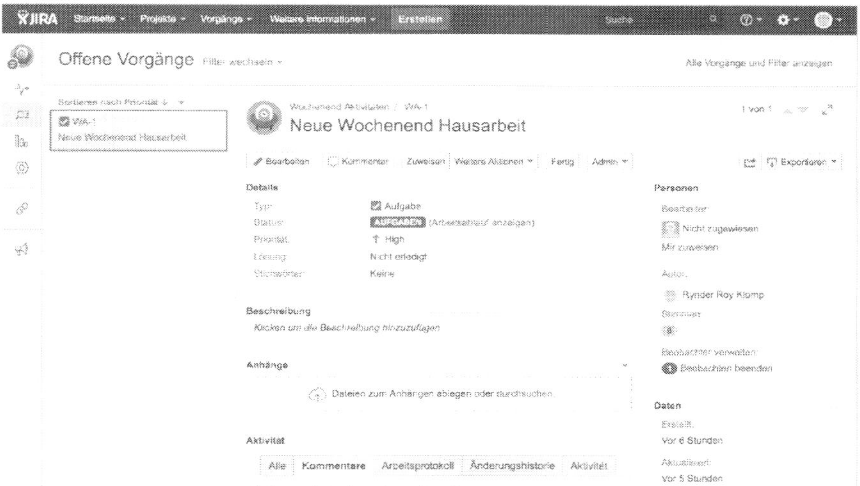

Wow, ganz schön gefüllter Bildschirm, oder? Wenn Sie wissen wollen, was mit Ihrem Vorgang passiert, schauen Sie am besten hier. Keine Sorge wegen all der Informationen; dieser Bildschirm wird vermutlich der am meisten aufgerufene werden und Sie werden sich schnell daran gewöhnen. Lassen Sie uns einen kurzen Blick auf diesen Bildabschnitt werfen.

Da Sie lediglich einen Vorgang angelegt haben, wird der Name des Vorgangs – **Neue Wochenende Hausarbeit** – sowie der automatischgenerierte Vorgangsschlüssel – **WA-1** – Ihnen bereits angezeigt (auf vorigem Bild rot umrahmt).

Falls Sie hier viele Vorgänge angezeigt bekommen, können der „**Sortieren nach Priorität“-** oder der **Pfeil-Button zum Sortieren nach einem anderen Feld** eine große Hilfe sein, die Vorgänge für Sie zu organisieren.

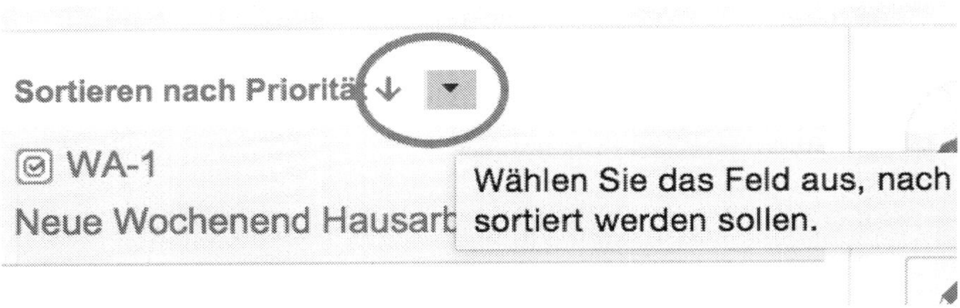

Die Kopfzeile links im Vorgangsdetails-Bereich zeigt den Namen vom **Projekt**, den **Vorgangsschlüssel** und die **Zusammenfassung** des Vorgangs an:

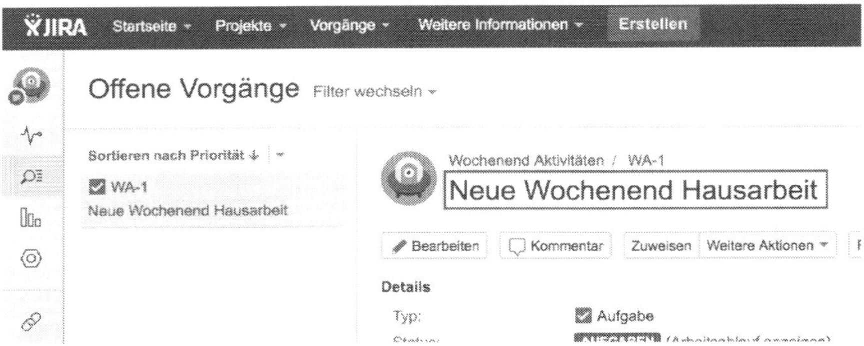

Ja, ein wenig verwirrend: Was Sie oder ich als „Titel“ oder „Vorgangsname“ bezeichnen würden, nennt JIRA eine „Vorgangszusammenfassung“.

Als ich damals anfing mit JIRA zu arbeiten, war die „Zusammenfassung“ die Sache, die mich am meisten verwirrte. Ich suchte nach einem Feld um den Namen oder Titel des Vorgangs eingeben zu können, konnte aber keines finden. Ich weiß nicht, wieso sie das Feld nicht einfach „Vorgangsname“ oder ähnlich nennen, sodass wir, die normalen Nutzer, es verstehen. Aber es ist deren Produkt und sie können tun was sie möchten, also lassen Sie uns einfach damit leben.

Darunter finden Sie die Vorgangsmenü-Leiste, die mit dem **Bearbeiten**-Symbol (Stift) beginnt:

KLICKEN SIE AUF DEN **BEARBEITEN-BUTTON**:

Die **Vorgang Bearbeiten**-Maske ist identisch mit der **Vorgang erstellen**-Maske, jedoch können Sie hier weitere Informationen wie das **Fälligkeitsdatum**, den **Bearbeiter** und den **Autor** eintragen, was wir beim Erstellen des Vorgangs nicht getan haben. Dies ist sehr nützlich, wenn Sie weitere Informationen hinzufügen oder bestehende Informationen bearbeiten wollen. Auf dieser Maske können sie außerdem einfach (per Ziehen und Ablegen) einen **Anhang** hinzufügen, ein Stichwort erstellen oder einen **Kommentar** posten. Zudem können Sie einschränken, wer diesen Kommentar sehen darf, indem Sie auf das Schloß-Symbol neben **Anzeigbar durch alle Benutzer** am unteren Ende der Seite klicken.

1. Klicken Sie neben dem **Fälligkeitsdatum** auf das **Kalender**-Icon und wählen Sie kommenden Samstag aus

2. VERGEWISSERN SIE SICH, DASS IHR **NAME** IM **BEARBEITER**-FELD STEHT.

   TIPP: Falls Ihr Name nicht im **Bearbeiter**-Feld steht, können Sie ihn auf einen der drei folgenden Wege eintragen:

   i. KLICKEN SIE DEN BLAUEN **MIR ZUWEISEN**-TEXT UNTERHALB DES **BEARBEITER**-FELDES AN.

   ii. BEGINNEN SIE TEILE IHRES **NAMEN** ODER **BENUTZERNAMEN** IM **BEARBEITER**-FELD ZU TIPPEN

   (JIRA bietet eine Autovervollständigung in diesem Feld an; sobald Sie etwas in diesem Feld tippen, liefert JIRA Ihnen eine Reihe von Optionen)

   iii. KLICKEN SIE AUF DEN PFEIL NACH UNTEN NEBEN DEM **BEARBEITER**-FELD UND WÄHLEN SIE IHREN **NAMEN** AUS DER LISTE.

Wenn Sie fertig sind, vergessen Sie nicht auf **Aktualisieren** zu klicken.

Die anderen Menü-Einträge ignorieren wir erst einmal (Keine Sorge, wir werden Sie an späterer Stelle im Buch unter die Lupe nehmen).

Unterhalb des **Bearbeiten**-Buttons in der **Details**-Sektion sehen Sie, der Vorgangstyp ist Aufgabe; Status: AUFGABEN; Priorität: Hoch.

Auf den ersten Blick haben Sie es vielleicht nicht gesehen, doch alle Informationen, die Sie beim Erstellen und späteren Bearbeiten des Vorgangs eingegeben haben, sind irgendwo auf diesem Bildschirm zu finden.

In der **Beschreibung** finden Sie den Text, den Sie beim Erstellen des Vorgangs eingegeben haben.

Die **Anhänge**-Sektion listet Vorschaubilder und/oder Dateien auf, die Sie angehängt haben. Falls nicht, und Sie wollen welche hinzufügen, ziehen und legen Sie ein Bild oder eine andere Datei einfach mit der Maus auf einer beliebigen Stelle der Vorgangsdetails-Maske ab. Sie können allerdings auch die üblichen Methoden zum Einfügen verwenden (mittels Tastatur oder Rechtsklick).

In der **Personen**-Sektion finden Sie Ihren Namen als der **Bearbeiter** des Vorgangs.

Zu guter Letzt finden Sie in der **Daten**-Sektion unterhalb der Personen-Sektion das **Fälligkeitsdatum** des Vorgangs.

Sie finden hier noch weitere Informationen, von denen Sie vermutlich denken, dass sie nichts mit Ihrem Vorgang zu tun haben. Keine Sorge, es ist erstaunlich wie schnell man lernt die unnötigen Informationen zu ignorieren und sich auf die wirklich wichtigen Felder zu konzentrieren.

Wenn Sie die „Vorgang anzeigen"-Maske in vergrößerter Ansicht (in Vollbild) sehen möchten, können Sie dies mittels Klick auf den **Vorgangsschlüssel-Link** über der Zusammenfassung des Vorgangs aufrufen:

Um zur „Offene Vorgänge"-Ansicht zurückzukehren, klicken Sie auf den Link „**Wochenend Aktivitäten**" (Projektname):

Später werden Sie ebenfalls lernen, wie Sie die verschiedenen JIRA Core Bildschirmmasken und Felder modifizieren; Die **Vorgangsdetails**-Bildschirmmaske ist jedoch eine Maske, die Sie nicht selbst modifizieren können. Um diese Maske anzupassen benötigt es Entwickler, die tief in das Innere des Programms steigen müssen, um dort Änderungen vorzunehmen.

Ganz links im „Offene Vorgänge"-Bildschirm befindet sich die **Projektnavigations-Seitenleiste**, die wir bald in Kapitel 3 „Projekte" genauer behandeln werden.

Kapitel 2 - Eine Tour durch JIRA Core

KAPITELZIELE

In diesem Kapitel werden wir eine Tour durch jedes Element der JIRA Core-Menüleiste unternehmen.

Am Ende dieses Kapitels werden Sie ein gutes Verständnis davon haben, wie die einzelnen JIRA Core-Elemente zusammenpassen und wie Sie durch die Anwendung navigieren können.

> Anmerkung: Für dieses Kapitel empfiehlt es sich, eine Kopie der Software geöffnet zu haben und einen Blick auf die Elemente zu werfen, wie wir sie in diesem Kapitel behandeln.

JIRA ist ein äußerst mächtiges Tool, das dabei unterstützen kann die Effizienz Ihrer Organisation zu verbessern und Ihnen gleichzeitig das Leben leichter zu machen.

Während der Großteil der Arbeit in JIRA hinter den Kulissen stattfindet, um den Nutzern ihren Job so einfach wie möglich zu machen, bedarf es trotzdem eine gewisse Zeit für die „Projekt Administratoren" (das wären dann Sie) um das System kennen zu lernen und es den Anforderungen Ihrer Organisation anzupassen. Folgend finden Sie zwei Beispiele dafür, was ich damit meine. Das erste Bild zeigt die **Vorgangsdetails-Bildschirmmaske**, die der Nutzer angezeigt bekommt, wenn er seinen zugewiesenen Vorgang öffnet:

Das folgende Bild ist ein Diagramm der Elemente in JIRA Core und deren Beziehung zueinander:

JIRA Elemente und ihre Beziehungen

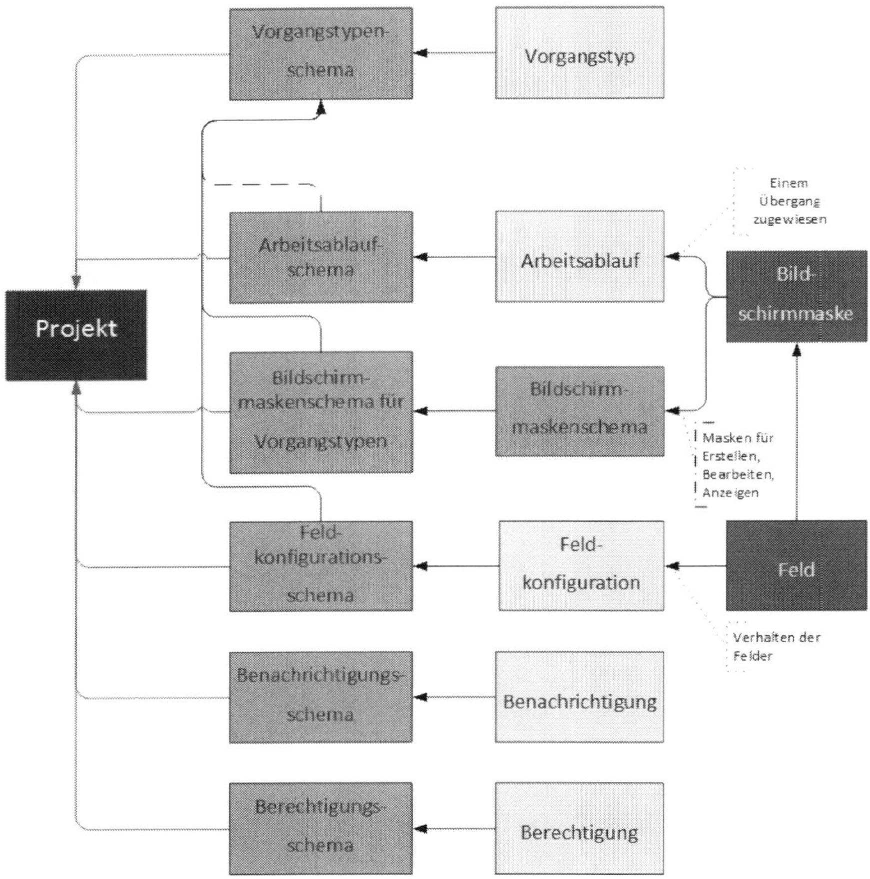

Es gibt ein Sprichwort, das besagt: „Skifahren ist einfach zu lernen, aber schwer zu meistern. Snowboardfahren ist schwer zu lernen, aber leicht zu meistern.“ JIRA verhält sich ein wenig analog zu Snowboardfahren in diesem Sprichwort. Es ist schwierig zu lernen, aber relativ einfach zu meistern. Die beiden Bilder, die Sie eben sahen, geben Ihnen einen Eindruck darüber, das JIRA NICHT so intuitiv ist wie übliche

Textverarbeitungprogramme, Tabellenkalkulationsprogramme oder Qlik Sense. Aber keine Panik! Das Buch soll dazu dienen, Ihre Lernkurve so leicht wie möglich zu machen.

Die gute Nachricht ist, dass JIRA bereits mit Standardeinstellungen für viele seiner Funktionen ausgestattet ist; es ist so möglich eine Aufgabe, einen Prozess oder ein Projekt aufzusetzen ohne hierfür etwas Besonderes tun zu müssen. Wenn Ihre Organisation JIRA Core lediglich für ein Projekt mit ein oder zwei Vorgangstypen verwendet, können Sie JIRA vermutlich direkt mit den vorgefertigten „out of the box"-Einstellungen verwenden. Wenn Sie allerdings ein komplexes Projekt mit vielen Vorgangstypen haben, werden Sie einzelne oder gar all diese Elemente anpassen müssen.

In diesem Kapitel werden wir Ihnen die Hauptbildschirme in JIRA Core sowie deren Arbeitsweise zeigen.

Ich nehme an, dass Sie JIRA Core installiert (bekommen) haben und über gültige **Zugangsdaten** verfügen.

Loggen Sie sich im folgenden Login-Bildschirm in JIRA Core ein:

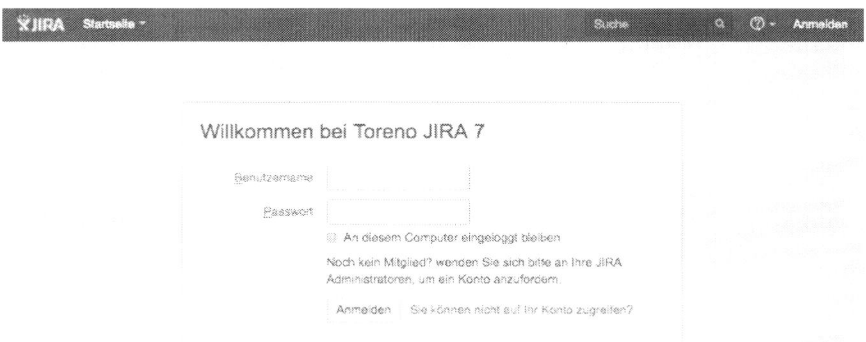

Haben Sie sich erfolgreich eingeloggt, sehen Sie das **System Dashboard**:

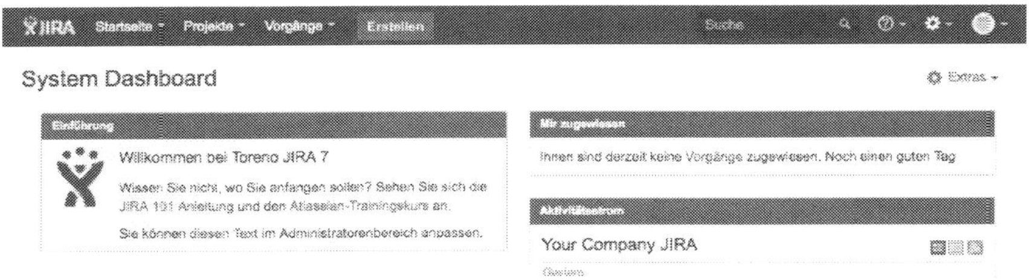

Dieser Bildschirm hat zwei Hauptsektionen: Die **Menüleiste** und den **Hauptbildschirm**.

MENÜLEISTE

Wie in vielen anderen Programmen hilft die Menüleiste Ihnen dabei, durch die Applikation zu navigieren und dient beim Ausführen von Aktionen.

Sie werden diese Leiste immer sehen, egal wo Sie sich gerade in JIRA Core befinden.

Lassen Sie uns die jeweiligen Menüpunkte durchgehen.

ORGANISATIONSNAME

Sie werden vermutlich „JIRA“ und dessen Symbol (**Avatar**) sehen, außer es wurde bereits geändert, sodass Sie dort das Logo und den Namen Ihrer Organisation sehen. JIRA ist die Standardeinstellung. Mit einem Klick darauf kommen Sie zurück zum **System Dashboard**, was sehr hilfreich ist, wenn Sie irgendwo tief in der JIRA Core Software stecken und schnell auf diesen Hauptschirm zurückkehren wollen.

STARTSEITEN

Eine **Startseite** (oder auch **Dashboard**) ist eine Sammlung von Ansichten oder Werkzeugen, die meist auf ein gewisses Thema ausgerichtet sind. Darunter sehen Sie, auf dem Hauptbildschirm, das standardmäßige „System Dashboard“.

Klicken Sie auf den Pfeil nach unten im Startseite-Menü und Sie können erkennen, dass das Menü in zwei Abschnitte aufgeteilt ist. Der erste Teil, über der horizontalen Linie, ist **System-Dashboard anzeigen** und ein Klick darauf öffnet das **System-Dashboard**, das Sie gerade sehen. An dieser Stelle würden Sie außerdem weitere benutzerdefinierte Startseiten aufgelistet bekommen, die Ihre Organisation bereits angelegt und für Sie sichtbar gemacht hat. Unter der horizontalen Linie sollte der Menüeintrag **Dashboards verwalten** stehen. Ein Klick darauf bringt Sie zur Sektion in JIRA Core in der Sie neue Startseiten erstellen oder vorhandene Startseiten nach Ihren Wünschen anpassen können. Dies sind fortgeschrittene Aufgaben und obwohl wir dieses Thema in diesem Buch nicht behandeln, können Sie diese in meinem Buch „JIRA for Intermediates“ (Englisch, Veröffentlichung: Spätsommer 2016, Beziehbar bei Amazon) finden.

Projekte

Das **Projekte** Menü ist in fünf Abschnitte unterteilt. Der erste (oben) enthält Ihr aktuelles Projekt und zeigt demnach das letzte Projekt, an dem Sie gearbeitet haben oder an dem Sie gerade arbeiten.

Der zweite Abschnitt zeigt die letzten Projekte an denen Sie gerarbeitet haben. Im Grunde handelt es sich dabei um Schnellzugriffe.

Der dritte Abschnitt ist eigentlich ein Filter für Projekttypen. Es gibt (zum jetzigen Zeitpunkt) nur drei verfügbare Typen und es ist abhängig von der/den JIRA Lizenz/en, die Sie gekauft haben. Wenn Sie lediglich über die JIRA Core-Lizenz(en) verfügen, werden Sie in diesem Bereich nur „Business“ aufgelistet bekommen. Sollten Sie zusätzlich JIRA Software- und JIRA Service Desk-Lizenzen gekauft haben, werden Sie hier ebenfalls „Software“ und „Service Desk“ aufgeführt sehen. Ein Klick auf eine dieser Elemente bringt Sie zu einer Liste von Projekten, die dem gewählten Typ entsprechen.

Im vierten Abschnitt werden alle Projekte aufgelistet, an denen Sie arbeiten oder für die Sie berechtigt sind.

Der letzte Abschnitt befasst sich mit dem Erstellen von Projekten. Sie können in JIRA praktisch nichts tun, bevor Sie nicht ein Projekt erstellt haben; beispielsweise **können Sie nur innerhalb eines Projektes neue Vorgänge erstellen und an ihnen arbeiten**. Sie können über zwei Wege ein neues Projekt erstellen: Mit einem Klick auf **Projekt erstellen**, das Sie zu einem Assistenten führt, mit dem Sie tatsächlich ein Projekt erstellen (aber gehen Sie nicht so weit, wir kommen noch dazu); oder mit Klick auf „**Importiere ein externes Projekt**". Ich höre Sie jetzt schon denken: „Hey, cool, ich kann *einfach* meine Excel- oder MS Project-Datei importieren und loslegen.". Obwohl die Importfunktion tatsächlich unkompliziert ist, ist es definitiv nicht „einfach". Sie müssten diese Dateien zuerst noch in das CSV-Format umwandeln. Diese Option ist definitiv nicht für Einsteiger.

VORGÄNGE

Vorgänge (Issues) in JIRA sind nichts, was Sie mit Ihrem Psychiater oder besten Freund besprechen. Wie Sie sich vielleicht erinnern, begann JIRA als Hilfe für Programmierer um deren Vorgänge (Issues) beim Designen und Bauen von Software zu verfolgen. Dadurch, dass JIRA zu einer Projekt-Management-Software heranwuchs, blieb dieser ursprüngliche Begriff erhalten. [Anm. d. Übers.: Das in JIRA verwendete, englische Wort für Vorgänge lautet „Issues". Übersetzt kann es neben „Vorgang" u.a. Angelegenheit oder Problem bedeuten, worauf sich das obige Wortspiel des Autors, bezüglich des Psychiaters, bezieht.]. Ein **Vorgang** kann am besten als etwas definiert werden, das erledigt, behoben oder gelöst werden muss. Wenn Sie in JIRA Vorgänge erfassen möchten, ist „Vorgang" die perfekte Bezeichnung. Wenn Sie JIRA für die Erstellung von Aufgaben verwenden möchten, ist es vielleicht nicht die beste Beschreibung, jedoch werden Sie sich schnell an das Wort gewöhnen.

Das **Vorgänge-Menü** ist in mehrere Teile unterteilt. Ich beginne mit **Nach Vorgängen suchen**, da es so einfacher zu erklären ist.

VORGANGSNAVIGATOR BILDSCHIRM

KLICKEN SIE IN DER HAUPTMENÜLEISTE AUF VORGÄNGE | NACH VORGÄNGEN SUCHEN

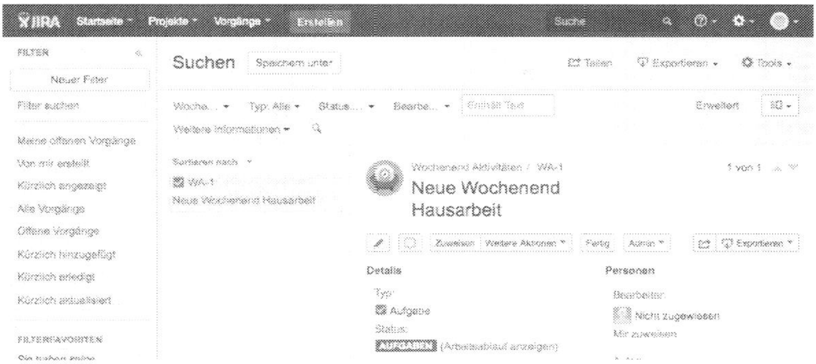

und Sie befinden Sich jetzt auf der **Vorgangsnavigator**-Seite.

Der Vorgangsnavigator trägt die Überschrift **Suchen** und führt alle Vorgänge auf, inklusive denen die noch nicht gestartet oder bereits als **fertig** markiert wurden. Auf der linken Seite gibt es eine Spalte (wie auf obigem Bild erkennbar), die eine Reihe von Filtern anzeigt. Sie können diese vorerst ignorieren, da wir uns noch etwas später in dieser Sektion mit Filtern beschäftigen werden.

Unter dem Wort **Suchen** und dem **Speichern unter**-Button finden Sie eine Reihe von Worten: **Projekt: Alle**, **Typ: Alle**, **Status: Alle**, **Bearbeiter: Alle**, **Enthält Text**, **Weitere Informationen**, etc. Ein Klick auf eines von diesen öffnet eine Reihe von Suchoptionen, aus denen Sie wählen können. Zum Beispiel ist die Standardsuche so eingestellt, alle Vorgänge aller Projekte anzuzeigen. Wenn Sie jedoch eines Ihrer Projekte aus der Drop-Down-Liste unter **Projekt** auswählen**,** werden lediglich die Vorgänge in diesem Projekt aufgeführt. Es könnte auch sein, dass Sie lediglich die Vorgänge sehen wollen, die **„In Arbeit"** als **Status** und „Betty Sue" als **Bearbeiter** gesetzt haben. Wählen Sie jedes dieser Elemente in deren jeweiligen Menüs aus, wird die Suche auf eine überschaubarere Menge reduziert.

Der **Erweitert**-Link erlaubt Ihnen das Anwenden von Filtern auf Basis von Feldwerten und logischen Argumenten. Dabei handelt es sich um ein Thema für Fortgeschrittene, also lassen Sie uns fortfahren.

Das letzte Element in der Suchoptionen Leiste ist der **Ansicht ändern-Button**, der es Ihnen nach Belieben ermöglicht, zwischen der **Listenansicht** und der **Detailansicht** zu wechseln. Wenn Sie diesen Bildschirm das erste Mal aufrufen, sehen Sie die Detailansicht:

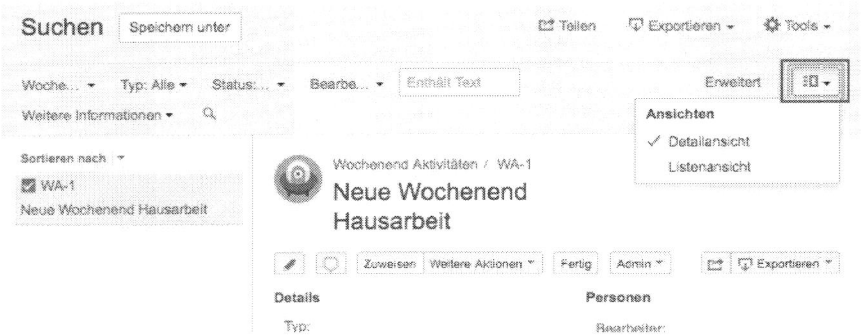

Als zusätzlichen Bonus können Sie, nachdem Sie die oben beschriebenen Suchen ausgeführt haben, Ihre spezifische Suche speichern indem Sie auf, Sie haben es vermutlich schon geahnt, den **Speichern unter**-Button klicken.

Wenn Sie sich einloggen, wird **Nach Vorgängen suchen** tatsächlich die erste Option sein, die Sie sehen, wenn Sie in der **Menüleiste** auf **Vorgänge** klicken. Wenn Sie jedoch dieses Menü das nächste Mal öffnen, wird **Aktuelle Suche** als erstes Element in der Liste erscheinen. Ein Klick auf **Aktuelle Suche** wird Sie zur gleichen **Vorgangsnavigator**-Seite führen, jedoch sehen Sie dort anstatt all Ihrer Vorgänge das Resultat Ihrer letzten Suche. Das ist sehr hilfreich, wenn Sie auf einem anderen JIRA Core-Bildschirm arbeiten und auf Ihre letzte Suche zurückkommen wollen.

Der zweite Abschnitt im **Vorgänge**-Menü listet Ihre letzten fünf **aktuellen Vorgänge** auf. Klicken Sie auf einen davon, wird sich der **Vorgangsdetails**-Bildschirm dieses Vorgangs öffnen. Sie können auf

„**mehr...**“ klicken um, nunja, mehr zu sehen. Gewöhnlich listet ein Klick auf **mehr...** ihre 25 zuletzt aufgerufenen Vorgänge auf.

Als nächstes haben wir einen Abschnitt namens **Vorgänge aus CSV-Datei importieren**. CSV steht für Comma Separated Values (zu Deutsch: komma-separierte Werte). Unnötig zu sagen, dass dies IT-Terminologie und kein Einsteigerthema ist, wir uns also mit dem nächsten Abschnitt im **Vorgänge**-Menü, namens **Filter**, befassen.

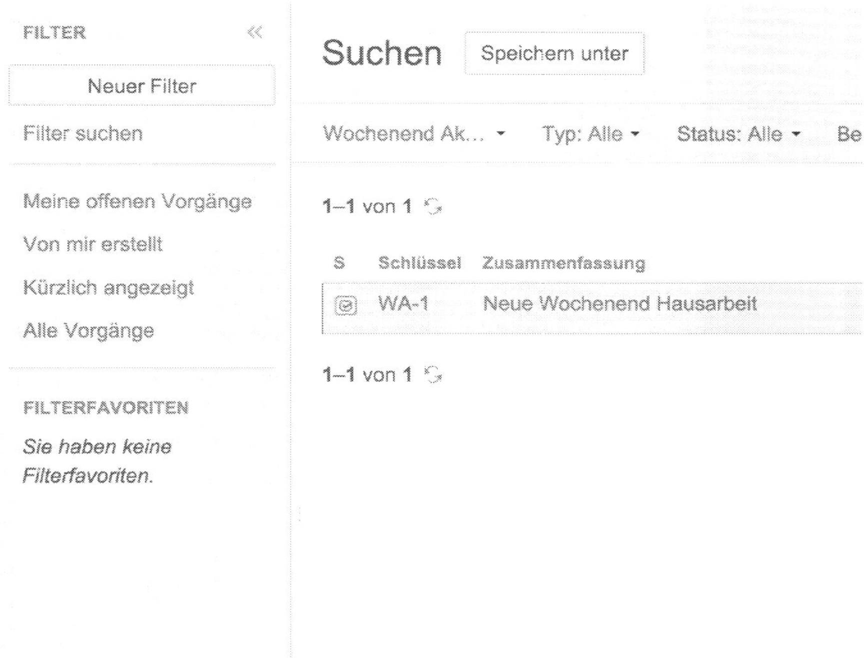

Wir zeigten bereits, wie eine **Suche** durchgeführt wird und wie diese mittels des **Speichern unter**-Buttons abgespeichert werden kann. Nun, wenn Sie eine Suche speichern, erstellen Sie eigentlich einen **Filter**.

JIRA hat eine Reihe von Standardfiltern, Sie können allerdings auch Ihre eigenen erstellen. Wenn Sie JIRA auffordern, alle Vorgänge eines Projektes anzuzeigen, werden standardmäßig die neuen Vorgänge zuerst und die alten Vorgänge zuletzt aufgelistet. Ich bevorzuge es, die

Vorgänge in der umgekehrten Reihenfolge zu sehen: Ich möchte die ältesten Vorgänge zuerst und die neusten Vorgänge zuletzt sehen. Also habe ich mir so einen Filter gebaut und dieser taucht sowohl im **Vorgänge-**Menü als auch unter **Filterfavoriten** in Filter-Seitenleiste des **Vorgangsnavigators**-Bildschirms auf.

Unter **Filter** im Vorgänge-Menü finden Sie die Optionen **Meine offenen Vorgänge** und **Von mir erstellt**:

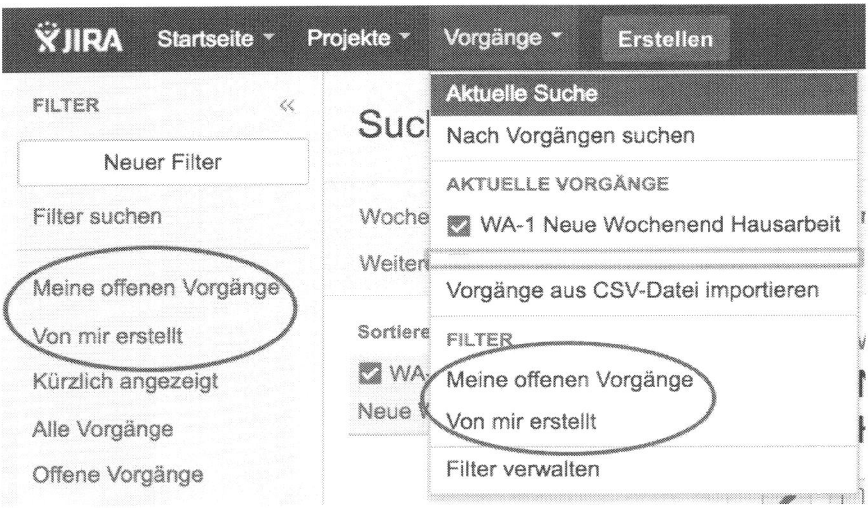

Wie Sie sehen, werden diese Optionen aus der Filter-Seitenleiste hier dupliziert. Sobald Sie mehr Filter erstellen und verwenden, werden Sie diese Sektion des Vorgänge-Menüs weiter besiedeln. Wenn Sie mehr Filter haben als in der Liste angezeigt werden können, wird JIRA die zuletzt verwendeten Filter dort anzeigen. Ich habe ungefähr 35 Filter für meine tägliche Arbeit angelegt. Das Vorgänge-Menü zeigt 12 von ihnen an und fügt dann einen „Mehr…"-Link ein, der Sie auf die Suchen-Maske führt.

Die Filter im Vorgänge-Menü neigen dazu, eine Mischung aus den zuletzt verwendeten **Standardfiltern** und den **Filterfavoriten** zu sein, weswegen Sie im Laufe der Zeit sehen werden, wie sich die Liste verändert.

Das letzte Element im Vorgänge-Menü ist **Filter verwalten**. Ein Klick darauf bringt Sie zur Filter verwalten Seite, auf der Sie Filter editieren, löschen, für andere freigeben und weiteres können. Wie Sie vielleicht vermuten, ist dies kein Einsteigerthema und wir werden dies nicht weiter behandeln.

ERSTELLEN

Als nächstes kommen wir zum **Erstellen**, dem Herzen des Programms, was vermutlich der Grund dafür ist, dass es als heller, blauer Button dargestellt wird. Wie Sie schon vermuten, beginnt ein Klick auf Erstellen den „Einen neuen Vorgang erstellen"-Prozess.

KLICKEN SIE AUF DEN ERSTELLEN-BUTTON

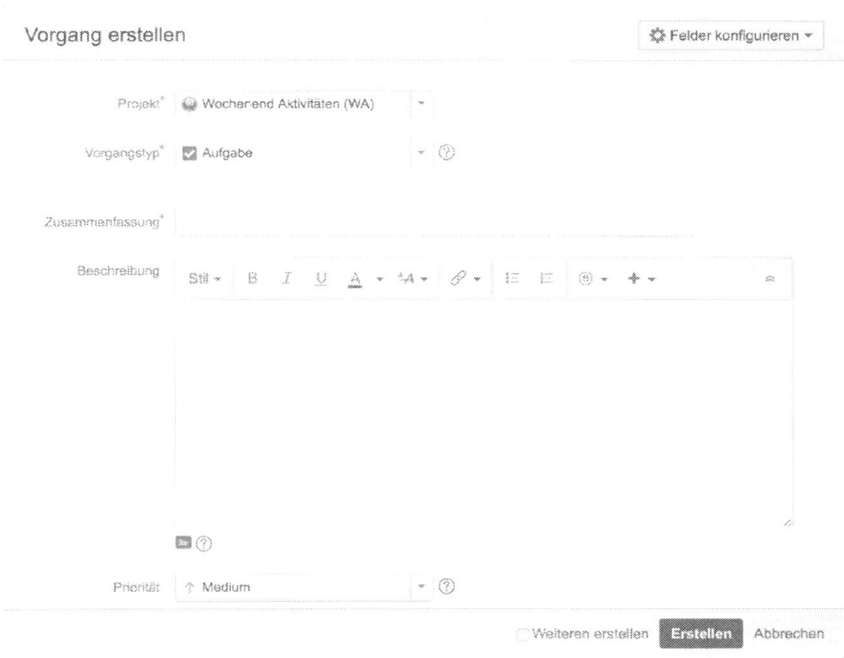

Sie werden daraufhin ein Popup-Fenster mit einer Anzahl an Feldern sehen. Wir haben bereits im letzten Kapitel unseren ersten

Vorgang WA-1 erstellt, KLICKEN SIE DAHER UNTEN RECHTS AUF ABBRECHEN um diesen Bildschirm zu verlassen und lassen Sie uns mit dem nächsten Objekt in der Menüleiste weitermachen.

SCHNELLSUCHE

Sie werden zweifelsohne bereits Suchfelder in anderer Software gesehen haben, daher werden wir nicht viel Zeit mit diesem Objekt aufbringen. Seien Sie sich nur darüber im Klaren, dass sich die Suchfunktion auf Daten bezieht, die Sie eingetragen haben, wie zum Beispiel ein bestimmtes Wort in einem Projekt oder Vorgangstitel. Mit anderen Worten, sie bringt keine Hilfe-Themen über JIRA oder ähnliches hervor. Ich verwende eher diese Suchbox anstatt zur Such-Maske zu navigieren, da mir dies schneller erscheint. Was vermutlich der Grund dafür ist, dass sie die „Schnellsuche" genannt wird.

JIRA-HILFE

Hier haben wir das JIRA-Hilfemenü, das eine Reihe von Links wie die JIRA Core-Hilfe, JIRA-Administratorhilfe, Tastenkürzel, Informationen zu JIRA und JIRA.

Übrigens, wenn Sie auf JIRA Credits und anschließend auf den „Roll credits..."-Link auf diesem Bildschirm klicken, werden Sie zu einem Zeitvertreibsspiel geführt, bei dem Sie Bug-Invader mit Hilfe der Pfeiltasten und Leertaste zerstören können. Selbstverständlich spiele ich dieses Spiel nie, weil ich einfach zu beschäftigt mit Arbeiten bin.

ZAHNRAD

Als nächstes sollten Sie ein **Zahnrad** sehen. Dabei handelt es sich um das **JIRA Administration**-Menü. Falls Sie Projekte oder Vorgänge entwickeln oder administrieren werden, müssen Ihnen Administrator-Rechte gewährt werden, also setzen Sie Sich mit dem System-Administrator in Verbindung und stellen Sie sicher, dass dies gewährleistet ist.

Das JIRA-Administration-Menü hat sechs Links: **Anwendungen**, **Projekte**, **Vorgänge**, **Add-ons, Benutzerverwaltung** und **System**.

ANWENDUNGEN

Ein Klick auf **Anwendungen** öffnet die **Administrationsmaske**...

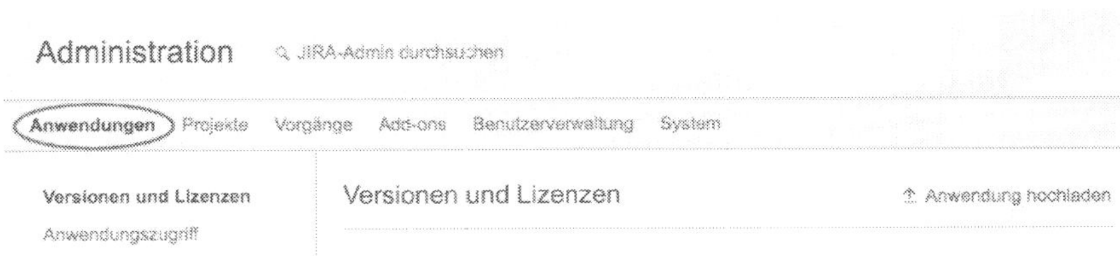

...auf der Sie JIRA's Hinweise zu Versions-Updates und Lizenzen finden können. Hier können Sie außerdem eine JIRA Anwendung wie JIRA Service Desk oder JIRA Software **hochladen** oder installieren.

Die weiteren Optionen wie beispielsweise **Anwendungszugriff** oder **Integrationen (einschließlich Anwendungsnavigator)** werden in diesem Buch nicht behandelt; dies sind Themen für den System Administrator und nicht uns einfache Administratoren.

PROJEKTE

Ein Klick auf **Projekte** und Sie landen auf der gleichen **Administrationsmaske**, allerdings diesmal im Projekte-Reiter. Hier können Sie verschiedene Aspekte Ihres Projekts ändern. Die Seite führt Ihre Projekte auf und erlaubt Ihnen, diese zu **editieren**, den **Projekttyp zu ändern**, **Projekte zu löschen** sowie **hinzuzufügen**. Sie gibt Ihnen außerdem eine Ansicht einiger Kerninformationen zu dem Projekt, wie der Projektleiter, die URL des Projektes, den Standardbearbeiter, etc.

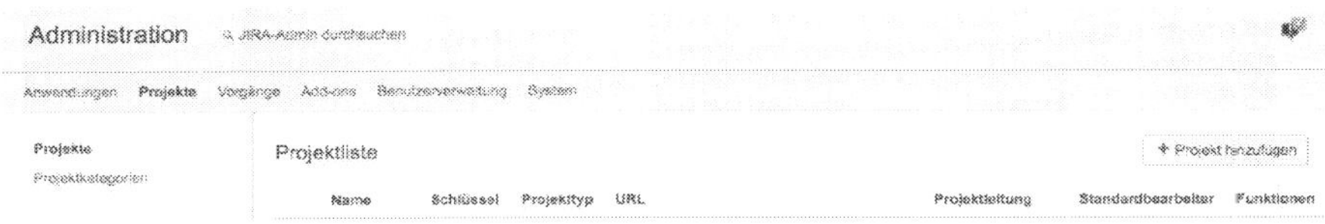

VORGÄNGE

Dieser Bildschirm wird für Sie der wichtigste werden, wenn Sie damit beginnen, Ihr Projekt Ihren Wünschen anzupassen. Es ist der Koordinationspunkt für alle Standardeinstellungen und Modifikationen, die Sie in JIRA vornehmen. Hier werden Sie Änderungen an **Vorgangstypen**, **Arbeitsabläufen**, **Bildschirmmasken**, **Feldern**, **Vorgangsfeatures**, **Vorgangsattributen**, **Sicherheit**, **Benachrichtigungen** und **Berechtigungen** vornehmen.

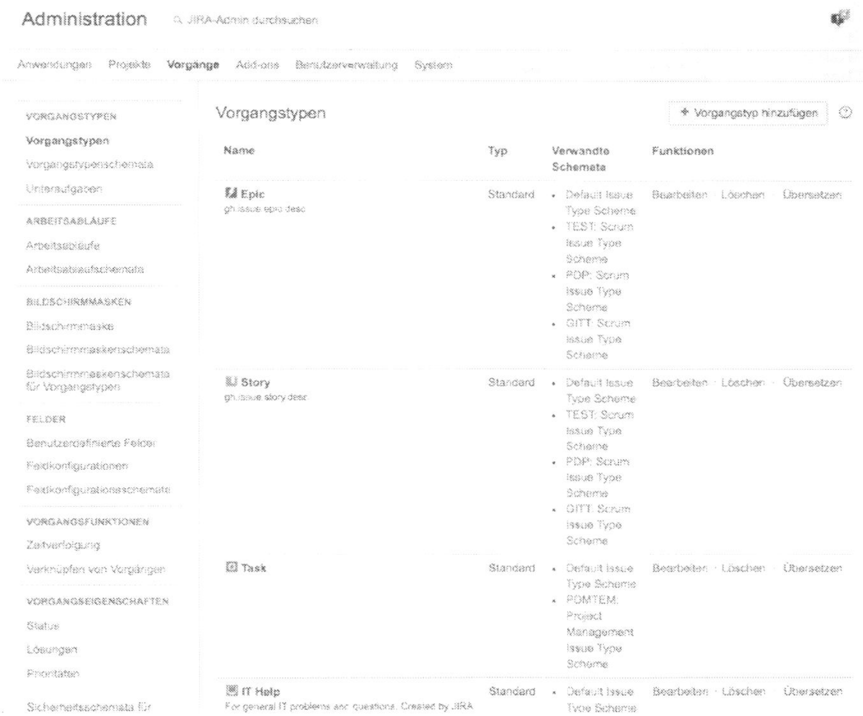

Wir werden Vorgängen ein ganzes Kapitel widmen (Kapitel 4), also lassen Sie uns mit dem nächsten Eintrag in diesem Menü fortfahren.

ACHTUNG: Nur ein Wort der Warnung! Sie sind vielleicht in Versuchung selbstständig etwas zu ändern. Ich möchte Ihnen streng davon abraten, bevor Sie Kapitel 4 durchgelesen haben. **Die Änderung einer Standardeinstellung wirkt sich auf die komplette Applikation aus und ist schwer zu widerrufen. Falls Sie etwas ändern wollen, kopieren Sie zuerst JIRA's vorhandene Standardeinstellungen (z.B. Vorgangstyp, Bildschirmmaskenschema, etc.), benennen sie um und editieren sie dann.** Sie können Ihre Kopie immer löschen, ohne, dass es Auswirkungen auf die JIRA Standardeinstellungen hat.

Add-Ons

JIRA verfügt über eine Vielzahl von Add-On Mini-Programmen mit Fokussierung auf spezielle Aktionen, wie das Exportieren von

Berichten oder Importieren von Projekten, vordefinierte Arbeitsabläufe, Erstellung von Tabellen und Diagrammen, Roadmaps, Planer, etc. Diese werden alle über den Atlassian Marketplace verwaltet, wohin Sie auch der Add-On-Link führt; allerdings, da es sich dabei wieder nicht um ein Einsteigerthema handelt, müssen wir hierfür nicht mehr Zeit aufwenden.

Benutzerverwaltung

Als nächstes im Administrationsmenü ist der **Benutzerverwaltung-Link**, der uns zur **Benutzer**-Maske bringt.

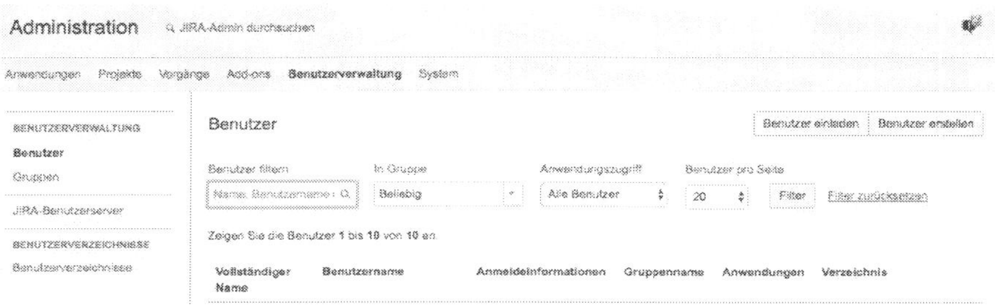

Die **Benutzer**-Seite zeigt eine Liste aller lizenzierten Benutzer. Es zeigt eine Reihe von Dingen wie den **Nutzernamen**, den vollen Namen der Person und ihre/seine E-Mail Adresse, Anmeldungsdetails des Benutzers, die Gruppen, denen der Benutzer angehört, Anwendung(en), die der Benutzer verwendet, das Verzeichnis in dem die Benutzerdaten gefunden werden können und die Funktionen, die Sie ausführen können.

In der **Bearbeiten**-Spalte können Sie das Profil des Benutzers inklusive Benutzernamen, Voller Name, E-Mail sowie den Status des Benutzers von aktiv auf inaktiv und umgekehrt **ändern**.

Auf dieser Seite können Sie **Benutzer einladen** und **Benutzer erstellen**.

Benutzer erstellen ist recht eindeutig; Sie geben lediglich einen Nutzernamen für die Person zusammen mit ihrem/seinem vollen Namen und E-Mail-Adresse an. Sie können ein temporäres Passwort für den Nutzer angeben, oder, falls nicht, wird JIRA automatisch eins festlegen. Zum Schluss können Sie die Option auswählen, dass dem Nutzer eine Benachrichtigungsmail zugeschickt wird sowie den Anwendungszugriff festlegen.

Alternativ können Sie Benutzer dazu einladen JIRA beizutreten. Dies erreichen Sie durch einen Klick auf den **Benutzer einladen**-Button und die Eingabe der E-Mail Adresse.

Zwei Anmerkungen zur Vorsicht. Erstens, wenn Sie einem Nutzer eine Mail mit einem Link zum Setzen des Passworts schicken, ist dieser Link nur 24 Stunden gültig. Zweitens, wenn Sie Benutzer einladen, achten Sie darauf, dass Sie a) zum Einladen autorisiert sind und b) genügend JIRA Lizenzen verfügbar sind. Es sind 10, 25, 50, 100, 250, 500, 2000, 10000 und 10000+ Nutzer Lizenzpakete verfügbar. Unnötig zu erwähnen, dass falls Ihre Firma eines der kleineren Pakete kauft, Sie bei der Zuweisung von Lizenzen mehr Vorsicht walten lassen sollten.

Falls Sie eine große Anzahl an Nutzern haben, können Sie diese mit Hilfe der Filterboxen am oberen Bildschirmrand **filtern.**

Im linken Bereich der **Benutzer**-Seite sehen Sie eine Seitenleiste, die Ihnen zusätzliche Optionen zu denen der aktuellen Benutzer-Maske bietet.

Das Benutzerverwaltungsmenü enthält außerdem einen Link zu der **Gruppen**-Seite wo Sie Gruppen hinzufügen und bearbeiten können (neben anderen Dingen).

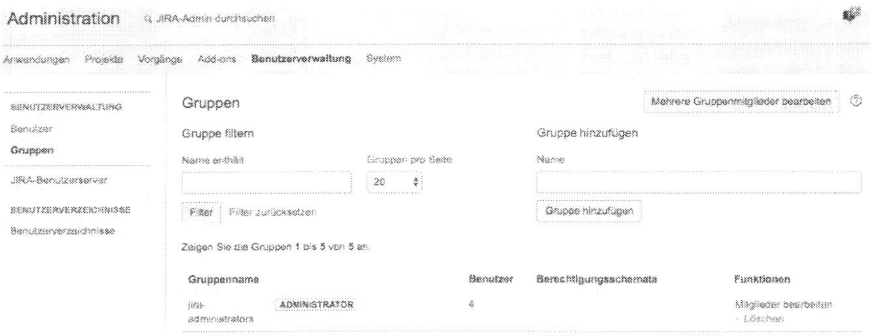

JIRA teilt Personen in drei Kategorien ein: **Benutzer**, **Rollen** und **Gruppen.**

Ein **Benutzer** ist jemand, die/der lizenziert ist, JIRA zu benutzen.

Eine **Rolle** ist eine projektspezifische Zuweisung die Sicherheits-Berechtigungen ausschließlich für das/die zugewiesene(n) Projekt(e) trägt. Benutzer werden typischerweise Rollen zugewiesen.

Eine **Gruppe** in JIRA kann vermutlich am besten als eine Reihe von Nutzern bezeichnet werden, die eine ähnliche Funktion oder Aufgabe erfüllen: eine Finanz-Analysten-Gruppe wäre ein gutes Beispiel. Ungleich Rollen (die man auf der System-Seite in der Sicherheits-Sektion der Seitenleiste findet) sind Gruppen global in ihrer Natur; dies bedeutet, sie sind nicht an ein Projekt gebunden. **Es ist einfacher, Berechtigungen und Sicherheitsrechte einer Gruppe, anstatt individuellen Benutzern zu zu weisen**. Wenn der Benutzer die Organisation verlässt oder die Rolle wechselt, müssen Sie sie/ihn lediglich aus der Gruppe entfernen und sie/er hat die Berechtigungen nicht länger. Andernfalls müssten Sie alle Berechtigungen manuell dem Benutzer entziehen und sie manuell wieder dem neuen Benutzer hinzufügen. Sie können einen Nutzer so vielen Gruppen zuweisen, wie sie möchten und jede kann mit anderen Berechtigungen versehen sein.

Wenn ein(e) Benutzer(in) eine Einladung annimmt, wird sie/er automatisch als JIRA Core-Benutzer hinzugefügt, außer Sie haben sie bereits in die jira-administrators-Gruppe hinzugefügt.

Kapitel 9 ist Benutzern und Gruppen gewidmet.

Die nächsten zwei Punkte **JIRA-Benutzerserver** und **Benutzerverzeichnisse** überschreiten die Grenzen dieses Buches.

System

Klicken Sie auf **System** und die **JIRA-Konfigurationsseite** wird sich öffnen:

Das Meiste auf dieser Seite bezieht sich auf Dinge, die nötig sind, damit JIRA als Programm funktioniert und mit anderen Applikationen, Datenbanken und E-Mail-Systemen interagieren kann. Diese Dinge werden vom System Administrator administriert, ändern Sie diese also nicht. Jedoch werden Sie, bei zunehmender Erfahrung mit JIRA als Projekt Administrator, diese Seite noch verwenden um das „Look & Feel" von JIRA Core (Farbschema, Seitenlayouts, etc.) sowie die Sicherheitsstufen für Ihre Projektrollen und Gruppen anzupassen. Wir werden diese Themen in diesem Buch nicht abdecken.

PROFIL

Das letzte Objekt in der Menüleiste dreht sich ganz um Sie. Es ist Ihr **Profil**-Menü. Sie sollten dort eine kleine „Passbild"-Abbildung mit einer grauen Silhouette sehen. Wenn Sie mit dem Mauszeiger über das Bild fahren, sollten Sie Ihren Namen erscheinen sehen.

Das **Profil**-Menü ist in vier Sektionen unterteilt.

PROFIL

Der erste Eintrag im Profil-Menü ist, sehr passend, der **Profil**-Link. Ein Klick darauf führt Sie auf die **Nutzerprofil**-Maske.

Auf der rechten Seite des Bildschirms finden Sie Ihren Aktitivätenstrom. Dieser Bereich führt alle JIRA-Vorgänge und -Projekte auf, in denen Sie involviert sind. Sie können Ihre Aktivitäten-Ansicht filtern indem Sie aus den Optionen im **Filter**-Dropdown in der rechten oberen Ecke wählen. Dies ist eine nützliche Funktion, wenn Sie mit vielen Vorgängen und/oder Projekten arbeiten.

Die linke Seite des Bildschirms enthält eine **Zusammenfassung** Ihrer persönlichen **Profildetails** und **Einstellungen**. Sie können diese Details und Einstellungen mittels Klick auf das kleine Stift-Symbol rechts von jeder Überschrift bearbeiten.

Atlassian Marketplace

Wie Sie sich vielleicht erinnern, ist Atlassian der Mutterkonzern von JIRA. Dieser Link führt Sie zur Add-On-Sektion. Add-Ons sind Erweiterungen, quasi kleinere Produkte mit speziellen Funktionen, die Sie zu JIRA hinzufügen können. JIRA hat einen Marktplatz erstellt, der einen zentralen Ort für JIRA-Drittanbieter bereitstellt. Manche Add-Ons sind kostenlos und die meisten anderen sehr preiswert.

In den meisten Fällen verifiziert Atlassian, dass das Produkt gefahrlos mit JIRA funktioniert. Dies ist nicht das gleiche wie zu bestätigen, dass das Produkt einen Wert liefert. Allerdings hat Atlassian ein 4-Sterne-Bewertungssystem womit diejenigen, die das Produkt heruntergeladen haben, die Nützlichkeit bewerten können.

My JIRA Home

Unter My JIRA Home sehen Sie zwei Elemente: **Übersicht** und **Vorgangsnavigator**.

Das **System Dashboard** (übersetzt: System Startseite) ist die **standard Startseite**, die Sie sehen, wenn Sie sich einloggen und wenn Sie auf das JIRA-Logo bzw. den Namen Ihrer Organisation in der Menüleiste klicken.

Auf dem System Dashboard sehen Sie die Vorgänge, die Ihnen **zugewiesen** sind; oder, Sie haben vielleicht Glück und finden eine Meldung vor, dass Sie keine Vorgänge zugewiesen haben. Sie können dort außerdem den **Aktivitätenstrom** überfliegen.

Das System Dashboard und viele der anderen Bildschirme können entsprechend Ihren Anforderungen angepasst werden. Zum Beispiel möchten Sie vielleicht, wenn Sie ein Projekt Administrator sind, auf einem „Vorgang Erstellen"-Bildschirm alle möglichen Felder angezeigt bekommen. Auf der anderen Seite möchten Sie jedoch normalen Nutzern nur die Felder angezeigt bekommen lassen, die sie für die Fertigstellung eines spezifischen Vorgangs benötigen.

Gleichermaßen möchten Sie womöglich Ihr Dashboard so konfigurieren (anpassen), dass Sie dort für Sie relevantere Informationen sehen, als sie von den Standard-Dashboards angezeigt werden. JIRA erlaubt es Ihnen, (fast) so viel anzupassen wie Sie möchten, jedoch ist dies ein Thema für ein weiteres Buch.

Anstatt die Startseite aufzurufen können Sie auch „direkt zum Punkt kommen“ indem Sie auf den Vorgangsnavigator klicken um alle Vorgänge zu sehen, die Sie gemäß Ihren Berechtigungen sehen dürfen. Sie können diese filtern um das Ergebnis zu reduzieren und mit den Vorgängen zu arbeiten. Wir haben dieses Thema bereits vor kurzer Zeit abgedeckt und werden uns an dieser Stelle nicht wiederholen.

Abmelden

Dies ist der letzte Menüpunkt und gemäß der Bezeichnung können Sie sich mit Klick darauf aus dem Programm abmelden.

Kapitel 3 – JIRA Core Projekte

Kapitelziele

Bis zum Ende des Kapitels werden Sie imstande sein, sich durch die Projekte zu navigieren, deren Teile zu verstehen und geringfügige Änderungen durchzuführen.

Zusätzlich werden Sie die Unterschiede zwischen den verschiedenen JIRA Core Projekttypen verstehen.

Der Projektnavigation-Bildschirm

JIRA hat eine Reihe von Bildschirmen für das Verwalten eines Projektes oder mehrerer Projekte. In diesem Abschnitt werfen wir einen genaueren Blick auf die Projektnavigation-Seite und deren Bestandteile. Warum fangen wir nicht mit einem Projekt an, das wir bereits kennen.

Wie Sie sich erinnern werden, haben wir in Kapitel 1 ein Aufgabenverwaltungs-Projekt namens „Wochenend Aktivitäten" erstellt. Lassen Sie uns dieses Projekt als Grundlage für unsere Tour verwenden.

WÄHLEN SIE **PROJEKTE** | WOCHENEND AKTIVITÄTEN (WA) IN DER MENÜLEISTE

Sie sollten nun den **Projektnavigation**-Bildschirm sehen. Dieser hat zwei Teile: Projektnavigation-Seitenleiste und Hauptseite (Der „Offene Vorgänge"-Bildschirm, den Sie im obigen Bild sehen können).

PROJEKTNAVIGATION-SEITENLEISTE

Die Projektnavigation-Seitenleiste befindet sich auf der linken Seite des Projektnavigation-Bildschirms:

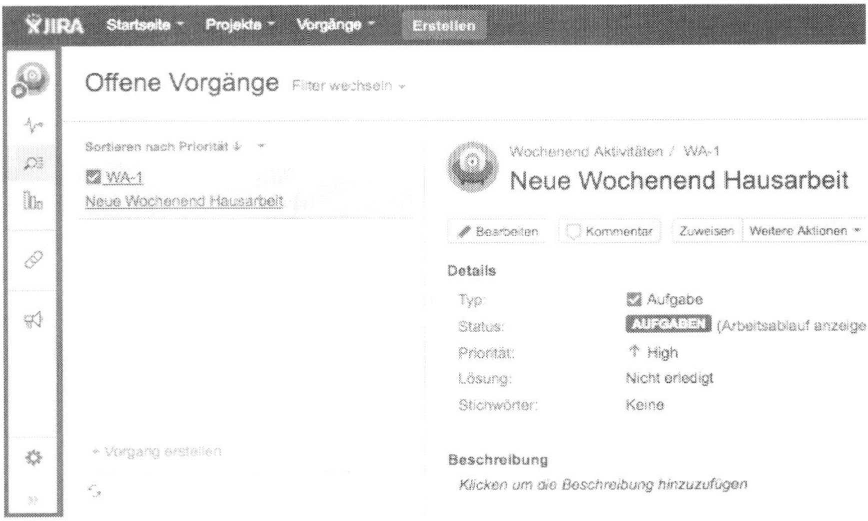

Am unteren Rand der Seitenleiste sehen Sie zwei nach rechts zeigende Chevrons (Pfeile). Das ist der **Seitenleiste anzeigen/minimieren**-Button:

Klicken Sie auf diesen Button um die Seitenleiste anzuzeigen:

Um die Seitenleiste wieder zu minimieren, klicken Sie erneut auf den Pfeil-Button. Wenn minimiert, besetzt sie nur sehr geringen Platz und die Chevrons wechseln von links-gerichtet nach rechts-gerichtet (Seitenleiste anzeigen). Ein Klick auf die rechts-gerichteten Chevrons lässt die Seitenleiste wieder anzeigen.

Wenn Sie eine Menge Informationen auf Ihrem Projektnavigation-Bildschirm haben, ist es manchmal sehr angenehm, die Seitenleiste zu minimieren.

Die Projektnavigation-Seitenleiste hat mindestens sechs Optionen: **Zusammenfassung, Vorgänge, Berichte, Projektkürzel, Feedback geben und Projektverwaltung**.

PROJEKTAKTIVITÄTEN-BILDSCHIRM

Ein Klick auf Zusammenfassung führt Sie auf den Projektaktivität-Bildschirm, wo die letzten Änderungen von Projektleitern oder autorisierten Nutzern im Projekt aufgelistet werden. Dabei ist das erste Objekt in der Liste das aktuellste.

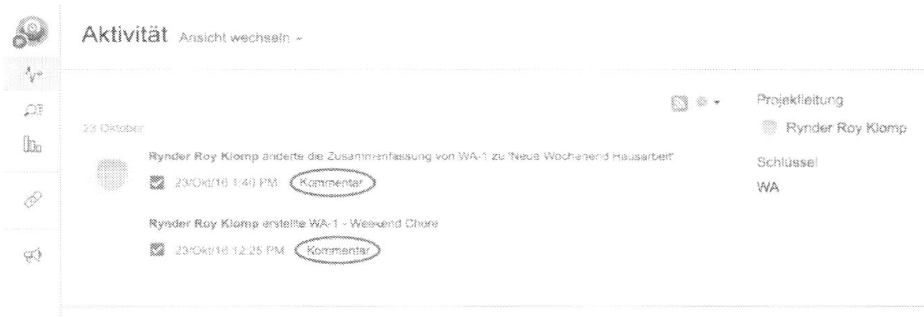

Ein sehr nützliches Feature in diesen Aktivitätenlisten ist der **Kommentar**-Link. Ein Klick auf diesen Link öffnet das Kommentarfeld mit dem Sie einen eigenen Kommentar anfügen können. Hierzu ein Beispiel: Nehmen wir an, ein Projektleiter weist Ihnen einen Vorgang zu, der kommenden Montag beginnt. Sie können nun freundlich per Kommentar darauf hinweisen, dass Sie ab Montag für drei Wochen in Urlaub gehen werden und daher diese gütige Einladung nicht annehmen können. Seien Sie sich bewusst, dass Kommentare für jeden im Projekt sichtbar sind; Taktgefühl und Diplomatie sind bei der Nutzung dieser Funktion daher immer empfehlenswert.

Auf der rechten Seite des Aktivitäten-Bildschirms finden Sie den Namen der **Projektleitung**, Personen die in der **letzten Woche am aktivsten** waren und den **Projektschlüssel**.

Sie können den Aktivitätenstrom jederzeit mittels Klick auf das **Zahnrad** und **Aktualisieren** neu laden, um aktuellere Informationen zu sehen:

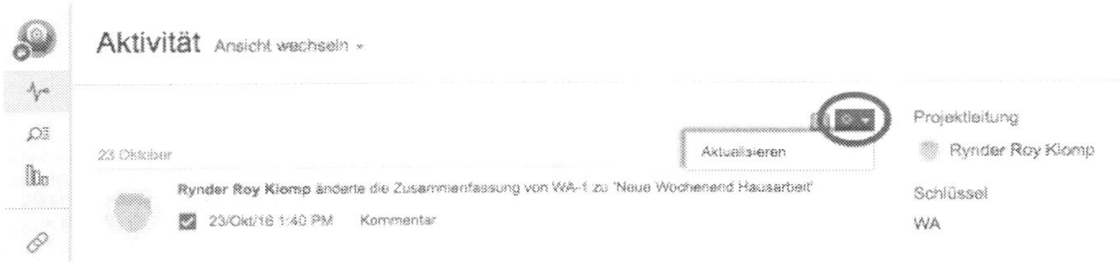

Wenn Sie detaillierte **Statistiken** zu Ihrem Projekt sehen möchten, klicken Sie auf **Ansicht wechseln** und wählen, nun, Statistiken aus:

Der **Statistiken**-Bildschirm zeigt die Anzahl der **nicht erledigten Vorgänge nach Priorität**, **nach Bearbeiter**, **Statusübersicht**, **etc**. Sie können diese Vorgänge gründlicher untersuchen indem Sie auf „**Vorgänge anzeigen**" unterhalb jeder beliebigen Kategorie klicken. Unter der Statistik-Überschrift gibt es eine Reihe von Filter-Links und ein Klick auf einen von diesen wird die zutreffenden Vorgänge in einer Ansicht Ihres Interesses anzeigen:

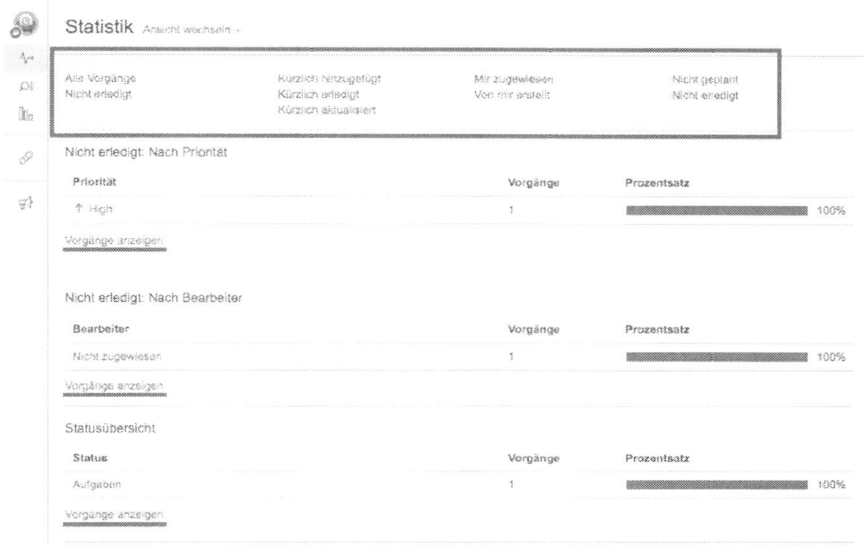

VORGÄNGE

KLICKEN SIE IN DER PROJEKTNAVIGATION-SEITENLEISTE AUF **VORGÄNGE**:

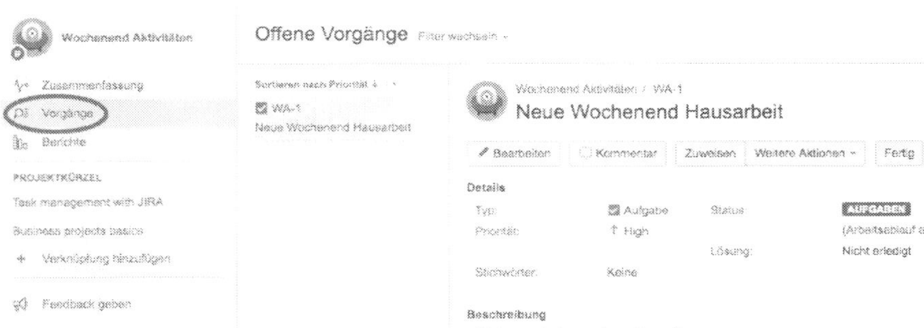

Der **Vorgänge**-Bildschirm sieht dem „**Nach Vorgängen Suchen**"-Bildschirm sehr ähnlich, jedoch zeigt er statt allen Vorgängen nur die des ausgewählten Projekts an. Da wir zum Beispiel das Projekt „*Wochenend Aktivitäten*" geöffnet haben, sehen wir nur „*Wochenend Aktivitäten*"-Vorgänge. Zurzeit haben wir lediglich einen Vorgang, dabei handelt es sich um „Neue Wochenend Hausarbeit WA-1" (wie oben abgebildet).

Unter den verschiedenen Anzeigemöglichkeiten für Vorgänge, gefällt mir diese Ansicht sehr gut, weil sie mir erlaubt, mich auf ein **bestimmtes Projekt** zu fokussieren.

Wenn Sie in Ihrem Projekt viele Vorgänge haben, kann Ihnen der „**Filter wechseln**"-Link dabei helfen, diese zu sortieren:

Um alle Vorgänge und Filter über alle Projekte zu sehen, klicken Sie auf den „**Alle Vorgänge und Filter anzeigen**"-Link:

Erneut, wie bereits in Kapitel 1 und 2 behandet, können Sie nach Wunsch mit Hilfe des „**Ansicht ändern**"-Buttons die

Detailansicht auswählen und bekommen so eine detailliertere Ansicht der Vorgänge:

Berichte

Der **Berichte**-Bildschirm bietet Zugriff auf eine Reihe von vordefinierten Berichten.

Ein Klick auf einen dieser Berichte leitet Sie weiter auf eine Konfigurationsmaske, auf der Sie die Elemente des Berichts noch bis zu einem gewissen Maß anpassen können. Der Bericht „Durchschnittliches Alter" zeigt Ihnen beispielsweise das durchschnittliche Alter aller ungelösten Vorgänge in Ihrem Projekt an. Dabei können Sie den Zeitraum (Stündlich, Täglich, Wöchentlich, Monatlich, Vierteljährlich, Jährlich) sowie die Anzahl der im Graph angezeigten Tage einstellen.

Um Ihre nächste Frage zu beantworten, bietet JIRA tatsächlich auch die Möglichkeit, eigene Berichte auf Basis von JIRA-Elementen (Vorgänge, Projekte, Nutzer, Vorgangstypen, etc.) zu erstellen. Wollen Sie allerdings Berichte auf Basis von benutzerdefinierten Feldern erstellen, die Sie angelegt haben, so ist dies deutlich schwieriger. An dieser Stelle werde ich eine schamlose Werbung einfügen und Sie darum bitten, uns bei Toreno Information Services zu kontaktieren, wo wir Ihnen beim Erstellen von benutzerdefinierten Berichten gerne weiterhelfen.

Zusätzliche Masken

Abhängig davon wie Ihre Software installiert wurde sowie weiteren Faktoren, haben Sie womöglich noch zusätzliche Bildschirmmasken-Links in diesem Abschnitt der Seitenleiste.

Projektkürzel

Das nächste Objekt auf der Projektnavigation-Seitenleiste sind die **Projektkürzel** (oder auch Projektverknüpfungen). Standardmäßig werden zwei Links angezeigt: **Task management with JIRA** und **Business projects basics**. Beide leiten Sie auf die **Atlassian Dokumentation** weiter.

Task management with JIRA

Dieser Link öffnet die gleichnamige Seite der Atlassian Dokumentation in der Sie mehr zur Aufgabenverwaltung-Vorlage (engl.: Task management) erfahren können: Wie Sie damit arbeiten und wie Sie sie anpassen können.

Business project basics

Hinter diesem Link werden Sie Lehrmaterial von Atlassian zum Thema **Projektvorlagen and deren Anpassungsmöglichkeiten** finden; oder, wenn Sie in strukturellen Unternehmensabteilungen wie **Personal,**

Marketing, Betrieb, Finanzwesen oder der Rechtsabteilung arbeiten, werden Sie dort lernen, wie Sie JIRA Core für Ihre spezifischen Projekte verwenden und Ihre Arbeit damit effizienter verwalten können.

+ Verknüpfung hinzufügen

Hier können Sie Verknüpfungen zu nützlichen Informationen für Ihr Team einfügen. Wenn Ihr Projekt beispielsweise mit einem anderen Projekt verbunden ist, können Sie den Link zu diesem Projekt in diesem Bereich einfügen. Oder Sie können den Link zu einem Lehrdokument für Ihr Projekt hinzufügen.

Feedback geben

Wie die Beschreibung vermittelt, möchte Atlassian Ihr Feedback. Klicken Sie einfach auf den Link und geben Sie die Beschreibung des Problems ein sowie welche Hilfe Sie gerne erhalten möchten. Sie können außerdem *Atlassian Answers* besuchen oder einen *Support-Request erstellen*.

Projektverwaltung

Ganz unten in der Projektnavigation Seitenleiste finden Sie den Link zur Projektverwaltung:

Ein Klick auf Projektverwaltung führt Sie auf einen Bildschirm, der die verschiedenen Puzzleteile darstellt, die ein Projekt zum Laufen bringen und die Sie anpassen oder konfigurieren können.

Projektverwaltung-Zusammenfassung-Maske

Klicken Sie auf den Projektverwaltung-Link um die **Projektverwaltung-Zusammenfassung**-Maske zu öffnen:

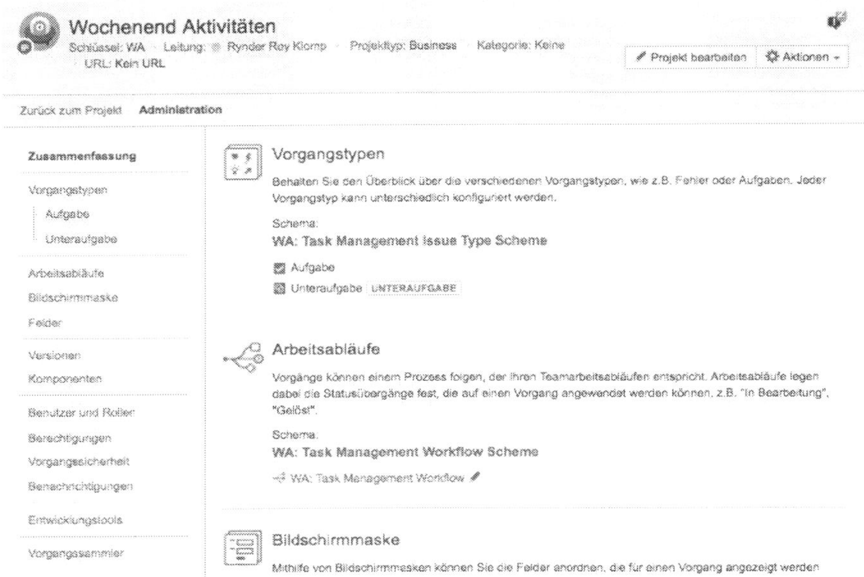

Beim Erstellen eines neuen Projektes kann ich mir in JIRA keinen wichtigeren Bereich als die **Projektverwaltung-Zusammenfassung**-Maske vorstellen. Ich muss zugeben, als ich damit anfing mein erstes Projekt in JIRA zu bauen, dauerte es eine Weile bis ich realisiert hatte, welche essenzielle Rolle diese Maske spielt. Es sollte die #1 Maske sein, die Sie aufrufen, wenn Sie Ihr Projekt entwickeln.

Wieso? Zum einen liefert sie die nötigen Informationen bezüglich welche JIRA-Elemente (Vorgangstypen, Arbeitsabläufe, Bildschirmmasken, Felder, Benutzer und Rollen, Berechtigungen, Benachrichtigungen, etc.) Sie in diesem bestimmten Projekt verwenden; und zum anderen dient es als Portal zu jedem dieser Elemente, für den Fall, dass Sie Änderungen vornehmen möchten.

Diese verschiedenen JIRA-Elemente, die ich als Puzzleteile bezeichne, sind in den folgenden Kapiteln noch detaillierter erklärt.

Der Projektverwaltung-Zusammenfassung-Bildschirm ist in drei Bereiche unterteilt: Titelleiste, Zusammenfassungsseitenleiste und Hauptbildschirm.

Titelleiste

Die Titelleiste des Projektverwaltung-Bildschirm befindet sich, wie angemessen, im oberen Teil des Bildschirms. Hier können Sie das Projekt bearbeiten oder löschen. Um das Projekt zu **bearbeiten**:

1. Klicken Sie in der oberen rechten Ecke auf **Projekt bearbeiten**

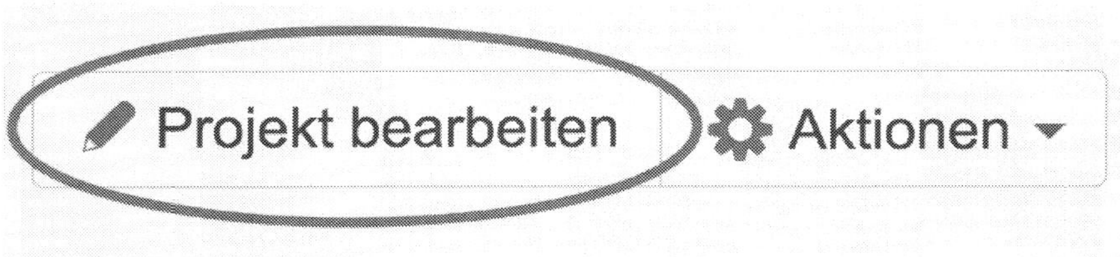

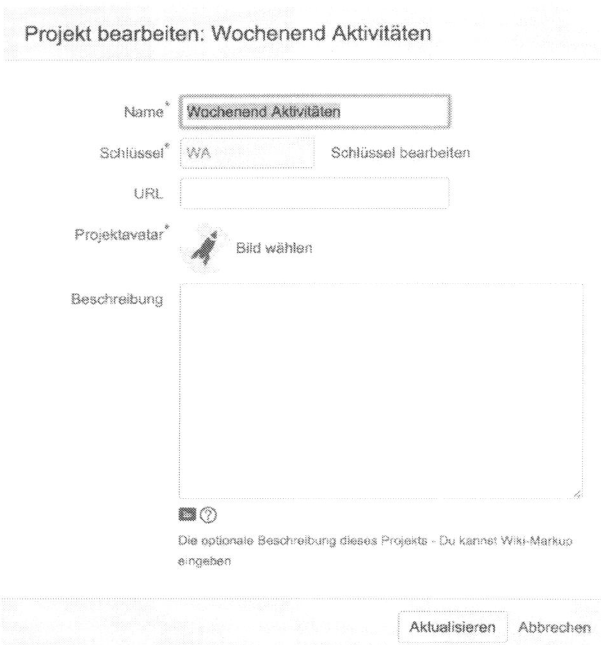

Im „Projekt bearbeiten“-Popup können Sie Änderungen am **Projekt** vornehmen. Zum Beispiel können Sie den Namen des **Projektes** ändern. Ein Ändern des Namens ändert NICHT den **Projektschlüssel**, außer Sie wählen den **„Schlüssel bearbeiten“** Link. (**Nicht empfohlen**)

Sie können die URL ändern, wenn Sie dazu geneigt sind

Außerdem können Sie den Projektavatar ändern. Ich persönlich bevorzuge individuelle Avatare für jedes Projekt, da dies die Nachverfolgung dieser und deren beinhalteten Vorgänge erleichtert. Wieso erledigen wir das nicht jetzt.

2. KLICKEN SIE AUF **BILD WÄHLEN**.

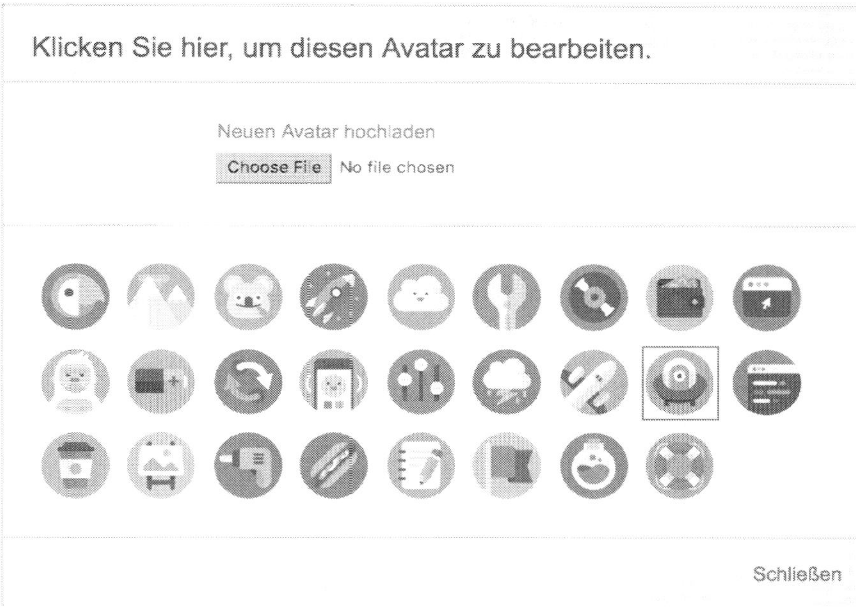

Sie haben ein paar Optionen: Sie können aus einer Reihe von vordefinierten Bildern wählen oder Ihre Dateien nach einem passenden Bild durchsuchen. Da es sich bei Wochenend Aktivitäten in der Regel um ein wiederholendes Set an Aktivitäten handelt, lassen Sie uns das Symbol mit den zirkulierenden Pfeilen wählen. Sobald Sie auf das Symbol geklickt haben, landen Sie wieder auf der **Projekt bearbeite**-Popup, auf der Ihr neues Symbol angezeigt werden sollte.

Das letzte Element ist das **Beschreibung**-Feld.

3. TRAGEN SIE HIER SOETWAS EIN WIE, „WILLKOMMEN IN WOCHENEND AKTIVITÄTEN. DIESES PROJEKT ENTHÄLT DIE ARBEITEN UND FREIZEITAKTIVITÄTEN FÜR DAS KOMMENDE WOCHENENDE."

Das Beschreibung-Feld unterstützt Wiki-Markup (erkennbar an den beiden kleinen Icons unterhalb des Feldes). Dies erlaubt es uns, Änderungen an der Schrift und Formatierung im Feld vorzunehmen (wie zum Beispiel das Hinzufügen von Hyperlinks), aber lassen Sie es uns vorerst dabei belassen.

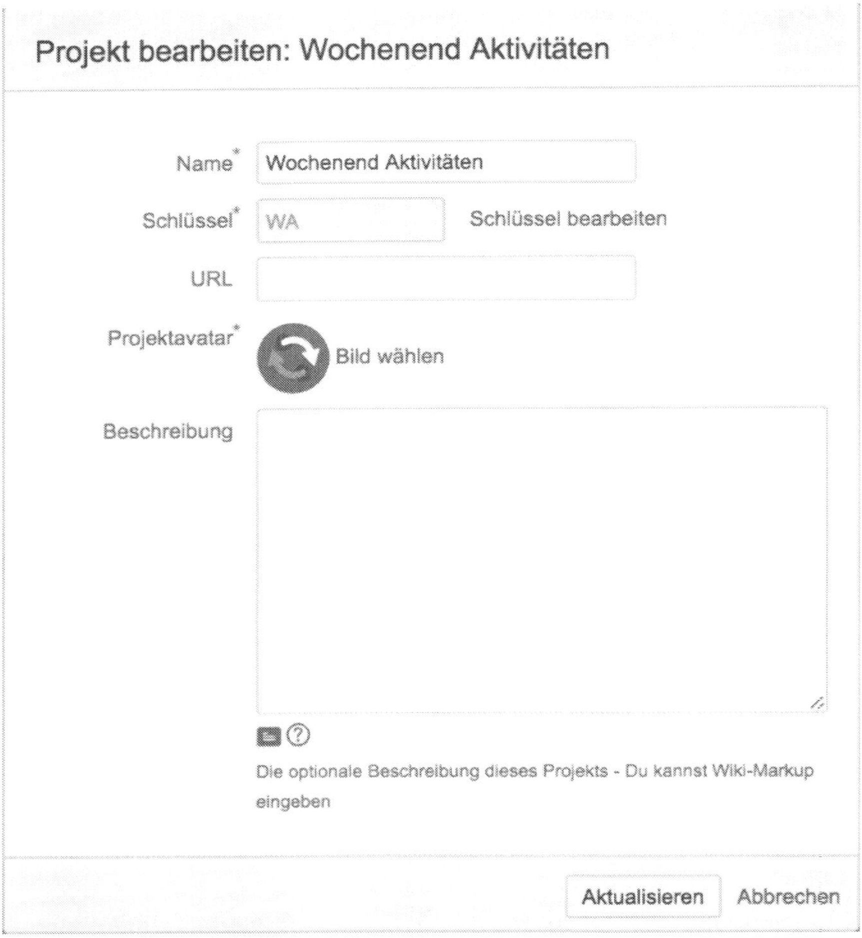

4. WENN SIE MIT DIESEN ÄNDERUNGEN ZUFRIEDEN SIND, KLICKEN SIE AUF **AKTUALISIEREN**.

Neben dem **Projekt bearbeiten-**Button befindet sich der **Aktionen**-Button. Klicken Sie auf den **Aktionen**-Button. Das Aktionen-Menü erlaubt Ihnen: Den Projekttyp zu ändern, das Projekt zu löschen oder das Projekt neu zu indizieren.

Die „**Projekttyp ändern**"-Funktion ermöglicht Ihnen das Ändern des Projekttyps Ihres Business-Projektes in den *Software-* oder *Service-Desk-Projekttyp,* vorausgesetzt Sie haben die dazu erforderlichen Lizenzen aktiviert. Wieso sollten Sie den Projekttyp ändern wollen? Zum einen könnten in den anderen Projekttypen Arbeitsabläufe verfügbar sein, die im Business-Projekttyp nicht verfügbar sind. Zum anderen gibt es Ihnen Zugriff auf Funktionen, die im Business-Typ nicht vorhanden sind. Zum Beispiel können Sie in einem Software-Projekt agile Funktionen und Epics verwalten oder die Service-Desk Konsole in einem Service-Desk-Projekt verwenden. (Machen Sie sich keine Gedanken, wenn Sie nicht wissen, was ich mit Agil oder der Service-Desk-Konsole meine, da diese Dinge für dieses Buch nicht relevant sind).

Um ein Projekt zu löschen, wählen Sie die Option **Projekt löschen**.

Die Option **Projekt neu indizieren** wird zum „Aufräumen" oder Aktualisieren des Projektes und dessen Zusammenwirken mit anderen JIRA-Elementen verwendet, nachdem größere Änderungen am Projekt, wie zum Beispiel das Ändern des Projektschlüssels durchgeführt wurden.

Wenn Sie den „**Zurück zum Projekt**"-Link anklicken, gelangen Sie wieder zurück zum Projektnavigation-Bildschirm.

Zusammenfassungsseitenleiste der Projektverwaltung

Die Zusammenfassungsseitenleiste führt alle Elemente auf, die zusammen Ihr Projekt ergeben, inklusive: Vorgangstypen, Arbeitsabläufe,

Bildschirmmasken, Felder, Benutzer und Rollen, Berechtigungen, Benachrichtigungen, etc. Ein Klick auf diese Links führt Sie zu dem jeweiligen Bildschirm auf dem Sie weitere Einzelheiten zu dem Element finden und Änderungen daran vornehmen können. Hierbei handelt es sich um ein Thema für Fortgeschrittene.

Zusammenfassungshauptbildschirm der Projektverwaltung

Der Hauptbildschirm ist ähnlich zur Seitenleiste, enthält jedoch zusätzlich eine kurze Zusammenfassung zu jedem Element, das in der Seitenleiste aufgeführt ist. Beispielsweise werden hier anstelle eines einfachen Arbeitsablauf-Links das mit Ihrem Projekt verknüpfte Arbeitsablaufschema und die darin enthaltenen Arbeitsabläufe angezeigt. Erneut, ein Klick auf einen dieser Links führt Sie zum jeweiligen Bildschirm, auf dem Sie Änderungen durchführen können. Und auch dies ist ein Thema für Fortgeschrittene; Daher fahren wir fort mit unserer Tour durch die Projekte.

Alle Projekte anzeigen

Abhängig davon was Sie machen möchten und welche **Berechtigungen** Sie haben, gibt es zwei Wege, wie Sie sich Ihre Projekte anzeigen lassen können.

Nutzeransicht der Projekte

1. Wählen Sie in der Menüleiste **Projekte | Alle Projekte anzeigen**

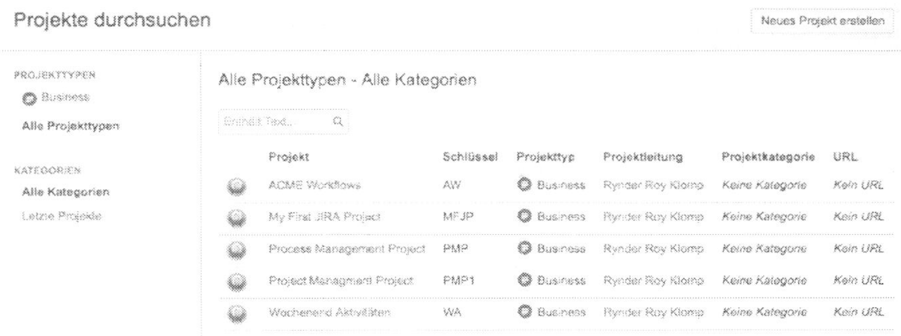

Dies ist der **Projekte durchsuchen**-Bildschirm. Wenn Sie als JIRA-Nutzer berechtigt sind, werden Sie hier eine Liste der Projekte **aller Projekttypen und aller Kategorien** sehen, in denen Sie involviert sind. Ein Klick auf einen der Projektnamen ruft das entsprechende Projekt auf. Wir haben dies bereits im Detail behandelt, daher brauchen wir keine erneute Durchsicht.

JIRA ADMINISTRATOR-ANSICHT DER PROJEKTE

1. WÄHLEN SIE IN DER MENÜLEISTE **JIRA ADMINISTRATION** (DAS ZAHNRAD) | **PROJEKTE**

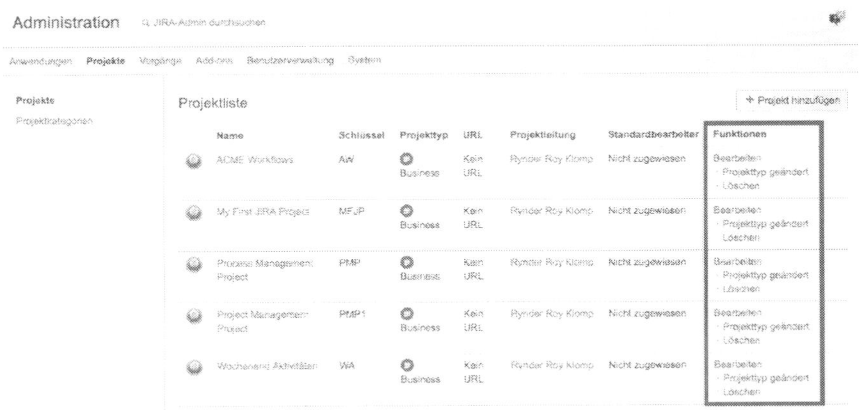

Diese **Administrations-Projektliste** entspricht, bis auf einen deutlichen Unterschied, der „**Projekte durchsuchen**"-Maske. Da diese Seite für Nutzer mit Administratorrechten – normalerweise der Administrator oder Projektleiter – ausgelegt ist, enthält sie eine Spalte mit **Funktionen**, mit denen Administratoren oder Projektleiter das Projekt **bearbeiten**, den **Projekttyp ändern** oder das Projekt **löschen** können.

Der **+ Projekt hinzufügen**-Button in der rechten oberen Ecke des Bildschirms funktioniert genauso wie „**Projekt erstellen**“ auf dem „Projekt durchsuchen“-Bildschirm.

2. NOCH IN DER PROJEKTLISTE FÜR ADMINISTRATOREN BEFINDEND, KLICKEN SIE AUF DEN **PROJEKTKATEGORIEN**-LINK, DEN SIE IN DER LINKEN SPALTE FINDEN KÖNNEN.

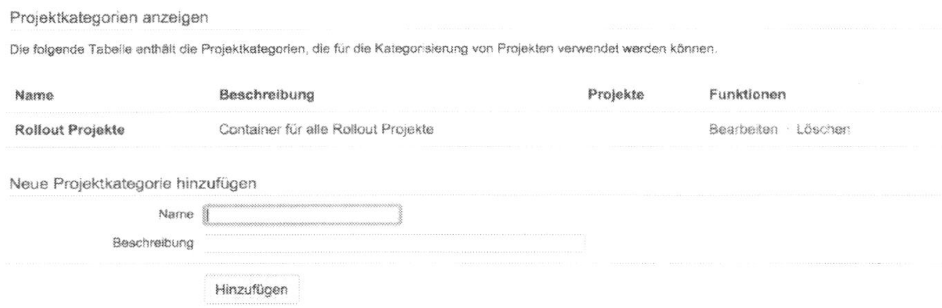

Der **Projektkategorien**-Bildschirm erlaubt es Ihnen, neue Projektkategorien anzulegen. Wofür Sie das brauchen? In manchen Fällen könnten Sie hunderte Projekte in Ihrer Organisation haben, von denen jedes eine Art Vorgang oder eine Gruppe von Vorgängen darstellt. Viele dieser Projekte könnten einer bestimmten Abteilung oder einem funktionsübergreifenden Prozess, wie zum Beispiel Supply Chain oder Marketing, angehören. Kategorisieren vereinfacht dieses Verbinden und Verfolgen Ihrer Projekte.

WELCHER PROJEKTTYP GEWÄHLT WERDEN SOLLTE

Wie Sie sich vielleicht erinnern, wurden Sie beim Klick auf **Projekt erstellen** im Projekte-Untermenü auf der Hauptmenüleiste zum **Projekt erstellen**-Assistenten weitergeleitet, wo Sie einen der drei Business-Projekt-Typen auswählen konnten: **Aufgabenverwaltung**,

Projektmanagement oder **Prozessmanagement**. Ihre Wahl hängt von der Komplexität der Aufgaben in Ihrem Projekt ab. Je komplexer diese sind, desto komplexer ist auch der „Arbeitsablauf", der mit dem Projekt verbunden ist. Ein Arbeitsablauf ist schlichtweg eine Darstellung der Schritte die ein Nutzer durchläuft um die Aufgabe abzuschließen.

Lassen Sie uns diese verschiedenen Optionen näher betrachten.

Aufgabenverwaltung

Lassen Sie uns annehmen, dass Sie ein Projekt erstellen möchten, das von einfachen Aktionspunkten oder simplen ToDo-Aktivitäten wie den folgenden handelt: Datei an Barry schicken, Freigabeformular unterschreiben, mit Dave bezüglich Option B Rücksprache halten, Mutter anrufen, auf dem Weg nach Hause noch Milch mitbringen.

Jede dieser Aktivitäten ist ein „Checklisten"-Objekt. Diese neigen dazu, sehr schnell erledigt zu werden. In diesem Fall benötigten Sie lediglich einen Arbeitsablauf, der zwei Schritte oder Status hat: ToDo und Erledigt (Done).

Projektmanagement

Als nächstes kommt die Projektmanagement-Option. Wo der Aufgabenverwaltung-Projekttyp am besten für einfache und schnelle Checklisten-Aufgaben geeignet ist, funktioniert der Projektmanagement-Projekttyp am besten mit geradlinigen Aufgaben die für die Fertigstellung deutlich mehr Zeit erfordern. Beispiele hierfür könnten sein: Produkt von China in die USA verschicken, ein Maisfeld anbauen, Betonfundament für ein Gebäude gießen. Sollten Sie Aufgaben haben, zu denen Sie Ihr Vorgesetzter oder Kunde mehrfach anrufen könnte, um Sie zu fragen, ob es sie erledigt sind, dann sind diese geeignet für den Projektmanagement-Projekttyp. Um diese Aufgabentypen zu verwalten, bietet der Projektmanagement-Projekttyp die folgenden drei Arbeitsablauf-Status: ToDo, In Arbeit (In Progress), Erledigt (Done).

PROZESSMANAGEMENT

Der letzte Typ im „Projekt anlegen"-Assistenten ist der Prozessmanagement-Projekttyp. Dieser Projekttyp ist für Aufgaben oder Prozesse konzipiert, die einen Freigabe-Schritt enthalten. Wie Sie in dem folgenden Bild sehen können, haben die Schritte eine Reihe von Optionen, aus denen der Nutzer, abhängig von den Zuständen innerhalb der Aufgabe oder des Prozesses, wählen kann. So kann eine Aufgabe im Status „In Arbeit" (In Progress) beispielsweise in einen Review-Status (Under Review) gesendet oder abgebrochen werden (Cancelled).

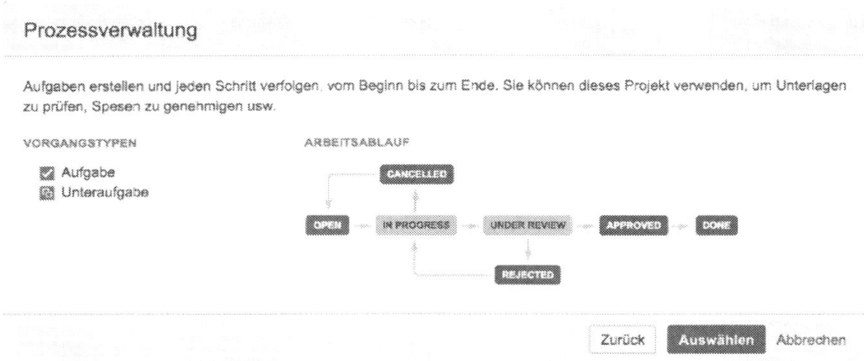

EIN PAAR WEITERE DINGE

Jeder Business-Projekttyp den Sie auswählen, erfordert einen Arbeitsablauf. Atlassian versorgt Sie mit zusätzlichen Arbeitsablauf-Vorlagen. Sie können diese durchsuchen, indem Sie auf den „**Marketplace-Arbeitsabläufe zeigen**"-Link klicken. Oder Sie können Ihre eigenen erstellen. Desweiteren können Sie weitere nützliche Ratschläge in unserem bald erscheinenden „**Workflows**"-Buch finden. Jetzt jedoch ist das Experimentieren mit Arbeitsabläufen nicht empfohlen, da es sich dabei um ein Thema für Fortgeschrittene handelt.

Am unteren Rand des „Projekt erstellen"-Dialogs gibt es zwei weitere Links: **Ein Projekt importieren** und **Mit geteilter Konfiguration erstellen**.

Ein Klick auf den „**Ein Projekt importieren**"-Link wird Sie zum JIRA Import Assistenten weiterleiten, der Ihnen den Import Ihrer Projekte aus CSV-Dateien, Microsoft Excel oder anderen Produkten erlaubt. Es ist dieselbe Option als würden Sie „**Importiere ein externes Projekt**" aus dem Projekt-Menü der Hauptmenüleiste wählen. Wie wir jedoch vorher schon erwähnt haben, klingt „ein Projekt importieren" zwar einfach, in der Realität benötigen Sie jedoch spezielle technische Fähigkeiten um dies zu tun.

Wenn Sie die Konfiguration eines Projektes teilen wollen, klicken Sie auf den „Mit geteilter Konfiguration erstellen"-Link und wählen Sie ein Projekt aus der Liste. Atlassian blendet einen Hinweis ein: „Wenn eine Konfiguration mit anderen Projekten geteilt wird, wirkt sich jede Änderung an der geteilten Konfiguration auf alle diese Projekte aus.". Was dies wirklich bedeutet ist: „Fassen Sie dies nicht an, außer Sie sind ein Experte. Und selbst dann sollten Sie vorsichtig sein.". Mehr brauche ich dazu nicht zu sagen.

Kapitel 4 – Die JIRA Core Puzzleteile

Kapitelziele

In diesem Kapitel werden Sie ein Verständnis für die JIRA Core-Elemente (Puzzleteile) und deren Integration erlangen.

Der Wunsch nach Veränderung

In den vergangenen Kapiteln haben wir demonstriert, wie **Projekte** und **Vorgänge** mit JIRA Core's Standardeinstellungen zusammenarbeiten. Tatsächlich wird es empfohlen, mit den Standardeinstellungen fortzufahren, bis Sie ein gutes Arbeitsverständnis für das Programm entwickelt und Erfahrung hinzugewonnen haben. Oder wie ein Sprichwort besagt: „Übung macht den Meister".

In diesem Kapitel wollen wir uns einen umfangreichen Überblick über die verschiedenen Elemente in JIRA verschaffen. Ich nenne diese Elemente die „Puzzleteile"; und diese sind **Vorgangstypen**, **Arbeitsabläufe**, **Bildschirmmasken**, **Felder**, **Schemata**, **Rollen**, **Berechtigungen**, **Benachrichtigungen**, etc. Diese Elemente formen die Struktur, die JIRA funktionieren lässt. Ein Verständnis dieser Elemente ist erforderlich für die Anpassung eines beliebigen JIRA Projekts.

Wie viele von Ihnen begann ich mit der einfachen Annahme, dass ich lediglich einen Vorgang oder eine Aufgabe erstellen müsse und alles gut wäre. Und tatsächlich, in vielen Fällen sind die Standardeinstellungen auch tatsächlich ausreichend. JIRA hat einen wirklich guten Job gemacht, ein „Schweizer Armeemesser" zu entwickeln, das die meisten Anforderungen bereits von Haus aus erfüllt. Wollen Sie ein einfaches Projekt erstellen, in dem Sie lediglich einen User darum bitten, einen Vorgang als „fertig" zu markieren, wenn er erledigt ist, so ist das JIRA

Core-Programm mit all seinen vordefinierten Standards absolut ausreichend für Sie. Und oftmals ist dies auch alles, was man braucht. Wieso die Dinge unnötig verkomplizieren?

Und doch, in der heutigen Geschäftswelt, wo Mitarbeiter angehalten sind, mehr Dinge in weniger Zeit zu schaffen, besteht der Bedarf dafür, Dinge zu „automatisieren“ und zu vereinfachen, wo es nur geht. Was passiert zum Beispiel, wenn ein Nutzer eine Frage zu seinem Vorgang hat? Wie können wir dabei helfen, den Vorgangsprozess zu optimieren, wenn es einen Freigabe-Schritt gibt? Was können wir tun, um den Benutzerbildschirm so einfach und nützlich wie möglich zu machen? Wie verwalten wir die Dinge, wenn wir den Vorgang wegen Problemen der Qualitätskontrolle wiedereröffnen müssen?

Früher oder später werden Sie zweifelsohne feststellen, dass Sie Ihr Projekt, Ihre Vorgänge, Bildschirmmasken, die Felder auf diesen Bildschirmmasken, Arbeitsabläufe etc. anpassen müssen. Diese Modifikationen können in zwei Kategorien eingestuft werden: Anpassung an Anwenderwünsche und Simplifizierung.

Anpassung an Anwenderwünsche

Nutzer werden oft um die Erstellung von individuell zugeschnittenen Feldern oder Masken, gemäß speziellen Business-Anforderungen, bitten. Beispielsweise könnte jemand ein benutzerdefiniertes Feld benötigen, in dem ein Nutzer aus einer Liste von Optionen wählen kann. Dieses Feld muss erstellt UND auf einer bestimmten Bildschirmmaske platziert werden. Außerdem könnten Nutzer um das Anlegen einer spezifischen Projektrolle bitten. Diesen Rollen werden präzise Berechtigungen zugewiesen in Bezug auf was der Benutzer, der dieser Rolle zugewiesen ist, sehen und nicht sehen kann sowie was er und was er nicht ändern und editieren kann. Dies sind nur ein paar Beispiele für mögliche Anpassungsanfragen.

Vereinfachung

Wenn Sie einen vorgegebenen Standardvorgang erstellen, könnte es sein, dass JIRA Felder einblendet, die für Ihr spezifisches Projekt unnötig sind. Nutzer sind dadurch oft verwirrt, da sie unsicher sind, was sie mit diesen Feldern tun sollen. Es ist eine Ihrer Verantwortungen als Projekt-Administrator, Bildschirmmasken mit Fokus auf einen bestimmten Nutzertyp zu erstellen und auf diese Bildschirmmasken nur die absolut notwendigen Felder zu setzen, die der Nutzer oder die Nutzerin für das abschließen seines oder ihres Vorgangs benötigt. Das kann bedeuten, ein Projekt durch das Entfernen von Feldern zu vereinfachen.

Anpassung an Anwenderwünsche und Vereinfachung haben beide das gleiche Ziel: Explizite Bildschirmmasken und Felder für bestimmte Nutzerrollen erstellen, die auf der Art der ausgeführten Arbeit basieren. Dies ist keine leichte Aufgabe und erklärt, warum es so viele komplexe Elemente in JIRA gibt, die in Betracht gezogen werden müssen, wenn man die Software anpasst.

Übersicht der JIRA Puzzleteile

Wenn Sie jemals einen Prozess entwickelt haben, wissen Sie, dass zusätzlich zum *Prozess* selbst auch die *Personen*, die involviert sind sowie die eingesetzte *Technologie* (die auch so etwas simples wie ein Stift sein kann) berücksichtigt werden muss. Die Interaktion mit Personen und Technologie ist essenziell für die erfolgreiche Implementierung jeden Prozesses; und ich glaube JIRA ist die beste Software um diese Personen, Prozess und Technologie (PTT) Interaktion zu verwalten. Wir werden diese Personen-Prozess-Technologie-Komponenten detaillierter in den nächsten fünf Kapitel behandeln: **Vorgangstypen**, **Arbeitsabläufe**, **Bildschirmmasken**, **Felder**, **Berechtigungen und Benachrichtigungen**, **Benutzer**, **Rollen** und **Gruppen**.

Die Zusammenarbeit von angepassten Bildschirmmasken, Feldern in den Masken, Arbeitsabläufen und Benutzerrollen (Ich nenne diese kollektiv einen „Prozess“) sind, was JIRA zu so einem starken Produkt machen.

Die Herausforderung ist, dass ein JIRA-Prozess mit all seinen Puzzleteil-Elementen komplex ist. Und das kommt daher, dass es überhaupt schon sehr kompliziert ist, einen Prozess zu bauen, unabhängig davon ob man hierfür JIRA nutzt oder nicht. Sie werden dies unmittelbar nachempfinden können, wenn Sie einmal in einem Meeting (oder vielen Meetings) zum Entwickeln oder Verbessern eines Arbeitsprozesses gesessen haben. Wie ich schon sagte, ist es sehr kompliziert, aber wir tun es trotzdem, weil der Nutzen substanziell ist.

JIRA empfiehlt, und ich stimme diesem voll und ganz zu, dass man den Prozess zuerst auf Papier entwickeln und *erst dann* in JIRA bauen sollte. *(Falls Sie Hilfe in der Projekt- und/oder Prozess-Entwicklung benötigen, zögern Sie nicht, unsere Firma – Toreno Information Services – zu kontaktieren.)*

Das unten stehende Diagramm zeigt bis zu einem gewissen Grad die Komplexität eines JIRA-Projekts auf:

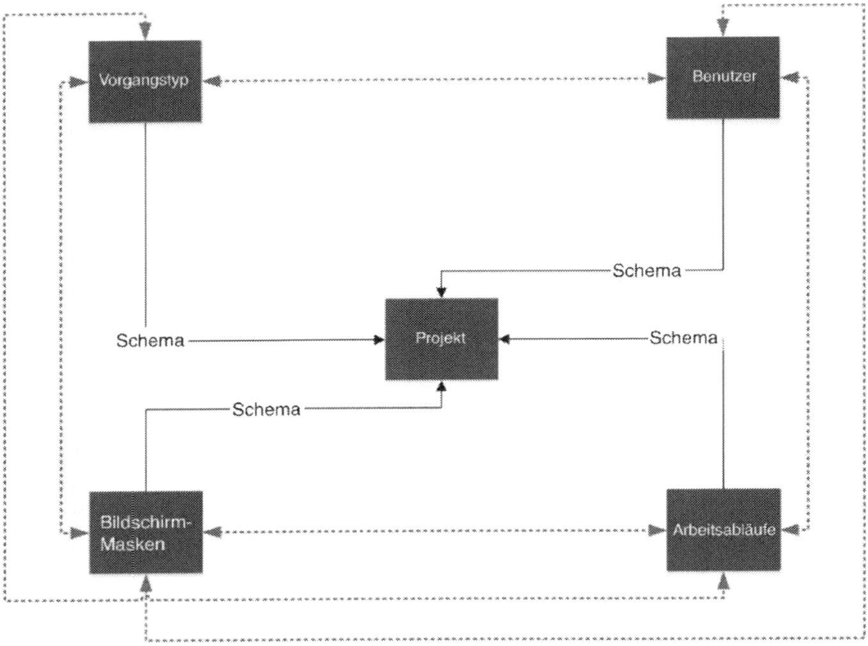

Wenn Sie ein Projekt modifizieren möchten, sollten Sie die folgenden Dinge berücksichtigen:

- welche Art von Arbeit (Vorgangstyp) erledigt werden soll und welche Benutzer-Sicherheitsberechtigungen und Job-Regeln Sie dafür zuerst etablieren müssen
- welche Bildschirmmasken und Felder der Nutzer für die zu erledigende Arbeit benötigen wird
- wie der Arbeitsfortschritt (Arbeitsablauf) im Lebenszyklus des Vorgangs dargestellt werden soll

Wenn Sie eines dieser drei Dinge anpassen, nehmen Sie ebenfalls signifikante Änderungen am Programm vor. Wenn Sie beispielsweise eine der Bildschirmmasken anpassen möchten, ändern Sie nicht einfach die Standardbildschirmmaske, sondern erstellen Sie eine neue Maske mit neuem Namen. Dies ist notwendig, da die Standardmaske noch von einem anderen Projekt in Verwendung sein könnte oder Sie diese Maske noch woanders benötigen könnten. Was passiert, wenn Sie entscheiden, dass Sie sechs Masken in Ihrem Projekt benötigen? Sie müssen dann sechs eigenständige Masken mit einzigartigen Namen erstellen. All diese Modifikationen müssen irgendwo aufgezeichnet werden, sodass die Software weiß, *Welche* Masken mit *Welchen* Projekten verwendet werden sollen und *Wo* im Prozess die jeweilige Maske einem bestimmten Nutzer zugänglich gemacht werden soll.

Schemas

Woher weiß JIRA, sobald man die Bildschirmmasken erstellt hat, dass Maske X zu Projekt Y gehören soll? Dies ist Aufgabe der **Schemata**. Um eine Analogie zu verwenden, stellen Sie sich vor, San Francisco ist eine Bildschirmmaske und Reno, Nevada ist Ihr Projekt. Wie wollen Sie nun San Francisco mit Reno verbinden? Sie tun dies mit Hilfe der Interstate 80, der Fernstraße, die diese beiden Städte verbindet. Ein Schema ist die Straße. Gibt es keine Straße, wird die Bildschirmmaske auch nicht mit Ihrem Projekt zusammenarbeiten; So einfach ist das. Und nehmen Sie zur Kenntnis, dass es Interstate 80 ist, die Sie von San Francisco nach Reno bringt. Nicht die M1, die Sie von London nach Nottingham führt. Definitiv nicht die E26, die von Berlin nach Hamburg führt. So wie Sie die spezifische Straße für eine Fahrt von Stadt zu Stadt wissen müssen, so muss JIRA dies ebenfalls wissen. Dies ist der Grund, weshalb Sie Straßen (Schemata) mit einzigartigen Namen erstellen müssen.

Oftmals müssen Sie mehr als eine Straße nehmen, um von Stadt A zu Stadt B zu gelangen. Dies ist vereinzelt auch der Fall in JIRA. Wenn ich von Toronto, Kanada nach Miami, USA reisen möchte, nehme ich den Highway 401 zur U.S. Grenze in Detroit, Michigan. Dort muss ich den Zoll passieren und fahre weiter auf die Interstate 75, die mich nach Miami führt. Es gibt Anlässe in JIRA, wo Sie ebenfalls mehrere Straßen nehmen müssen und diese Routen und Aktionen (wie beispielsweise das Passieren der Grenze) muss streng geregelt und aufgezeichnet werden, da Sie andernfalls in Fargo, North Dakota landen oder Toronto garnicht erst verlassen.

Schemata informieren JIRA darüber, welche **Vorgangstypen, Arbeitsabläufe, Felder, Berechtigungen** und **Benachrichtigungen** mit Ihrem **Projekt** arbeiten. Wie soll die Software ohne Schemata wissen, dass Sie Ihre „Wähle meine Wochenend Aktivitäten"-Seite oder Ihren „Mache ein Erdnussbutter-und-Marmelade-Sandwhich"-Arbeitsablauf öffnen soll?

Es gibt eine Reihe von verschiedenen Schemata in einem JIRA-Projekt. Diese sind Vorgangstypenschema, Bildschirmmaskenschema, Bildschirmmaskenschema für Vorgangstypen, Arbeitsablaufschema, Feldkonfigurationsschema, Berechtigungsschema und Benachrichtigungsschema. Jedes bindet ein angepasstes Element an Ihr Projekt.

Bisher haben wir lediglich in der Theorie über unsere Roadmap gesprochen. Lassen Sie es uns nun in der Realität betrachten. Das unten stehende Diagramm zeigt die typische Projektstruktur auf. Wir sehen dort alle Elemente (die Städte) und die Schemata (die Verbindungsstraßen). Obwohl dieses Diagramm natürlich nicht komplett ist, gibt es Ihnen eine gute Vorstellung davon, wie die JIRA-Elemente, die Puzzleteile, zusammenpassen.

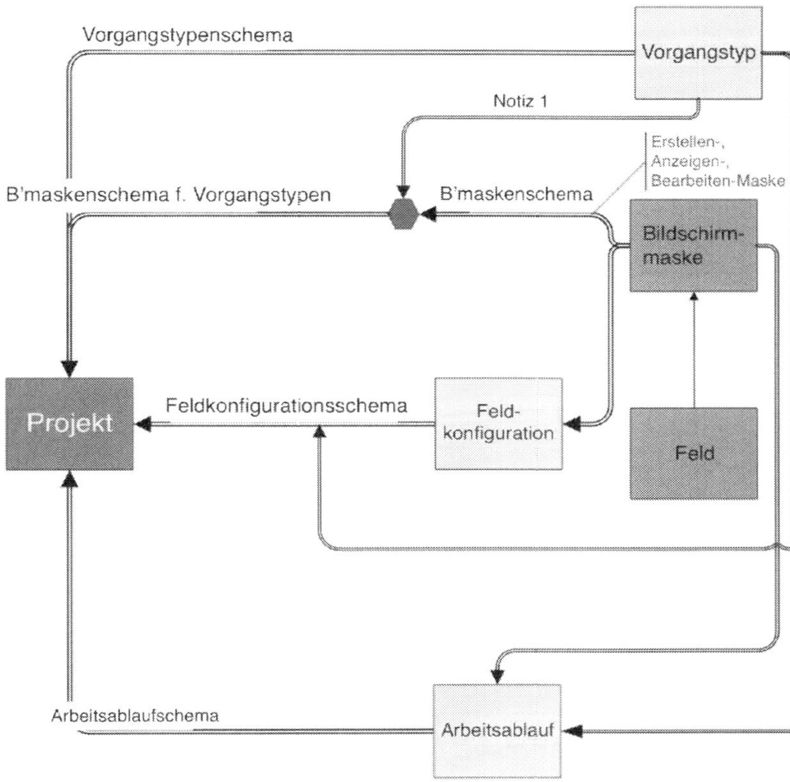

Notiz 1: Die Verlinkung eines Vorgangstyps mit einem Bildschirmmaskenschema wird in der "Bildschirmmaskenschema für Vorgangstypen"-Konfiguration vorgenommen.

Bevor wir uns mit den Details dieser Teile beschäftigen, lassen Sie uns einen kurzen Umweg nehmen und ein weiteres Mal die Hauptkomponenten von JIRA, **Projekte und Vorgänge**, betrachten, da diese beiden eine fundamentale Rolle in der Software spielen.

Projekte, Vorgänge und Vorgangstypen

Projekte

JIRA arbeitet vorrangig mit **Projekten**. Ohne ein Projekt können keine Vorgänge erstellt werden.

Für gewöhnlich denken wir an ein Projekt als einzigartiges „Ding“, das bis zu einem gewissen Datum fertiggestellt sein muss. In vielen Fällen trifft dies auch auf JIRA-Projekte zu. Es ist jedoch akkurater, ein JIRA-Projekt als eine Art Aktenordner zu sehen, welcher eine Reihe zu komplettierender Akten (die Vorgänge) enthält. Obwohl es vermutlich technisch möglich wäre, ein großes Projekt namens „Zu erledigende Dinge“ zu erstellen, so erstellen die meisten Nutzer JIRA-Projekte basierend auf Arbeitsthemen oder Aktivitäten.

Sie können Projekte entweder manuell erstellen oder Projekte aus anderen Quellen importieren.

Vorgänge

In JIRA ist ein Vorgang ein Stück Arbeit, das abgeschlossen werden muss. Es könnte einfacher sein, sich einen Vorgang als eine Aufgabe vorzustellen. So einfach und so komplex ist das. Ein Vorgang kann allein existieren oder es kann Unteraufgaben damit verknüpft haben. Unteraufgaben können keine eigenen Unteraufgaben besitzen.

Vorgänge können außerdem mit anderen Vorgängen, im gleichen Projekt oder aus anderen Projekten, verlinkt oder verbunden werden.

So wie ein Prozess Personen und Technologie erfordert, erfordert ein Vorgang die gleichen Personen-Prozess-Technologie-Komponenten um zu funktionieren. Diese können als folgende kategorisiert werden: **Vorgangstypen** und **Arbeitsabläufe** (der Prozess)**, Bildschirmmasken** und **Felder** (die Technologie) und **Benutzer** (die Personen).

VORGANGSTYPEN

Die meisten von uns neigen dazu, Arbeit zu kategorisieren. Da hätten wir Aktionspunkte, ToDo-Listen, Freigabe-Aufgaben oder Prozess-Aufgaben so wie Marketing, Kreditoren, Debitoren, Reparaturen, Lieferungen, etc. Wir kategorisieren Sie, da der Arbeitsprozess oder der erforderliche Aufwand in jeder dieser Kategorien ähnlich ist.

JIRA nennt jede dieser Kategorien einen **Vorgangstyp**. Ein Vorgangstyp kann eine sehr einfache Aufgabe mit einer Einzelaktion von 30 Sekunden repräsentieren oder eben einen komplizierten Arbeitstyp, der eine Nummer von Schritten enthalten und einen Monat oder länger für die Beendigung erfordern kann. Unabhängig davon ist ein Vorgangstyp etwas, das die meisten von uns als einen einzelnen Liefergegenstand verstehen würden.

Frühere Versionen von JIRA hatten bis zu 20 verschiedene Vorgangstypen einschließlich: Vorgang, Aktionspunkt, Aufgabe, Unteraufgabe, Bug, Verbesserung, etc. Viele dieser sind so ähnlich, dass viele Administratoren diesbezüglich verwirrt waren, welchen sie verwenden sollten. JIRA Core hat dies durch das Liefern von nur zwei Standardvorgangstypen vereinfach: Aufgabe und Unteraufgabe. Dies basiert auf der Annahme, dass die meisten Business-Teams ihre eigenen Vorgangstypen anlegen möchten, die deren existierenden Arbeitsprozessen und Terminologien entsprechen. Sie werden jedoch drei weitere Vorgangstypen in Ihrem JIRA Core Paket sehen können: Epic, Story und Bug. Diese wurden für die JIRA Software Applikation entwickelt, daher können Sie diese einfach ignorieren.

WIE DIE DREI ZUSAMMENARBEITEN

Wenn Sie zum ersten Mal einen Vorgang erstellen, werden Sie zwei Felder am oberen Rand des „Vorgang erstellen“-Dialogs bemerken. Diese beiden Felder fordern Sie auf ein Projekt und einen Vorgangstyp für diesen Vorgang zu wählen. Viele überspringen diese Felder recht zügig und sind sich der Wichtigkeit dieser nicht bewusst. Aus folgendem Grund sind sie wichtig: Wenn Sie ein Projekt und einen Vorgangstyp wählen, wählen Sie (im Hintergrund) auch ALLES folgende:

- Benutzer die befugt sind, den Vorgang zu sehen, zu ändern und damit zu arbeiten
- Bildschirmmasken und Felder, die der Nutzer sehen und verwenden wird
- Arbeitsablauf-Schritte, die der Prozess verwenden wird
- Regeln denen der Vorgang folgen wird

Falls Sie beim Erstellen eines Vorgangs kein Projekt oder Vorgangstyp gewählt haben sollten, weiß die Software nicht, was sie Ihnen für den Vorgang liefern soll. So einfach und kompliziert ist das.

Kapitel 5 – JIRA Core Vorgangstypen

Kapitelziele

In diesem Kapitel werden Sie ein tieferes Verständnis für Vorgangstypen, Vorgangstypenschemata und Untervorgangstypen gewinnen.

Sie werden außerdem Ihren ersten Vorgangstyp und Vorgangstypschema erstellen.

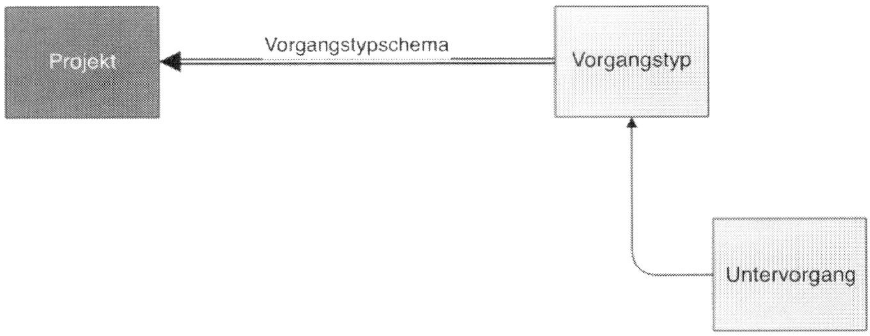

Vorgangstypen und Schemata

Vorgangstypen

Ein **Vorgangstyp** ist eine Kategorie von Arbeit, die durchgeführt werden soll. Er fungiert als Herzstück um direkt oder indirekt alle JIRA Elemente (Nutzer, Arbeitsabläufe, Bildschirmmasken, Felder, etc.) zu verbinden, die für das Abschließen eines Vorgangs erforderlich sind. Wenn Sie einen Vorgang innerhalb eines JIRA Core Projekts erstellen, ist, unabhängig vom gewählten Projekttyp (Aufgabenverwaltung, Projektmanagement oder Prozessmanagement), **Aufgabe** der Standard-Vorgangstyp.

Sie können Ihren eigenen Vorgangstyp hinzufügen (oder erstellen). Sie könnten einen „Verpackung designen" oder „Erdnussbutter-und-Marmeladen-Sandwhich"-Vorgangstyp erstellen wollen. Wenn Sie glauben, dass Sie einen bestimmten Vorgang wiederholt bearbeiten müssen, ist es empfehlenswert Ihren eigenen Vorgangstyp hinzuzufügen (falls die Standards nicht exakt dem entsprechen, was Sie haben möchten).

Lassen Sie uns schauen, wie man einen Vorgangstyp anlegt.

WÄHLEN SIE **VORGÄNGE** IN DER **JIRA ADMINISTRATION (ZAHNRAD)**-DROPDOWN-LISTE, UM DIE SEITE FÜR DIE **VORGANGSADMINISTRATION** AUFZURUFEN

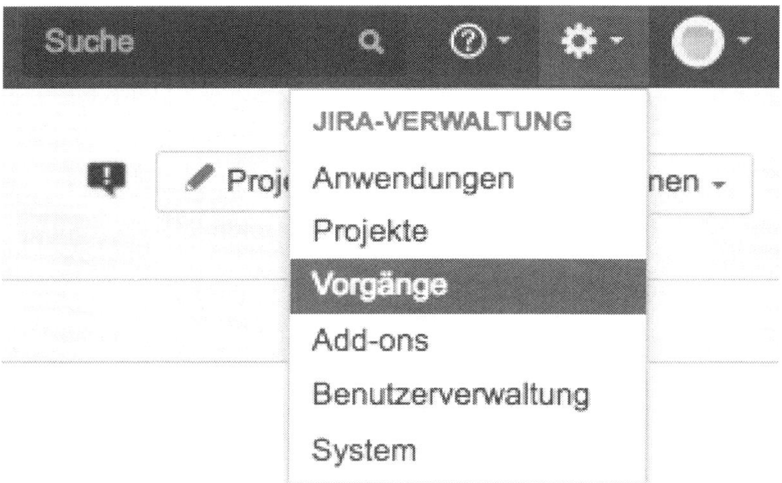

Die sich öffnende Seite der Vorgangstypen-Administration enthält 4 Spalten: **Name**, **Typ**, **Verwandte Schemata** und **Funktionen**:

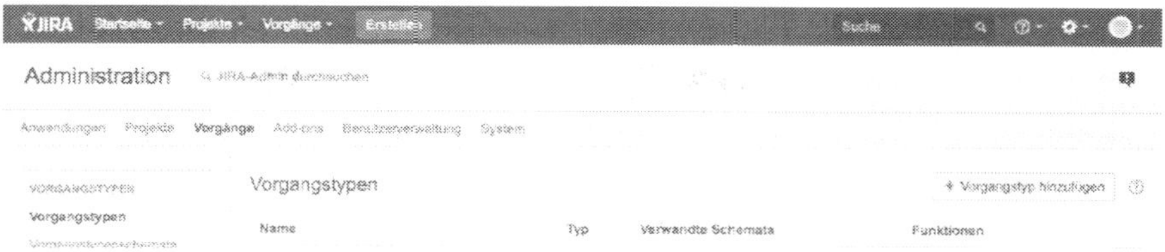

NAME

Diese Spalte listet die **Namen** der **Vorgangstypen, die in Ihrer Version von JIRA Core enthalten sind,** in alphabetischer Reihenfolge auf. Darin enthalten sind die von JIRA mitgelieferten Vorgangstypen sowie alle, die Sie angelegt haben. Die Spalte enthält außerdem das Symbol des Vorgangstyps sowie dessen Beschreibung.

TYP

Die nächste Spalte gibt an, ob es sich um einen **Standard** oder **Sub-task-**Vorgangstyp handelt. Einfach gesagt: Wenn es sich bei einem Vorgangstyp nicht um einen Sub-task handelt, ist es ein Standard-Vorgangstyp.

VERWANDTE (VORGANGSTYPEN) SCHEMA

Ein **Vorgangstypenschema** verbindet die **Vorgangstypen** mit Ihrem Projekt. Anders gesagt, kontrolliert es, welche Vorgangstypen ein Projekt verwenden darf. Nehmen wir einmal an, Sie haben in Ihrer JIRA Core Software 13 Vorgangstypen (die drei Standardvorgangstypen sowie 10 Vorgangstypen, die von Ihrer Organisation erstellt wurden), Sie möchten jedoch nur vier dieser Vorgangstypen mit Ihrem Projekt verknüpft haben. Dies können Sie mit Hilfe des Vorgangstypenschemas erreichen. Wenn Sie ein neues Vorgangstypenschema erstellen, werden Sie im Grunde nach dem Namen des Projektes gefragt und welche Vorgangstypen in Ihrem Projekt genutzt werden dürfen.

Man verbindet einen Vorgangstyp mit einem Vorgangstypenschema auf der Vorgangstypenschema-Maske. Vorgangstypenschemata werden später in diesem Kapitel noch detaillierter beschrieben.

Funktionen

Die Funktionen-Spalte erlaubt es Ihnen, Vorgangstypen zu **Bearbeiten** (Ändern von Name, Beschreibung und Vorgangstyp-Avatarbild), zu **Löschen** oder zu **Übersetzen**.

Bearbeiten

Auf der „Vorgangstyp bearbeiten"-Maske können Sie:

- Den Namen des **Vorgangstyps** ändern
- Die **Beschreibung** ändern
- Den **Avatar** ändern

Löschen

Ein Vorgangstyp kann gelöscht werden. Aber Achtung, JIRA könnte das Löschen unterbinden, wenn Vorgänge, Arbeitsabläufe, Schemata, etc. mit diesem Vorgangstyp verbunden sind. Sie müssen diese vorher löschen oder ändern.

ACHTUNG: Es wird absolut davon abgeraten, einen Vorgangstyp zu löschen, wenn dieser mit Arbeitsablaufschema(ta), Feldkonfigurationsschema(ta) oder Bildschirmmaskenschema(ta) verknüpft ist, da dies Ihr(e) Projekt(e) sehr, sehr, *sehr* verpfuschen könnte. Falls der Vorgangstyp mit einem dieser Schemata verknüpft ist, müssen Sie diese auf einen neuen Vorgangstyp verschieben (Fortgeschrittene Aufgabe).

Übersetzen

In der „Vorgangstyp Übersetzungen"-Maske können Sie eine Übersetzung für den Namen und die Beschreibung Ihres Vorgangstyps hinzufügen. Bedenken Sie, dass JIRA diese Übersetzung NICHT für Sie vornehmen wird. Um die Übersetzungsfunktion zu nutzen, wählen Sie die jeweilige Sprache, die Sie eintragen möchten, aus der Dropdown-Liste. Zurzeit unterstützt JIRA 6 Sprachen (oder Sprachdialekte). Als nächstes tragen Sie den übersetzen Namen und die Beschreibung in die Übersetzungsfelder ein.

Sie fragen sich sicher, worin der Sinn liegt, wenn JIRA die Sprache nicht für Sie übersetzt? Es ist sehr einfach. Sie bauen vielleicht ein Projekt, in dem sich alle Nutzer in verschiedenen Ländern befinden, wodurch Sie mit verschiedenen Sprachen arbeiten müssen. Aus diesem Grund bietet JIRA die Übersetzungsfunktion an.

ÜBUNG

- In dieser Übung werden Sie einen neuen Vorgangstyp anlegen

1. WÄHLEN SIE IN DER MENÜLEISTE JIRA ADMINISTRATION (ZAHNRAD) | VORGÄNGE
2. IN DER ADMINISTRATRION-MASKE SOLLTE **VORGANGSTYPEN** IM **VORGÄNGE-MENÜ** GEÖFFNET SEIN. FALLS NICHT, KLICKEN SIE IN DER SEITENLEISTE AUF VORGANGSTYPEN.
3. KLICKEN SIE IN DER OBEREN RECHTEN ECKE DER **VORGANGSTYPEN**-MASKE AUF DEN **+ VORGANGSTYP HINZUFÜGEN**-BUTTON.
4. IM **VORGANGSTYP HINZUFÜGEN**-POP-UP
   a. GEBEN SIE EINEN **NAMEN** FÜR DEN VORGANGSTYP EIN (ERFORDERLICH)
   b. GEBEN SIE EINE **BESCHREIBUNG** FÜR DEN VORGANGSTYP EIN
   c. WENN SIE NACH DEM **TYP** GEFRAGT WERDEN, WÄHLEN SIE „**STANDARDVORGANGSTYP**“ AUS
5. KLICKEN SIE AUF **HINZUFÜGEN**

Wie Sie sehen können, ist es sehr einfach, einen neuen Vorgangstypen hinzuzufügen. Sie tragen einfach einen Namen für Ihren neuen Vorgangstyp ein, fügen eine Beschreibung hinzu und wählen ob es sich dabei um einen Standard oder Sub-Task Vorgangstyp handelt.

Bitte bedenken Sie, wenn Sie einen **Vorgangstyp** hinzufügen, **dass Sie sorgfältig über den Namen nachdenken sollten**; insbesondere, wenn Sie viele benutzerdefinierte Vorgangstypen benötigen werden. Es ist sehr einfach, in einem Meer von Vorgangstypen unter zu gehen. In der Mehrheit aller Fälle gehören Vorgangstypen zu spezifischen Projekten; Wenn ich also Vorgangstyp-Namen für meine Projekte erstelle, tippe ich zuerst den Titel - oder die Initialien - des Projektes und dann einen einzigartigen Namen für den Vorgangstyp. Im Anschluß suche ich ein einzigartiges Icon, welches ich leicht mental mit einem Vorgangstyp und Projekt assoziieren kann. Mit diesem Ansatz bleiben alle Vorgangstypen eines bestimmten Projektes in der Liste der Vorgangstypen zusammen (Diese sind in alphabetischer Reihenfolge aufgeführt). Wenn ich beispielsweise einen Vorgangstyp für ein Retail-Projekt erstelle, füge ich allen zugehörigen Vorgangstypen ein Einkaufswagen-Symbol hinzu und beginne deren Namen mit den Initialien des Projekts. Ich empfehle Ihnen dringend, Ihre eigene Methode für das Organisieren Ihrer Vorgangstypen zu entwickeln.

Versuchen Sie es mit der unten stehenden Übung einmal selbstständig.

ÜBUNG

In dieser Übung werden Sie

- Ein neues **Projekt** erstellen
- Einen neuen **Vorgangstyp** für das neue Projekt erstellen

1. NAVIGIEREN SIE ZU HAUPTMENÜLEISTE | PROJEKTE
2. WÄHLEN SIE **PROJEKT ERSTELLEN** AUS DEM **PROJEKT**-MENÜ
3. IM „PROJEKTTYP ERSTELLEN"-DIALOG WÄHLEN SIE „**AUFGABENVERWALTUNG**"
4. KLICKEN SIE AUF **WEITER**
5. KLICKEN SIE IM „**AUFGABENVERWALTUNG"**-DIAGRAMM-POPUP AUF **AUSWÄHLEN**.
6. GEBEN SIE IM „**AUFGABENVERWALTUNG**"-DIALOG „EINKAUFSLISTE" IM **NAME**-FELD EIN.
7. GEBEN SIE ANSCHLIEßEND IHREN NAMEN IM FELD **PROJEKTLEITUNG** EIN.
8. KLICKEN SIE AUF **SENDEN**

Sie haben nun Ihr neues Projekt namens EINKAUFSLISTE erstellt. Lassen Sie uns nun einen neuen Vorgangstyp hinzufügen.

9. NAVIGIEREN SIE ZU HAUPTMENÜLEISTE | ZAHNRAD | VORGÄNGE
10. IN DER ADMINISTRATRION-MASKE SOLLTE **VORGANGSTYPEN** IM **VORGÄNGE-MENÜ** GEÖFFNET SEIN. FALLS NICHT, KLICKEN SIE IN DER SEITENLEISTE AUF VORGANGSTYPEN.

11. Klicken Sie in der oberen rechten Ecke der Zahnrad | Vorgänge | Vorgangstypen-Maske auf **+ Vorgangstyp hinzufügen**.
12. Im **Vorgangstyp hinzufügen**-Dialog geben Sie *„Lebensmittel Einkaufsliste“* im **Name**-Feld ein.
13. Geben Sie *„Vorgangstyp für die Lebensmittel-einkaufen Aktivität“* im **Beschreibung**-feld ein.
14. Vergewissern Sie sich, dass **Standardvorgangstyp** im **Typ**-Feld ausgewählt ist.
15. Klicken Sie auf **Hinzufügen**.

Sie sollten Ihren neuen Vorgangstyp nun in der Liste der Vorgangstypen erscheien sehen.

Vorgangstypenschemata

Die **Vorgangstypenschemata** definieren eine Beziehung zwischen den Vorgangstypen und einem Projekt; anders formuliert wird es dazu verwendet, die **Vorgangstyp(en)** mit Ihrem **Projekt** zu verknüpfen. Ebenso wichtig ist es, dass es alle unnötigen Vorgangstypen daran hindert, sich in Ihr Projekt einzumischen und für Verwirrung zu sorgen. Wenn Sie ein Projekt über Wochenend-Haushaltsarbeiten erstellen, wieso würden Sie dort einen Vorgangstyp wollen, der für Software-**Bugs** gedacht ist?

Vorgangstypenschemata können für verschiedene Projekte wiederverwendet werden.

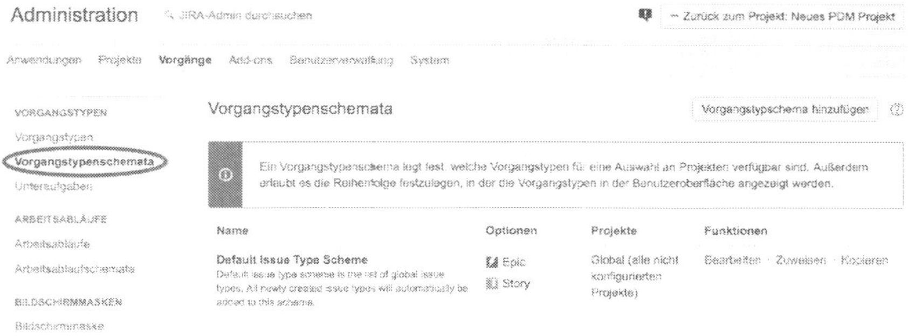

Die Vorgangstypenschemata Seite enthält 4 Spalten: **Name**, **Optionen**, **Projekte**, **Funktionen**.

Name

Hier werden alle Vorgangstypenschemata aufgelistet. Entgegen den Vorgangstypen werden diese hier *nicht* alphabetisch aufgelistet. Das Standard-Vorgangstypenschema steht immer als erstes. Danach werden alle anderen Vorgangstypenschemas in unbestimmter Reihenfolge aufgelistet.

Optionen

Die Optionen-Spalte enthält die Vorgangstypen (und deren jeweiliges Symbol), die mit dem jeweiligen Vorgangstypenschema assoziiert sind.

Projekte

Diese Spalte zeigt alle Projekte, die mit dem jeweiligen Schema assoziiert sind.

Sie verknüpfen ein Projekt mit einem Vorgangstypenschema in der Funktionen-Spalte. Sie werden später noch lernen, wie Sie dies durchführen können.

Funktionen

Letztlich die Funktionen-Spalte, in der Sie das Vorgangstypenschema **Bearbeiten**, **Zuweisen**, **Kopieren** und **Löschen** können.

BEARBEITEN

KLICKEN SIE BEI EINEM BELIEBIGEN VORGANGSTYPENSCHEMA (AUßER DEM DEFAULT SCHEME) AUF DEN BEARBEITEN-LINK UM DIE **VORGANGSTYPSCHEMA BEARBEITEN**-MASKE AUFZURUFEN.

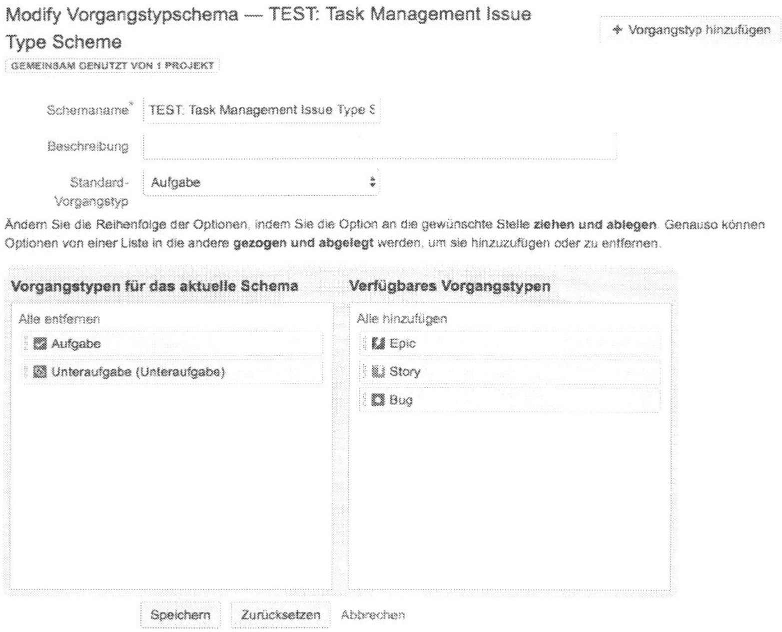

Auf der **Vorgangstypschema bearbeiten**-Maske können Sie folgendes ändern:

- Den **Namen** des Vorgangstypschema
- Die **Beschreibung**
- Den **Standardvorgangstyp** (also der Vorgangstyp, der vorausgewählt ist, wenn Sie einen neuen Vorgang in einem Projekt erstellen).
- **Vorgangstypen für das aktuelle Schema oder Verfügbare Vorgangstypen** durch Drag&Drop oder das Entfernen aus der einen und Hinzufügen in die andere Spalte.

ACHTUNG: Es ist absolut, absolut und noch mehr absolut empfohlen, dass Sie NICHT das Standard-Vorgangstypschema („Default Issue Type Scheme“) bearbeiten.

Zusätzlich können Sie – bis auf beim Standard-Schema – auf dieser Seite neue Vorgangstypen hinzufügen, indem Sie auf den **+ Vorgangstyp hinzufügen-**Button oben rechts klicken.

ZUWEISEN

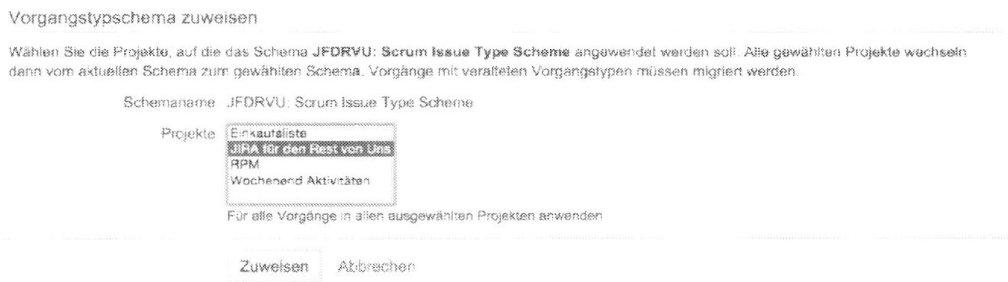

Die **Vorgangstypenschema zuweisen**-Seite ist der Ort, an dem Sie Ihr **Vorgangstypenschema** mit Ihrem/n **Projekt**(en) verbinden. Sie können ein Vorgangstypenschema mit mehr als einem Projekt verbinden, in dem Sie die **Strg**-Taske auf Ihrer Tastatur gedrückt halten und die gewünschten Projekte in der Liste auswählen.

KOPIEREN

Nehmen wir an, Sie möchten gerne ein neues Vorgangstypenschema erstellen. Es erweist sich oft als besser, ein bestehendes Schema zu kopieren und umzubenennen, wenn es die meisten Features und Vorgangstypen enthält, die Sie in Ihrem neuen Schema benötigen. Sie können das neue Schema dann nach Ihren Wünschen anpassen, was einfacher ist, als ein komplett neues Schema zu erstellen.

LÖSCHEN

Letztlich können Sie ein Vorgangstypenschema (ausgenommen vom Standardschema) durch Aufrufen der **Vorgangstypenschema löschen**-Maske löschen. Bevor JIRA dies jedoch ermöglicht, müssen Sie erst alle Projekte, die mit diesem Vorgangstypenschema verbunden sind, entfernen. Dies erledigen Sie in der **Administration-Zusammenfassung des Projektes** durch das Ändern des aktuellen Vorgangstypenschema auf ein anderes.

ÜBUNG

In dieser Übung werden Sie

- Ein neues **Vorgangstypenschema** erstellen
- Einen Vorgangstyp einem Vorgangstypenschema zuweisen und
- Das **Vorgangstypenschema** dem *Einkaufsliste*-**Projekt** zuweisen

1. WÄHLEN SIE IN DER MENÜLEISTE JIRA ADMINISTRATION (ZAHNRAD) | VORGÄNGE
2. WÄHLEN SIE AUF DER ADMINISTRATIONSMASKE „**VORGANGSTYPENSCHEMATA**" IN DER SEITENLEISTE AUS.
3. KLICKEN SIE AUF DER VORGANGSTYPENSCHEMATA-SEITE AUF **VORGANGSTYPSCHEMA HINZUFÜGEN**
4. AUF DER VORGANGSTYPSCHEMA HINZUFÜGEN-SEITE
    i) GEBEN SIE ALS **SCHEMANAME** „LEBENSMITTEL EINKAUFSLISTE VORGANGSTYPENSCHEMA" EIN
    ii) GEBEN SIE ALS **BESCHREIBUNG** „VORGANGSTYPENSCHEMA FÜR DAS EINKAUFSLISTE-PROJEKT" EIN
    iii) ÜBERSPRINGEN SIE „STANDARD-VORGANGSTYP" VORERST
    iv) SOLLTEN IN DER LISTE „VORGANGSTYPEN FÜR DAS AKTUELLE SCHEMA" EINTRÄGE AUFGEFÜHRT SEIN, KLICKEN SIE AUF **ALLE ENTFERNEN**

v) Suchen Sie *Lebensmittel Einkaufsliste* in der **Verfügbare Vorgangstypen**-Liste

vi) Klicken und ziehen Sie *Lebensmittel Einkaufsliste* in die **Vorgangstypen für das aktuelle Schema**-Liste

vii) Wählen Sie in der **Standard-Vorgangstyp**-Liste nun *Lebensmittel Einkaufsliste* (Es sollte die einzige Option sein)

5. Klicken Sie auf **Speichern** am unteren Ende der Maske

Dies sollte Sie zurück auf die **Vorgangstypenschemata**-Maske führen. Verlassen Sie diese Seite NICHT.

Sie werden jetzt das **Vorgangstypenschema** Ihrem *Einkaufslisten*-Projekt zuweisen.

6. Scrollen Sie auf der **Vorgangstypenschemata**-Maske nach unten und suchen Sie Ihr neu erstelltes **Lebensmittel Einkaufsliste-Vorgangstypenschema**.

Wie Sie sehen, sind diesem Schema noch **Keine Projekte** zugewiesen.

7. Klicken Sie auf den Zuweisen-Link in der Funktionen-Spalte des „Lebensmittel Einkaufsliste Vorgangstypenschema“.

8. wählen Sie auf der **Vorgangstypschema zuweisen**-Maske das **Einkaufsliste**-Projekt aus der **Projekte**-Liste aus um es dem Schema zuzuweisen.

9. Klicken Sie auf den **Zuweisen**-Button

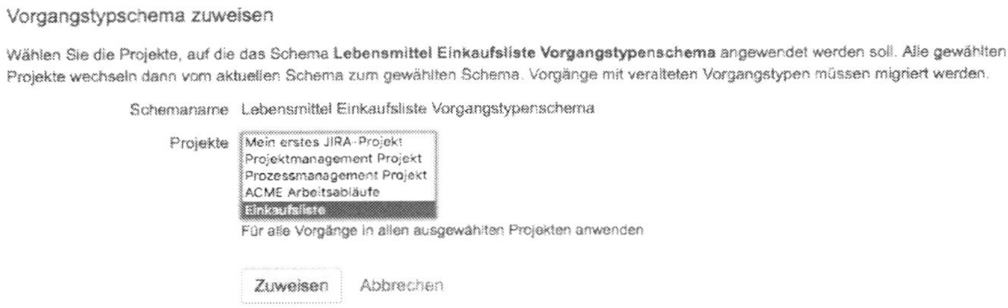

10. ZURÜCK AUF DER **VORGANGSTYPENSCHEMATA**-MASKE SCROLLEN SIE NACH UNTEN UND STELLEN SIE SICHER, DASS DAS *LEBENSMITTEL EINKAUFSLISTE VORGANGSTYPENSCHEMA* JETZT DEM *LEBENSMITTEL EINKAUFSLISTE*-PROJEKT ZUGEWIESEN IST:

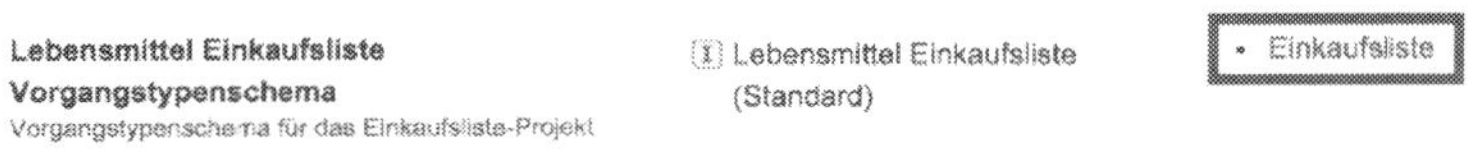

11. WÄHLEN SIE HAUPTMENÜ | **PROJEKTE** | **EINKAUFSLISTE** | **PROJEKTVERWALTUNG** | **VORGANGSYPEN** UND SIE WERDEN DORT EBENFALLS DAS *LEBENSMITTEL EINKAUFSLISTE VORGANGSTYPENSCHEMA* AUFGEFÜHRT SEHEN:

UNTERAUFGABE

Letztendlich erlauben es Vorgangstypen auch, **Untervorgänge** zu erstellen. Wenn Ihr Vorgang kompliziert ist, können Sie diesen in eine Reihe von Untervorgängen unterteilen (diese werden weiterhin mit dem Hauptvorgang verbunden sein). Einer der Hauptvorteile von Untervorgängen ist, dass jedem dieser Untervorgänge ein anderer Benutzer zugewiesen werden kann, was mit einem einzigen Vorgang nicht möglich ist. Das ist hilfreich, wenn Ihr Arbeitsprozess eine Reihe von Schritten hat und eine Reihe von Nutzern involviert. Auf der anderen Seite stellt es sich als bessere Lösung innerhalb eines Prozesses heraus, bestimmte und separate Vorgänge verschiedenen Benutzern zuzuweisen. JIRA's Flexibilität hilft Ihnen dabei, die Lösung zu kreieren, die für Sie am besten ist.

Untervorgänge können keine weiteren Untervorgänge haben. Sie können jedoch Untervorgänge zu einem Vorgang konvertieren (befördern) und dann weitere Untervorgänge darunter erstellen.

Jeder Standard Vorgangstyp (also kein Untervorgangstyp) kann Untervorgänge haben.

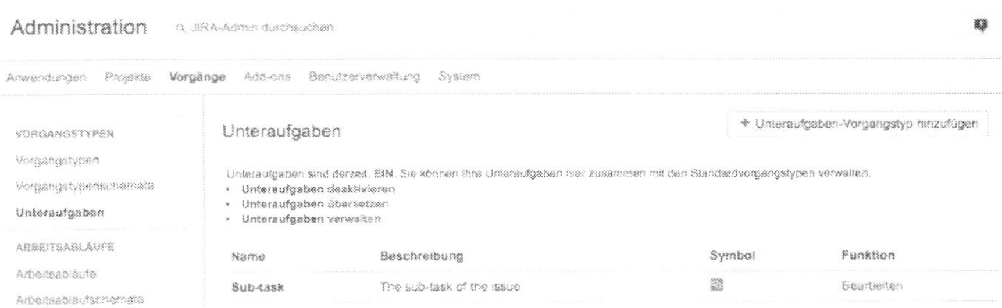

Die Unteraufgaben-Maske enthält 4 Spalten: **Name**, **Beschreibung**, **Symbol**, **Funktion**.

Name

Hier befindet sich eine Liste der Unteraufgaben-Typen, aufgeführt in der Reihenfolge ihrer Erstellung.

Sie können einen neuen Untervorgang mittels Klick auf **+ Unteraufgaben-Vorgangstyp hinzufügen** hinzufügen und einen **Namen** sowie eine **Beschreibung** angeben.

Beschreibung

Wie der Name dieser Spalte vermittelt, finden Sie hier den Zweck der Unteraufgabe. Ich empfehle Ihnen, sehr spezifisch bei der Wahl der Begründung für einen neuen Untervorgangstyp zu sein. Ein Untervorgang wird oft für sehr eingeschränkte Business-Anforderungen erstellt und es ist oft sehr einfach zu vergessen, wieso dieser genau erstellt wurde.

SYMBOL

Diese Spalte zeigt das Symbol, das mit dem Untervorgang assoziiert ist. Mittlerweile wissen Sie, dass ich ein großer Fan der Verwendung von Symbolen zur einfachen Identifikation von verwandten Elementen in einem Projekt bin. Ich empfehle, Sie machen das gleiche mit Untervorgängen.

FUNKTION

In der Funktion-Spalte können Sie einen Untervorgangstyp bearbeiten oder löschen.

BEARBEITEN

Im **Vorgangstyp der Unteraufgabe bearbeiten**-Dialog können Sie den **Namen**, die **Beschreibung** und den **Avatar** des Vorgangstypes ändern.

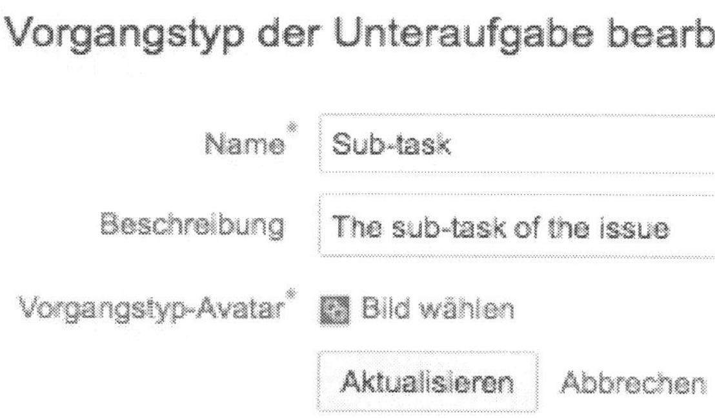

LÖSCHEN

Sie können jeden Untervorgang-Vorgangstyp **löschen**, der **derzeitig nicht mit einem Vorgang verbunden ist**. Einen Untervorgang, der mit einem aktiven Vorgang **verbunden** ist, löschen Sie am besten auf der **Vorgangsdetails**-Seite über das **Weitere Aktionen**-Menü:

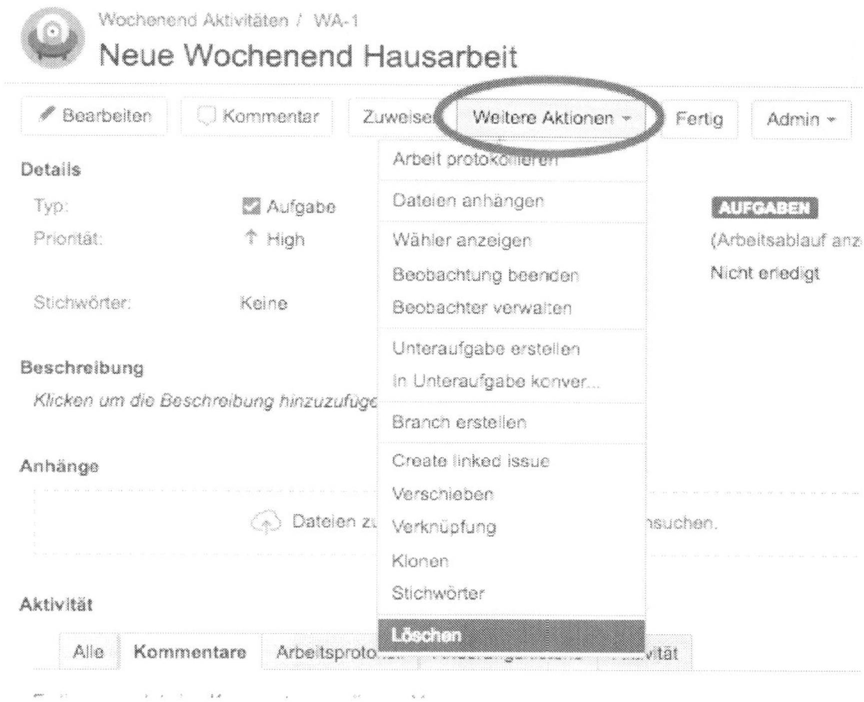

Weitere Untervorgang Funktionen

Wenn Sie möchten, können Sie auch alle Untervorgänge **deaktiveren**. Diese Funktion könnte dafür verwendet werden, um Verwirrung zu verhindern, da es gelegentlich schwierig für Einsteiger sein könnte, Vorgänge und Untervorgänge zu unterscheiden.

Eines der großartigen Dinge, die ich an JIRA mag, ist die Möglichkeit der **Übersetzung**. Aktuell werden 6 Sprachen/Dialekte unterstützt: Spanisch, Französisch, Deutsch, Japanisch und zwei englische Dialekte, und ich bin sicher, es werden noch weitere folgen. Wir haben uns bereits mit der Übersetzung befasst; Lassen Sie uns also fortfahren.

VORGANGSATTRIBUTE

Wir verwenden nicht viel Zeit auf Vorgangsattribute wie **Status** und **Lösungen**, da dies fortgeschrittene Themen sind.

Lassen Sie uns allerdings einen Blick auf **Prioritäten** werfen.

Sie können, wenn Sie einen **Vorgang** erstellen, diesem eine **Priorität** zuweisen. Es ist eigentlich ganz einfach: Wenn Sie einen Vorgang erstellen, klicken Sie einfach auf das **Priorität**-Feld und wählen die gewünschte Priorität aus. Das Priorität-Feld ist normalerweise verfügbar, wenn Sie einen neuen Vorgang erstellen. Sie können die Priorität ebenfalls in der **Detailansicht** eines Vorgangs ändern, nachdem dieser erstellt wurde.

1. NAVIGIEREN SIE MENÜLEISTE | JIRA ADMINISTRATION (ZAHNRAD) | VORGÄNGE
2. KLICKEN SIE AUF DER ADMINISTRATIONSMASKE AUF **PRIORITÄTEN**.

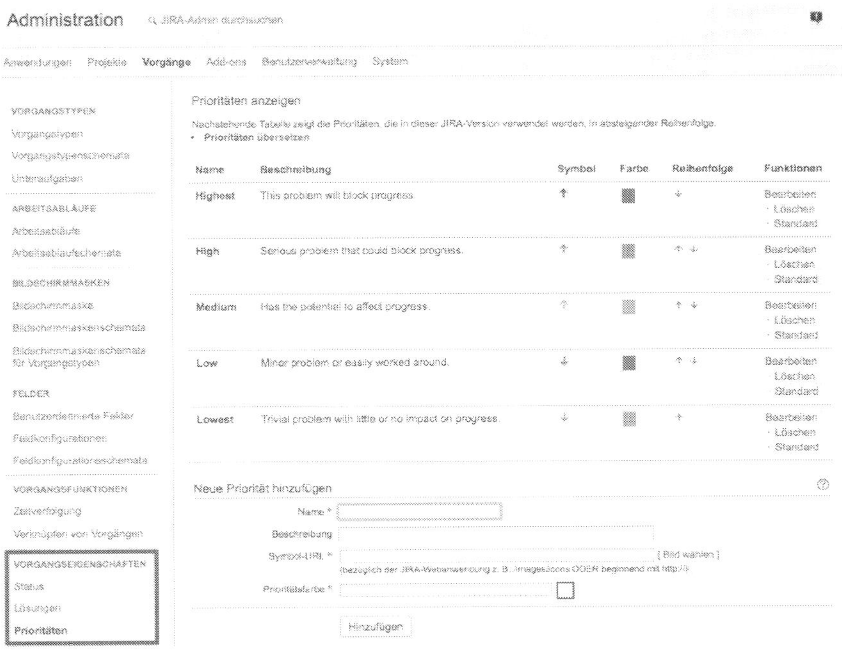

Die **Prioritäten anzeigen**-Maske zeigt Ihnen alle verfügbaren **Prioritäten** an. Auf dieser Maske können Sie diese bearbeiten, löschen, eine **Neue Priorität hinzufügen** (unten auf der Maske), die Farbe und das Symbol verändern, etc. Dies ist hilfreich, wenn Sie eine besondere **Prioritäten**-Struktur in Ihrer Organisation haben (wie es bei vielen der Fall ist).

ACHTUNG: Zwei Hinweise, die Sie berücksichtigen sollten:

1. Sie können eine Priorität nur einem ganzen Vorgang zuweisen, nicht einem spezifischen Feld in diesem Vorgang.
2. Jedes Mal, wenn Sie eine Priorität hinzufügen, löschen oder ändern, wirkt sich dies auf alle JIRA-Projekte und -Vorgänge aus. Anders gesagt können Sie nicht eine neue Priorität erstellen und diese nur einem spezifischen Projekt zuweisen. Hier heißt es „alles oder nichts“.

Kapitel 6 – Arbeitsabläufe

Kapitelziele

In diesem Kapitel werden Sie ein gutes Verständnis für Arbeitsabläufe, Arbeitsablaufschemata und deren Interaktion mit anderen Elementen entwickeln.

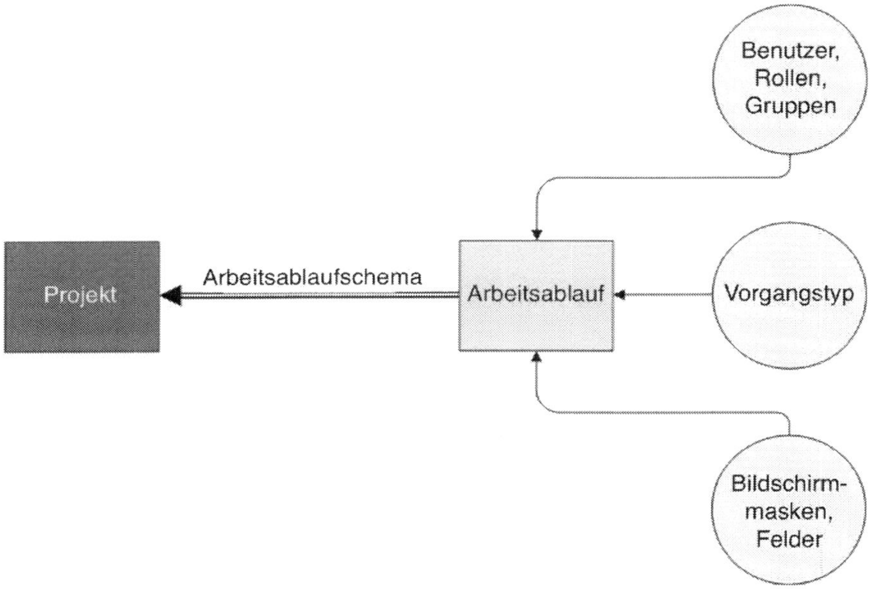

Arbeitsabläufe verstehen

Für mich sind die JIRA-Arbeitsabläufe vermutlich der beste Kaufgrund von JIRA Core. Sie erlauben es Ihnen, Arbeitsprozesse zu entwickeln und zu verwalten, ohne Ihre IT-Abteilung involvieren zu müssen. Ein gut geübter JIRA Business-Nutzer kann sehr einfach einen zeitsparenden Arbeitsablauf für die Verbesserung der Arbeitseffizienz und Zusammenarbeit entwickeln und implementieren.

Die Atlassian Dokumentation besagt „Ein JIRA Arbeitsablauf ist eine Reihe von *Status* (plural) und *Übergängen*, die ein Vorgang während seines Lebenszykluses durchläuft. *Arbeitsabläufe repräsentieren typischerweise Geschäftsprozesse*." Ich würde die letzte Aussage leicht abändern und sagen: „Arbeitsabläufe repräsentieren einen Vorgangsprozess".

An diesem Punkt ist es essenziell, den Unterschied zwischen einem **Prozess** und einer **Prozedur** zu kennen. Viele verwechseln die beiden Definitionen, weil diese sich oft überschneiden. Gemäß meinem treuen Oxford ist ein **Prozess** „eine kontinuierliche und reguläre Aktion, oder eine Reihenfolge von Aktionen, die in einer bestimmten Art ausgeführt werden oder stattfinden und zu dem Erreichen eines bestimmten Resultates führen; **eine kontinuierliche Operation oder Serie von Operationen**", während eine **Prozedur** „**eine Vorgehensweise**, Methode, Technik, Routine, Drill, Übung" ist. Um es klarer auszudrücken würde ich sagen, dass ein Prozess ein Satz oder eine Serie von Prozeduren ist, die als Zweck die Erfüllung eines Ziels haben. Eine Prozedur ist eine Aktion mit einer Beschreibung der spezifischen Methode, um einen Task oder Tasks innerhalb eines Prozesses abzuschließen.

In IT-Fachsprache ist eine Prozedur ein Set von Aktionen (oder Schritten*) in einer spezifischen Reihenfolge*. Wir als Geschäftsleute benötigen mehr Details und Erklärungen, WIE wir diese Schritte erreichen oder durchführen können. Lassen Sie uns ein Truthahn-Dinner als Beispiel verwenden. Der Vorgang ist „Bereiten Sie einen Truthahn zu", was ebenfalls die Beschreibung des Prozesses ist. Der Arbeitsablauf *beschreibt alle nötigen Schritte* um das Truthahn-Dinner zuzubereiten (also: Truthahn vorbereiten, Ofen vorheizen, Truthahn in den Ofen schieben, Truthahn begießen, Truthahn herausnehmen und ruhen lassen, anschneiden und servieren, etc.). Bemerken Sie jedoch, dass keiner dieser Arbeitsablauf-Schritte beschreibt, *wie* man den Schritt ausübt. Beispielsweise sagt es Ihnen nicht, auf welche Temperatur Sie den Ofen stellen müssen oder wie lange es dauern sollte, bis dieser vorgeheizt ist, es sagt Ihnen auch nicht, wie lange der Truthahn im Ofen bleiben sollte oder wie lange er danach ruhen sollte.

Denken Sie also bitte daran, dass **ein Arbeitsablauf in JIRA die nötigen Schritte zum Abschließen eines Vorgangs enthält, jedoch nicht erklärt, *wie* Sie diese Schritte durchführen sollen.** Dies im Sinn zu behalten, vermeidet später sehr viel Verwirrung.

Zur Wiederholung, ich mag JIRA's Definition eines Arbeitsablaufes: *„Ein JIRA Arbeitsablauf ist eine Reihe von **Status** (Plural) und **Übergängen,** die ein Vorgang während des Lebenszyklus' durchläuft."* Ein **Status** ist der Zustand oder die Beschaffenheit eines Vorgangs zum Zeitpunkt des Reportings. Der standard JIRA-Arbeitsablauf hat die 5 Status **Open** (Offen; noch nicht gestartet), **In Progress** (In Arbeit), **Resolved** (Gelöst), **Closed** (Geschlossen) und **Reopened** (Erneut geöffnet). Ein Vorgang **übergeht** (Die Pfeile im folgenden Diagramm) von einem Status in einen anderen, basierend auf den vom Nutzer (oder den im Programm) festgelegten Businessregeln. Eine Businessregel könnte sein: Ein Vorgang geht von „In Progress" nach „Resolved" über, in dem der *Vorgang erledigt wird.* Eine weitere Businessregel könnte sein: Ein Vorgang geht von „Resolved" nach „Closed" über, wenn der Projektleiter *diesen als geschlossen verifiziert.*

Um Verwechslung zwischen Status und Übergängen zu vermeiden, **denken Sie bei einem Status einfach an die zuletzt komplett abgeschlossene „Sache" im Arbeitsablauf und bei einem Übergang an eine Annäherung an diesen neuen Status**. Hier ist ein einfacher Weg, es sich zu merken: Ein aktueller Status in einem Arbeitsablauf ist wie Ihr aktuelles Alter. Sie mögen tatsächlich 29 Jahre, 8 Monate und 3 Tage alt sein, aber die Gesellschaft erkennt als Ihr Alter (Ihren Status) nur das zuletzt vollständig abgeschlossene Jahr Ihres Lebens, 29, an. Die folgenden 364 Tage sind der Übergang, also der Weg in Richtung Ihres nächsten Statuswechsels (30 Jahre alt werden). Ich persönlich glaube, dass einer der Hauptgründe für diese Status/Übergang-Verwechslung darin liegt, dass JIRA eine Mischung aus Zeitformen verwendet, wenn Status beschrieben werden. Beispielsweise verwenden „Open" (Offen) und „In Progress" (In Arbeit) die Gegenwartsform, während „Resolved" (Gelöst), „Closed" (Geschlossen) und „Reopened" (Erneut geöffnet) Vergangenheitsformen verwenden. Was ist es nun? Ist ein Status nun Gegenwart oder Vergangenheit? JIRA sollte da konsistent sein. Ich wähle die Vergangenheitsform, wenn ich einen Status benenne;

Beispielsweise verwende ich *„Vorgang erstellt"* anstelle von „Offen", ich verwende *„Arbeit begonnen"* anstelle von „In Arbeit". Für mich ist es einfacher zu verstehen und damit zu arbeiten und, was noch wichtiger ist, einfacher den Nutzern zu erklären. Sie mögen eine andere Methode bevorzugen, aber unabhängig davon empfehle ich Ihnen, konsistent bei Ihrer Namensgebung zu sein.

Sie haben vielleicht von einem Arbeitsablauf **Schritt** gehört oder gelesen. Einfach gesagt, wird ein Status mit **all** dessen ausgehenden Übergängen als **Schritt** bezeichnet. Schritte waren in den vorigen Versionen von JIRA wichtiger, als das Erstellen eines Arbeitsablaufes nur mittels Text-Modus möglich und darin das Angeben eines Schritt-Namen erforderlich war. Mit JIRA's ‚neuem' und einfacher zu verwendenden grafischen Designer werden die Schritte automatisch im Hintergrund angelegt; Sie müssen sich darum also keine Gedanken mehr machen.

Nutzer führen meistens bestimmte Dinge während eines Übergangs aus. Daher sollte es keine Überraschung sein, dass ein Übergang eigene Bildschirmmasken, auch **Übergangs(bildschirm)masken** genannt, haben kann. Wenn beispielsweise ein Nutzer einen Vorgang freigeben muss, könnte die Freigabe-Übergangs(bildschirm)maske nur zwei Felder haben: Ein „freigegeben"-/"nicht freigegeben"-Kontrollkästchen und ein Beschreibungsfeld, damit der Nutzer Details eintragen kann, wieso der Vorgang nicht freigegeben wurde. JIRA hat ein paar standard Übergangsmasken, aber für gewöhnlich werden die meisten von Administratoren erstellt, um spezifische Anforderungen der Organisation zu erfüllen.

Wie Sie bereits wissen, kann ein neuer Vorgang von verschiedenen Orten im Programm erstellt werden; und wenn Sie dies ausführen, erscheint der **Vorgang erstellen**-Bildschirm, wo Sie das Projekt und den Vorgangstyp, etc. auswählen. Eine Sache, die nicht so weit bekannt oder dokumentiert ist, ist die Tatsache, dass während diese Maske technisch eine „Vorgangstyp Erstellen"-Maske ist, dies auch gleichzeitig der erste **Übergang** im Arbeitsablauf Ihres Vorgangstyps ist. Betrachten Sie im JIRA-Arbeitsablauf-Diagramm die Linie, die den grauen Kreis (Arbeitsablauf Start) und Open (der erste Status) verbindet. Wenn Sie auf diese Linie klicken, lautet der Name des Übergangs „Vorgang erstellen", welcher die „Vorgang erstellen"-Maske enthält.

Die Benutzer haben normalerweise die Berechtigung, den Status für den Teil des Arbeitsablaufes zu ändern, für den sie zuständig sind. Beispielsweise könnte ein Business Analyst die Befugnis haben, einen Vorgangsstatus von **Open** nach **In Progress** und von **In Progress** nach **Resolved** zu ändern. Allerdings könnten sie wiederrum nicht die Befugnis haben, um diesen von **Resolved** auf **Closed** zu ändern, da nur die Projektleiter die Befugnis dazu haben könnten (In diesem Beispiel).

Benutzer wechseln den Status eines Vorgangs über das Anklicken des jeweiligen Status-Buttons in der **Detailansicht** des gewünschten Vorgangs (wie unten angezeigt). Denken Sie daran, die Status-Buttons, die der Nutzer hier sieht, variieren je nach Arbeitsablauf, den der Vorgangstyp verwendet und den Berechtigungen, die der Nutzer besitzt.

Sie können außerdem Ihre eigenen Status und Übergänge erstellen. Hier kommt die außerordentliche Macht von JIRA-Arbeitsabläufen zum Tragen. Sie sind darüber hinaus auch sehr kompliziert und in diesem Buch werden wir uns nicht darauf konzentrieren.

Ich empfehle Ihnen, wenn Sie erst mit der Nutzung von JIRA Core beginnen, einen Standard-Arbeitsablauf zu suchen, der „gut genug" ist um damit zu arbeiten und mit diesem zu üben, bis Sie bereit sind, zu einem angepassten Arbeitsablauf überzugehen.

> **ACHTUNG:** Wenn Sie etwas ausprobieren, stellen Sie sicher, dass Sie zu allererst den Arbeitsablauf zu etwas individuellem wie „TEST Arbeitsablauf" umbenennen. Ich kenne mindestens eine Firma in der ein Administrator den Arbeitsablauf für sein Projekt geändert hat, ohne zu realisieren, dass die Änderung jedes Projekt in der Organisation betroffen hat, das denselben Arbeitsablauf verwendet. Es war ein Albtraum, dies wieder auszubessern. Ich empfehle als beste Vorgehensweise, **projektspezifische Arbeitsablauf- und Schema-Namen für jedes Projekt zu vergeben** um diese Art von Problemen zu verhindern.

Arbeitsabläufe

Lassen Sie uns einen Blick darauf werfen, wie man Arbeitsabläufe verwaltet.

Navigieren Sie **Hauptmenüleiste | JIRA Administration (Zahnrad) | Vorgänge**

Wählen Sie auf der **Vorgangstypen**-Maske „**Arbeitsabläufe**“ in der Seitenleiste

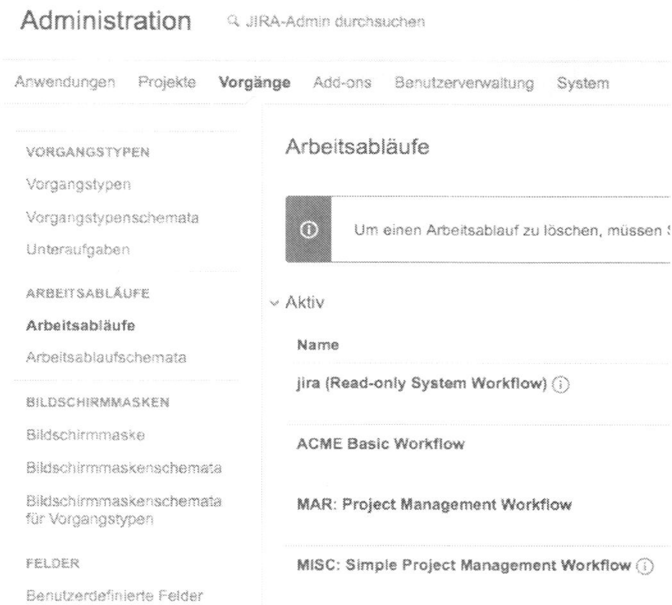

Hier verwalten Sie Ihre Arbeitsabläufe. Die Bildschirmmaske ist in zwei Teile unterteilt. Der obere Teil enthält all Ihre „aktiven“ Arbeitsabläufe. Diese Arbeitsabläufe sind mit einem Arbeitsablaufschema und einem JIRA Projekt verknüpft. Der untere Teil der Maske enthält alle „inaktiven“ Arbeitsabläufe; Arbeitsabläufe die nicht mit einem Arbeitsablaufschema oder Projekt oder beidem verknüpft sind.

Sie können einen neuen Arbeitsablauf durch Klick auf „**+ Arbeitsablauf hinzufügen**“ in der oberen rechten Ecke hinzufügen. Sie geben einfach einen Namen zusammen mit einer Beschreibung für den Arbeitsablauf ein und klicken auf „Hinzufügen“. Das ist schon alles. Natürlich müssen Sie Ihren Arbeitsablauf nun noch designen, aber das ist ein Thema für einen anderen Tag.

Die Arbeitsabläufe-Maske ist unterteilt in 5 Spalten: **Name, letzte Änderung, zugewiesene Schemata, Schritte** und **Funktionen**.

Name

Die Name-Spalte beginnt immer mit dem standard System-Arbeitsablauf. Danach werden die Arbeitsabläufe in alphabetischer Reihenfolge aufgeführt.

Letzte Änderung

Diese Spalte zeigt den Zeitpunkt zudem der Arbeitsablauf das letzte Mal geändert wurde und wer die Änderung vorgenommen hat.

Zugewiesene Schemata

Arbeitsabläufe müssen mit einem Arbeitsablaufschema verknüpft werden, bevor sie einem Projekt zugewiesen werden können. Diese Spalte zeigt die Schemata, die mit dem Arbeitsablauf verbunden sind. Arbeitsablaufschemata werden in der nächsten Sektion detaillierter behandelt.

Schritte

Schritte zeigt die Anzahl der Schritte (ein Schritt ist ein Status und all seine ausgehenden Übergänge) im Arbeitsablauf.

Funktionen

Die Funktionen-Spalte hat 4 verschiedene Optionen (mit einer Reihe von Ausnahmen): Anzeigen, Bearbeiten, Kopieren und Löschen.

Anzeigen

Anzeigen lässt Sie genau das: den Arbeitsablauf anzeigen. Es erlaubt Ihnen nicht, den Arbeitsablauf zu bearbeiten.

Bearbeiten

Sie können jeden Arbeitsablauf bearbeiten (vorausgesetzt Sie haben die Berechtigung dazu); jedoch mit einer Ausnahme: Der System Workflow (Arbeitsablauf) kann nicht geändert werden.

Durch Klick auf den Bearbeiten-Link kommen Sie auf die Maske auf der Sie Änderungen an Ihrem Arbeitsablauf vornehmen können. Wenn Sie fertig sind, können Sie den Entwurf des Arbeitsablaufes entweder **veröffentlichen** oder **verwerfen**.

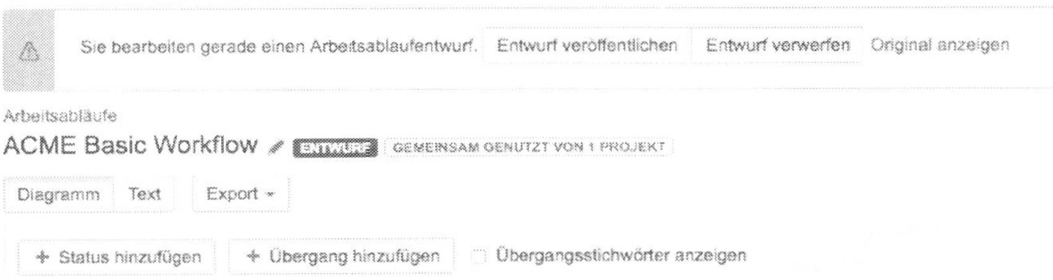

ACHTUNG: Es ist strengstens, strengstens empfohlen, dass Sie einen Arbeitsablauf nicht bearbeiten, außer Sie haben die spezifische Anweisung dazu. Wenn Sie einen Arbeitsablauf ändern, der in anderen Projekten verwendet wird, werden all diese Projekte von Ihrer Änderung betroffen sein. Dies könnte möglicherweise ein karriere-hemmender Zug sein, seien Sie also bitte vorsichtig.

Kopieren

Wenn Sie auf Kopieren klicken, erscheint dieser Dialog:

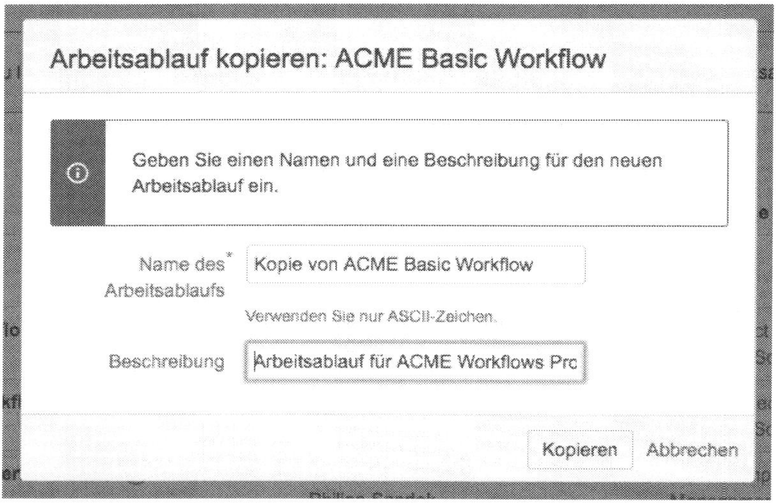

Geben Sie einfach einen neuen Arbeitsablauf-Namen und eine Beschreibung ein und klicken Sie auf „Kopieren“.

Als beste Vorgehensweise empfehle ich Ihnen, dass Sie für jedes Projekt immer einen neuen Arbeitsablauf erstellen. Der einfachste Weg ist es, einen Arbeitsablauf, den Sie mögen, zu kopieren und umzubenennen. Auf diesem Wege wird, wenn Sie Änderungen vornehmen, nur Ihr Projekt betroffen sein, anstatt alle Projekte in der Organisation, die den gleichen Arbeitsablauf verwenden.

Wenn Sie eine Kopie eines Arbeitsablaufes anfertigen sollten, werden Sie auf die Arbeitsablauf-Design-Seite geführt, wo Sie Ihre Änderungen vornehmen können.

Denken Sie allerdings daran, dass Kopien in der „Inaktiv“-Sektion gespeichert werden, bis Sie sie einem Arbeitsablaufschema oder einem Projekt zuweisen.

Delete

Sie können nur inaktive Arbeitsabläufe löschen (und Sie können den System-Arbeitsablauf nicht löschen).

Sie können einen Arbeitsablauf deaktivieren, indem Sie die Verknüpfung zu dem/den Projekt(en) entfernen.

Arbeitsablaufschemata

Ein **Arbeitsablaufschema** ist es, wo ein Arbeitsablauf mit einem Projekt und Vorgangstypen verknüpft wird.

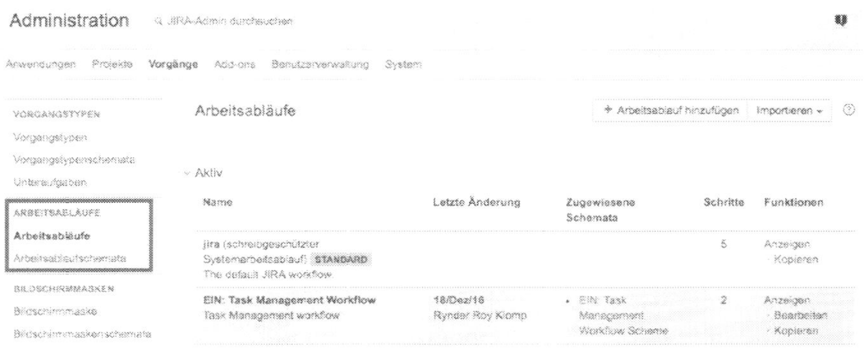

Die Arbeitsablaufschemata-Maske enthält 5 Spalten: **Name**, **Projekte**, **Vorgangstyp**, **Arbeitsablauf**, **Funktionen.**

Name

Hier ist eine Liste der Arbeitsablaufschemata. Sie sind in zwei Kategorien unterteilt: **Aktiv** und **Inaktiv**. Ein Arbeitsablaufschema ist aktiv, wenn es mit einem Projekt verknüpft ist. Die Arbeitsablaufschemata sind innerhalb ihrer Kategorie alphabetisch aufgelistet.

Wenn Sie die Arbeitsablaufschemata-Maske öffnen, sehen Sie zuerst nur aktive Arbeitsablaufschemata. Um die inaktiven zu öffnen, scrollen Sie einfach nach unten und klicken auf Inaktiv.

Ein neues Schema hinzuzufügen ist so einfach wie das Klicken auf den **+ Arbeitsablauf hinzufügen**-Button oben rechts auf der Maske und das anschließende Eintragen eines Arbeitsablaufschema-**Namen** und einer **Beschreibung**.

PROJEKTE

In dieser Spalte werden die Projekte angezeigt, die mit Ihren Arbeitsabläufen verknüpft sind. Während Sie nur ein Arbeitsablaufschema mit einem Projekt verknüpft haben können, können Sie Ihrem Projekt mehrere Arbeitsabläufe zuweisen. Dies ist nützlich, wenn Sie Ihrem Projekt eine Reihe von Vorgangstypen zugewiesen haben und jeder Vorgangstyp einen anderen Arbeitsablauf verwendet.

Zum Ändern des aktiven Arbeitsablaufschema eines Projektes, begeben Sie sich auf die **Administrationsseite des Projektes** (Hauptmenüleiste | Projekte | Eintrag des Projekts | Projektadministration), suchen Sie dort nach der Arbeitsablauf-Sektion und klicken Sie auf den angezeigten Arbeitsablauf:

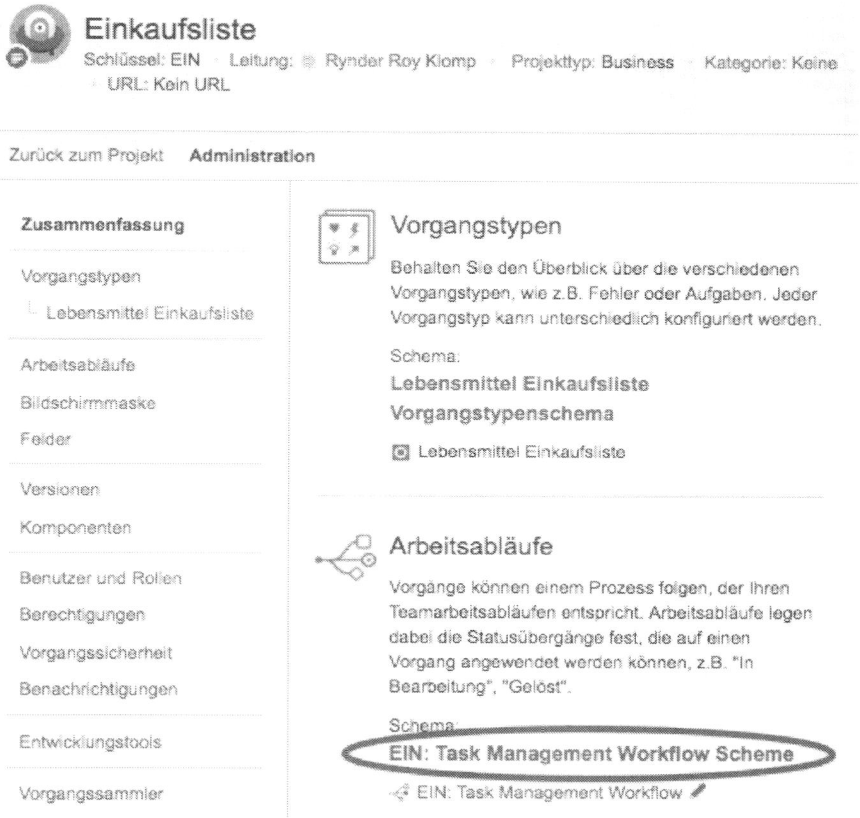

Darauf wird sich die **Arbeitsabläufe**-Maske öffnen, wo Sie den **Schema wechseln-**Button finden können. Auf der „**Arbeitsablaufschema dem Projekt zuweisen**“-Maske wählen Sie das gewünschte **Arbeitsablaufschema** aus der Dropdown-Liste und folgen den Schritten im Assistenten, um das neue Schema mit Ihrem Projekt zu verknüpfen.

VORGANGSTYP

Die Vorgangstyp-Spalte listet alle mit dem Arbeitsablaufschema verknüpften Vorgangstypen auf. Während Sie mehr als einen Vorgangstyp in einem Arbeitsablaufschema haben können, kann jeder Vorgangstyp nur mit jeweils einem einzigen Arbeitsablauf innerhalb eines Schemas verknüpft werden.

Arbeitsablauf

Diese Spalte zeigt den Arbeitsablauf/die Arbeitsabläufe, die mit dem/den Vorgangstyp(en) in Ihrem Arbeitsablaufschema verknüpft sind. Beachten Sie den Pfeil zwischen Vorgangstyp und Arbeitsablauf. Um eine vorherige Aussage zu wiederholen, **ein Vorgangstyp kann nur mit einem einzigen Arbeitsablauf innerhalb eines Arbeitsablaufschemas verknüpft sein**. Das Gegenteil ist jedoch nicht der Fall. **Ein Arbeitsablauf kann mit mehr als einem Vorgangstyp innerhalb eines Arbeitsablaufschemas verknüpft sein**. Kling verwirrend? Unterm Strich bedeutet es: Wäre ein Vorgangstyp mit mehr als einem Arbeitsablauf innerhalb eines Projekts verknüpft, würde die Software nicht wissen, welchen sie verwenden soll, was bei dem Programm zu einem Nervenzusammenbruch führen würde. Daher enthält JIRA eine Regel, die dies unterbindet. So einfach ist das.

AUßERHALB eines Arbeitsablaufschemas kann ein Vorgangstyp mit einem anderen Arbeitsablauf verknüpft werden, solange der Vorgangstyp mit anderen Arbeitsablaufschemas verknüpft ist. Zum Beispiel könnte in Projekt A der Vorgangstyp „Aufgabe“ mit Arbeitsablauf X in Arbeitsablaufschema Alpha verknüpft sein, während der Vorgangstyp „Aufgabe“ in Projekt B mit Arbeitsablauf Z in Arbeitsablaufschema Beta verknüpft sein könnte.

Erlaubt:

Vorgangstyp	Arbeitsablauf	Arbeitsablauf-schema	Projekt
Aufgabe	Arbeitsablauf X	Alpha	Projekt A
Unteraufgabe	Arbeitsablauf Y	Alpha	Projekt A
Aufgabe	Arbeitsablauf Z	Beta	Projekt B

Nicht erlaubt:

Vorgangstyp	Arbeitsablauf	Arbeitsablauf-schema	Projekt
Aufgabe	Arbeitsablauf X	Alpha	Projekt A
Aufgabe	Arbeitsablauf Z	Alpha	Projekt A

Funktionen

In der letzten Spalte, **Funktionen**, können Sie ein Arbeitsablaufschema **bearbeiten**, **kopieren** und **löschen**.

Bearbeiten

Der **Bearbeiten**-Link bringt Sie zur „**Arbeitsablaufschema bearbeiten"**-Maske, wo Sie das Schema bearbeiten und neue Vorgangstypen, über den **Zuweisen**-Link, mit Arbeitsabläufen verknüpfen können. Da Arbeitsablaufschemata ein fortgeschrittenes Thema sind, werden wir hier nicht weiter ins Detail gehen.

ACHTUNG: Es wird absolut empfohlen, NICHT mit **Arbeitsablaufschemata** herumzuspielen, bis Sie sich gut mit dem Programm auskennen.

Kopieren

Oftmals ist es einfacher, ein bestehendes Arbeitsablaufschema zu kopieren und als Grundlage für ein neues Schema zu verwenden, als es von Grund auf neu zu bauen. Beachten Sie allerdings, dass – entgegen den meisten anderen Kopierfunktionen in JIRA – hier KEIN Pop-up erscheint, das Sie anweist, das neue Arbeitsablaufschema umzubenennen, wenn Sie auf Kopieren klicken. Stattdessen wird die neue Kopie unmittelbar erstellt und in der Liste inaktiver Arbeitsablaufschemata platziert.

Löschen

Sie können nur inaktive Arbeitsablaufschemata löschen. Sie müssen also zuerst alle Verknüpfungen Ihres Schemas zu Projekten lösen, was Sie über die „Schema wechseln"-Funktion erledigen können, die wir in der Projekte-Sektion zuvor in diesem Kapitel angesprochen haben.

Übung

Da Arbeitsabläufe kein Einsteigerthema sind, werden wir:

- Lediglich sicherstellen, dass das Einkaufsliste-Projekt den Standardarbeitsablauf verwendet.

1. Navigieren Sie zu Hauptmenü | Projekte | Einkaufsliste | Projektverwaltung
2. In der **Arbeitsablauf**-Sektion finden Sie das **Schema**

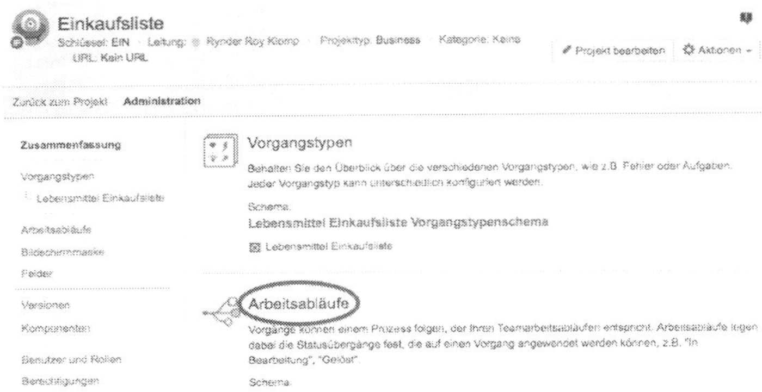

3. Wenn das **Schema** „**Standardarbeitsablaufschema**“ ist, ist die Übung abgeschlossen
4. Wenn das **Schema** nicht „*Standardarbeitsablaufschema*“ ist, klicken Sie auf das angezeigte Schema
5. Klicken Sie auf der erscheinenden **Arbeitsabläufe**-Maske auf den **Schema wechseln**-Button

6. WÄHLEN SIE AUF DER „ARBEITSABLAUFSCHEMA DEM PROJEKT ZUWEISEN"-MASKE AUS DER SCHEMA-LISTE „STANDARD" AUS.

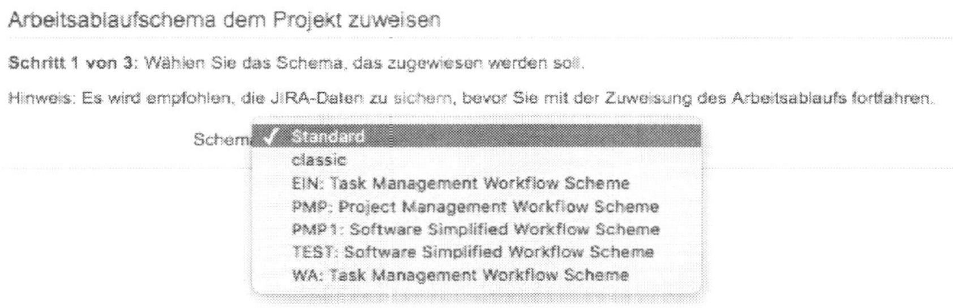

7. KLICKEN SIE AUF **ZUWEISEN**

Auf der **Projektadministration Übersichtsseite** des **Einkaufsliste-**Projektes sollte in der **Arbeitsablauf-**Sektion nun das Schema auf „Standardarbeitsablaufschema" geändert sein.

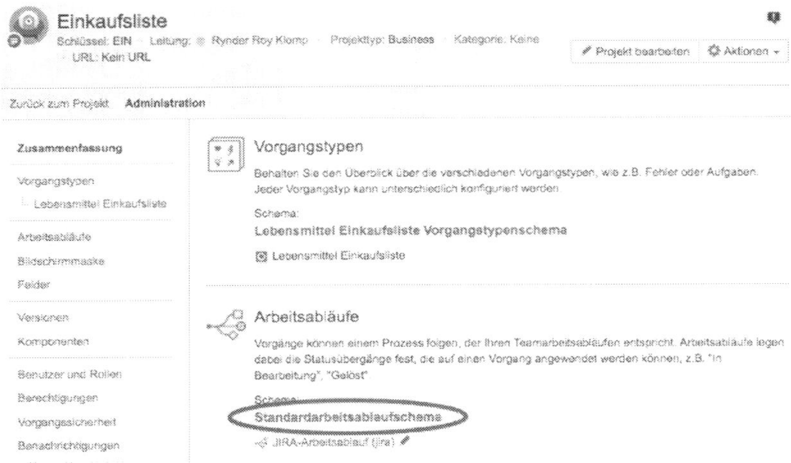

Da Sie noch nichts mit dem Projekt getan haben, werden Sie zur Projektverwaltung zurückgeführt, wo Ihr Arbeitsablaufschema nun „Standardarbeitsablaufschema“ lauten sollte.

Es ist jedoch wichtig zu wissen, dass wenn Sie die Arbeitsabläufe signifikant ändern, das Programm Sie durch eine Reihe von Schritten führen wird, um die Änderung des Arbeitsablaufes durchzuführen. Machen Sie sich keine Gedanken darüber und „schwimmen Sie einfach mit dem Strom“.

Kapitel 7 - Bildschirmmasken

Kapitelziele

In diesem Kapitel werden Sie praktische Erfahrung mit JIRA Core Vorgangsfunktion- und Arbeitsablauf-Übergang-Bildschirmmasken machen.

Sie werden „Bildschirmmaskenschemata“, „Bildschirmmaskenschemata für Vorgangstypen“ und die Unterschiede zwischen den beiden kennenlernen.

Sie werden eine benutzerdefinierte Bildschirmmaske für Ihr Projekt, sowie ein dazugehöriges Bildschirmmaskenschema und ein Bildschirmmaskenschema für Vorgangstypen erstellen.

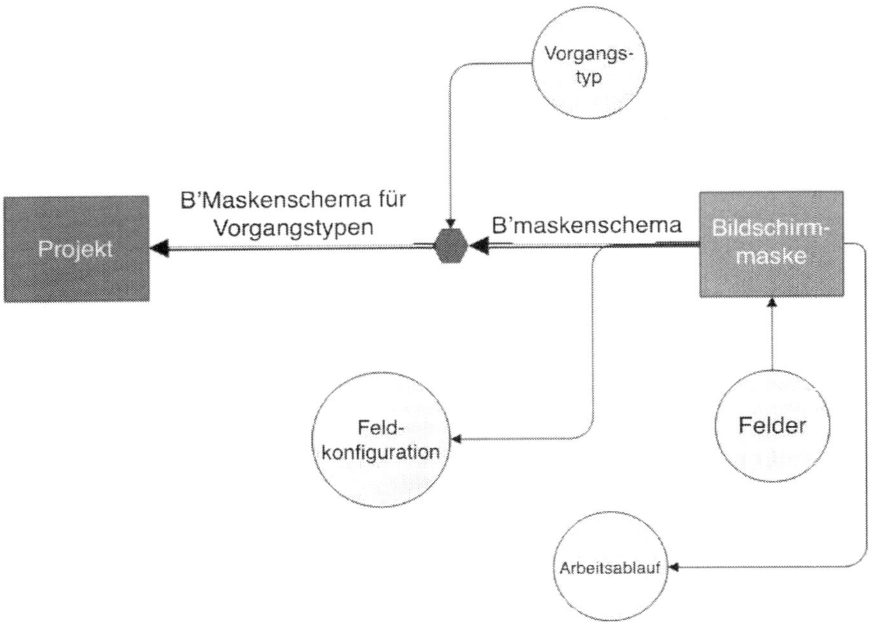

Bildschirmmasken und Schemata

VERWIRRUNGSALARM. Im Laufe dieses Buches verweisen wir auf Bildschirmmasken (bzw. Masken), wenn wir Sie bitten, durch das JIRA Programm zu navigieren. (z.B. **Vorgangstypenschema hinzufügen-*Maske***). In diesem Kapitel verwenden wir den Begriff für Ansichten, die ein Nutzer verwendet, um mit Vorgängen zu arbeiten.

Bildschirmmasken

Eine **Bildschirmmaske** ist eine einzigartige Benutzeransicht, die für einen bestimmten Zweck designed wird. Was der Benutzer auf dieser Maske sehen kann, hängt von dessen Projekt **Benutzerrolle**, der Art der **Berechtigungen** (Sicherheit), die dieser hat, sowie der Art der Arbeit, die zu dem Zeitpunkt erledigt werden muss, ab.

Eine Bildschirmmaske:

- Vermittelt Informationen

- Erlaubt eine Aktion (bspw. das Klicken eines Button)
- Empfängt Informationen (Ausfüllen eines Feldes oder das Auswählen eines Eintrags aus einer Liste, etc.)

Bildschirmmasken werden generell dazu entworfen, die Art der Arbeit, die mit einem Vorgang zusammenhängt, zu unterstützen. Haben Sie beispielsweise einen „Neuen Zugwagon bestellen"-Vorgangstyp, sollten Sie nicht die „Pina Colada Rezept"-Maske angezeigt bekommen. Sie wollen eine **Bildschirmmaske** angezeigt bekommen, die die benötigten Felder (und nur die erforderlichen Felder) für diesen speziellen Schritt im „Neuen Zugwagon bestellen"-Prozess anzeigt.

Es gibt noch ein weiteres Konzept mit dem wir uns bekannt machen sollten. Früher oder später werden Sie vermutlich denken: „Ich würde gerne eine Reihe benutzerdefinierter Felder einer Bildschirmmaske hinzufügen. Füge ich diese einer **Bildschirmmaske** hinzu oder erstelle ich dafür ein spezielles **Formular?**". Normalerweise hält man **Bildschirmmasken** und **Formulare** für zwei unterschiedliche Dinge. Die Realität in JIRA sieht so aus, dass **eine Bildschirmmaske ein Formular *ist***; sie sind ein und dasselbe.

Wenn Sie neue Felder hinzufügen, können Sie diese einer bestehenden standard JIRA-Bildschirmmaske, einer Arbeitsablauf-Übergangs-Bildschirmmaske oder einer **benutzerdefinierten Bildschirmmaske** hinzufügen.

JIRA nutzt Bildschirmmasken auf zwei unterschiedliche Arten: Für Vorgangsfunktionen und für Arbeitsablauf-Übergangs-Ansichten.

Vorgangsfunktionen-Bildschirmmasken

Wenn Benutzer mit einem Vorgang arbeiten, führen sie üblicherweise eine von drei Aktionen aus:

- Erstellen eines Vorgangs
- Hinzufügen, Entfernen oder Ändern von Daten in den Feldern des Vorgangs
- Anzeigen eines Vorgangs

JIRA bezeichnet jede dieser Aktivitäten als „**Vorgangsfunktion**“. Diese drei Vorgangsfunktionen werden **„Vorgang erstellen“-Funktion, „Vorgang bearbeiten“-Funktion und „Vorgang anzeigen“-Funktion** genannt.

Jede dieser Funktionen **muss** ihre eigene Bildschirmmaske haben: Eine „Vorgang erstellen“-Bildschirmmaske, eine „Vorgang bearbeiten“-Maske und eine „Vorgang anzeigen“-Maske. Meistens wollen Sie, dass diese drei Masken gleich sind; Daher, falls Sie das wünschen, können Sie die gleiche Bildschirmmaske für jede Funktion verwenden. Jedoch gibt es Instanzen in denen sich diese Masken bei einem bestimmten Vorgangstyp minimal, oder deutlich, unterscheiden sollen. Diese drei Arten von Vorgangsfunktionen erlauben Ihnen die Verwendung unterschiedlicher Bildschirmmasken. Wir werden Vorgangsfunktionen in diesem Kapitel noch näher betrachten.

Arbeitsablauf-Übergangs-Bildschirmmasken (Ansichten)

Wenn Sie mit einem Vorgang arbeiten, benötigen Sie womöglich nur die Vorgangsfunktionen-Bildschirmmasken. Haben Sie beispielsweise einen „Aktionspunkt“-Vorgangstyp, brauchen Sie vermutlich nur ein paar Felder. Jedoch könnten Sie auch Vorgangstypen für komplexe Prozesse wie Kreditoren-Buchhaltung, Marketing oder Human Resources haben. In diesen komplexen Prozessen ist es eine Option, alle benötigten Felder in einer Vorgangsfunktion-Bildschirmmaske zu inkludieren. Jede Person, die im Prozess involviert ist, kann dann nach Wunsch Daten hinzufügen oder ändern. Das kann funktionieren, neigt jedoch dazu für alle Beteiligten unordentlich und verwirrend zu sein, und zusätzlich gibt es Sicherheitsbedenken, die damit einhergehen (Sie wollen vermutlich nicht, dass Sam aus dem Marketing Preise in einem Kreditoren-Buchhaltung-Feld ändert). Eine bessere Lösung ist das Erstellen von Bildschirmmasken, die für bestimmte Schritte im Prozess verwendet werden können. Jede Maske würde nur die Felder enthalten, die für den jeweiligen Schritt notwendig sind und wäre nur durch einen bestimmten Benutzer änderbar. Hier kommen Arbeitsablauf-Übergangs-Masken (auch

Arbeitsablauf-Übergangs-Ansichten bezeichnet) ins Spiel. Zusammenfassend ist eine **Arbeitsablauf-Übergangs-Bildschirmmaske (-Ansicht) eine Maske, die ein Benutzer in einem bestimmten Schritt im Lebenszyklus eines Vorgangs sieht**.

Eine **Arbeitsablauf-Übergangs-Bildschirmmaske (-Ansicht)** soll die ursprünglichen Vorgangsinformationen, den Vorgangs-Prozess oder beides unterstützen und involviert:

- Bearbeiten der ursprünglichen Daten
- Eingeben von zusätzlichen Daten oder anhängen von Dateien
- Freigabe, oder Qualitätssicherung, von bereits eingegebenen Daten oder angehängten Dateien
- Freigeben einer Anfrage
- Anfordern von weiteren Informationen
- Umleiten oder Eskalieren gemäß Unternehmensregeln (z.B. wenn der Wert in Feld XYZ größer ist als 10.000€, muss es vom Direktor freigegeben werden.)
- Zuweisen eines anderen Bearbeiters für den nächsten Schritt im Arbeitsablauf
- Eintragen eines Fälligkeitsdatums für den nächsten Schritt

Eine Arbeitsablauf-Übergangs-Bildschirmmaske (-Ansicht) erscheint nur, wenn der Benutzer einen **Status-Übergang**-Button in der Vorgangsmenüleiste angeklickt hat:

Beispiel für Vorgangsfunktionen und Arbeitsablauf-Übergangs-Bildschirmmaske (-Ansicht)

Lassen Sie uns anhand eines Beispiels betrachten, wie Vorgangsfunktionen und Arbeitsablauf-Übergangs-Bildschirmmasken (-Ansichten) in einem Vorgang verwendet werden.

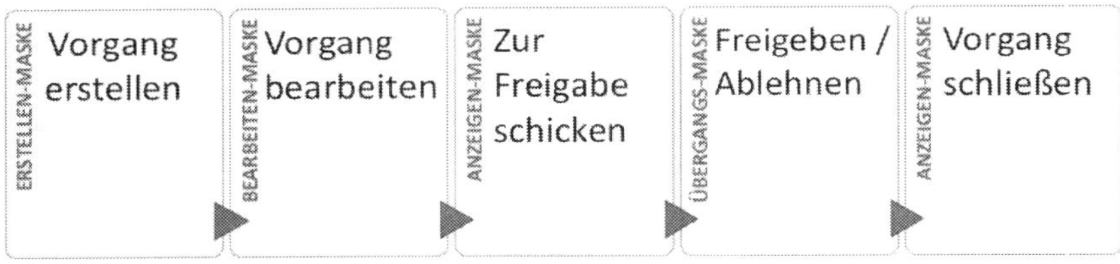

Das obige Diagramm zeigt einen üblichen Prozess, der die drei Vorgangsfunktionen-Bildschirmmasken (Vorgang erstellen, Vorgang bearbeiten, Vorgang anzeigen) und eine Arbeitsablauf-Übergangs-Bildschirmmaske (-Ansicht) enthält.

Zuerst erstellt der Nutzer einen Vorgang mit Hilfe der „Vorgang erstellen"-Bildschirmmaske. Während der Arbeit am Vorgang werden mittels der „Vorgang bearbeiten"-Bildschirmmaske bestimmte Daten geändert oder neue Daten hinzugefügt. Wenn die Arbeit erledigt ist, leitet Sie den Vorgang zur Freigabe an ihren Vorgesetzten weiter, indem sie auf der „Vorgang anzeigen"-Maske den Status ändert. Der Vorgesetzte nutzt dann die Übergangs-Maske um die Arbeit entweder freizugeben oder abzulehnen. Für den Fall, dass der Vorgesetzte die Arbeit ablehnt, gibt es eine Reihe von speziellen Feldern, die ausgefüllt werden müssen um den Grund für die Ablehnung zu erläutern. Gehen wir davon aus, die Arbeit wurde freigegeben; Die Benutzerin schließt dann den Vorgang durch Ändern des Status auf der „Vorgang anzeigen"-Bildschirmmaske.

Dies ist ein gutes und typisches Beispiel dafür, wie all die verschiedenen Bildschirmmasken in einem Vorgangsprozess funktionieren.

Lassen Sie uns fortfahren und betrachten, wie JIRA die Bildschirmmasken verwaltet.

„Bildschirmmasken anzeigen"-Seite

NAVIGIEREN SIE ZU JIRA ADMINISTRATION (ZAHNRAD) | VORGÄNGE | BILDSCHIRMMASKEN

Die „Bildschirmmasken anzeigen"-Seite hat 4 Haupt-Spalten: **Name**, **Bildschirmmaskenschemata**, **Arbeitsabläufe** und **Funktionen**.

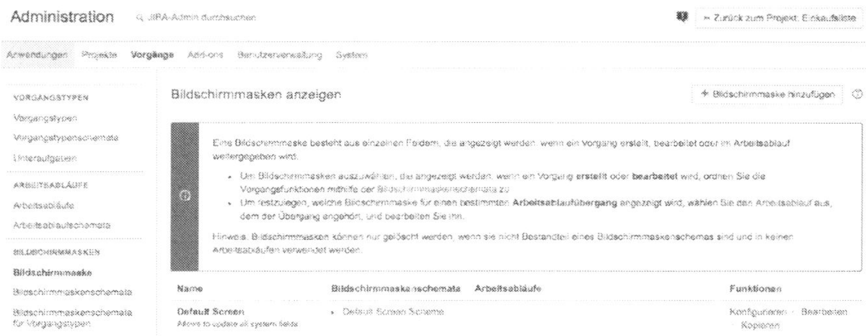

Name

Hier, zu niemandem Überraschung, werden die Namen der **Bildschirmmasken** in alphabetischer Reihenfolge angezeigt.

ACHTUNG: Wie immer sollten Sie KEINE Änderungen an der **Standardbildschirmmaske** (**Default Screen**) vornehmen. Wenn Sie

Änderungen durchführen wollen, kopieren Sie den Standard, benennen die Kopie um und führen die Änderungen an der neuen Version durch.

Bildschirmmaskenschema

Eine der am ehesten verwirrenden und technisch herausfordernden Dinge in JIRA sind die Bildschirmmaskenschemas und deren Funktionsweise.

Das Bildschirmmaskenschema dient, wie auch das Bildschirmmaskenschema für Vorgangstypen und das Arbeitsablaufschema, als Verbindungsstück. Es verbindet eine Bildschirmmaske mit einer spezifischen **Vorgangsfunktion**. Es gibt drei Vorgangsfunktionen, die Sie in JIRA ausführen können: Einen **Vorgang erstellen**, einen **Vorgang bearbeiten** und einen **Vorgang anzeigen**. Diese werden in der späteren Bildschirmmaskenschema-Sektion noch detaillierter behandelt.

Die „Bildschirmmaskenschema"-Spalte auf der „**Bildschirmmasken anzeigen**"-Seite gibt an, welche **Bildschirmmaskenschemata** mit der Bildschirmmaske aus der Name-Spalte verknüpft sind.

Arbeitsabläufe

Eine **Arbeitsablauf-Maske** (technisch als **Arbeitsablauf-Übergangsansicht** bezeichnet) ist die Bildschirmmaske, die der Benutzer zu einem bestimmten Schritt im Vorgangs-Lebenszyklus sieht.

Die Arbeitsablauf-Spalte zeigt welche Übergangs-Ansichten mit der Bildschirmmaske aus der Name-Spalte verknüpft sind.

Funktionen

Die Funktionen-Spalte erlaubt Ihnen das **Konfigurieren**, **Bearbeiten**, **Kopieren** und **Löschen** einer Bildschirmmaske.

Konfigurieren

Auf der Konfigurieren-Seite designen oder bearbeiten Sie das Bildschirmmasken-Layout.

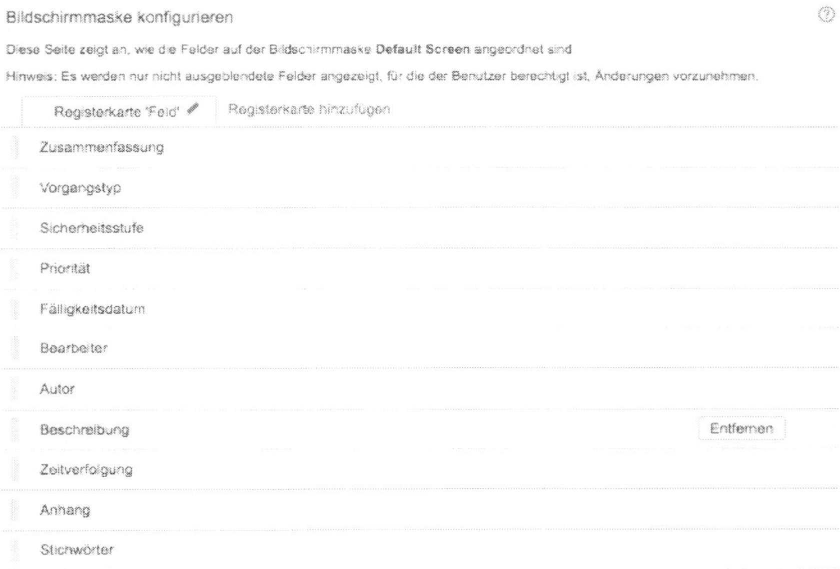

Sie können eine bemerkenswerte Anzahl an Dingen auf der Konfigurieren-Seite erledigen. Sie können:

- Felder entfernen, indem Sie mit der Maus über das Feld fahren und den erscheinenden **Entfernen**-Button anklicken.
- Standardfelder oder bereits erstellte benutzerdefinierte Felder hinzufügen, indem Sie die **Feld auswählen**-Box am unteren Ende der Seite verwenden.
- Das Feld-Layout neu anordnen indem Sie mit der Maus über die schraffierte Fläche (Bild unten) links neben dem Feldnamen fahren. Wenn sich Ihr Mauszeiger in einen 4-Richtungen-Pfeil wandelt, ziehen Sie das Feld nach oben oder unten bis zur gewünschten Position.

- Den Reiter, durch Anklicken und Editieren des **Field Tab** über der Liste der Felder, umbenennen. Beim Arbeiten mit der Bildschirmmaske wird der Benutzer diesen Reiter-Namen sehen. Der Benutzer wird den Reiter-Titel NICHT sehen, wenn Sie den Field Tab-Namen nicht ändern UND es nur einen Reiter auf der Maske gibt.
- Neue „Reiter" auf der Maske erstellen und weitere Felder hinzufügen, indem Sie oberhalb der Liste der Felder auf **Registerkarte hinzufügen** klicken. Reiter sind in zweierlei Weise hilfreich. Einerseits ermöglichen sie es, sehr viele Informationen auf sehr kleinen Raum zu quetschen und das wird empfohlen, wenn Sie davon ausgehen, dass Ihre Bildschirmmaske häufig auf Mobilgeräten aufgerufen wird. Zweitens sind sie exzellent für das Organisieren Ihrer Daten-Felder in logische Gruppierungen. Wenn Sie davon ausgehen, dass die Bildschirmmaske im Zuge eines Arbeitsablauf-Prozesses häufig bearbeitet wird, empfiehlt es sich vielleicht, die Felder in logische Arbeitsgruppen einzusortieren, bei der jede Registerkarte eine spezifische Funktion oder Schritt im Prozess darstellt.

Bearbeiten

Die Bearbeiten-Funktion erlaubt Ihnen das Ändern des **Namens** der Bildschirmmaske sowie deren **Beschreibung**.

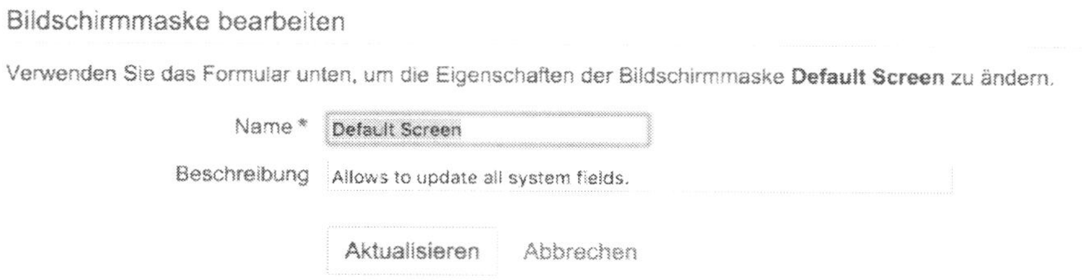

Kopieren

Kopieren tut genau das: Es erlaubt Ihnen eine bestehende Bildschirmmaske zu kopieren und sie umzubenennen. Dies ist hilfreich, wenn Sie eine existierende Bildschirmmaske in einem neuen Projekt verwenden und ihr aus Gründen des Projekt Managements einen einzigartigen Namen geben möchten. Es ist außerdem nützlich, wenn eine bestehende Bildschirmmaske fast, wenn nicht sogar alles hat, das Sie für eine neue Maske benötigen. Sie können eine Kopie anfertigen und diese als Ausgangspunkt für das Erstellen Ihrer neuen Bildschirmmaske verwenden.

Löschen

Sie können eine Bildschirmmaske entfernen, wenn diese mit keinen **Bildschirmmaskenschemata** oder **Arbeitsabläufen** verknüpft ist. Wenn es bestehende Bildschirmmaskenschemata oder Arbeitsabläufe *gibt*, müssen Sie diese erst löschen, bevor Sie die Bildschirmmaske löschen können.

Bildschirmmaske hinzufügen

Mittels Klick auf **+ Bildschirmmaske hinzufügen,** in der rechten oberen Ecke der **Bildschirmmasken anzeigen-**Seite, können Sie eine neue Bildschirmmaske hinzufügen. Es erscheint ein Pop-up, das Sie nach dem Namen und einer Beschreibung der neuen Bildschirmmaske fragt und das war‘s. Eine neue Bildschirmmaske wurde erstellt.

Natürlich muss diese nun noch mittels Klick auf „Konfigurieren", in der Optionen-Spalte, konfiguriert werden.

ÜBUNG

Wir werden nun unserem *Einkaufsliste*-Projekt eine neue Bildschirmmaske hinzufügen. Diese Bildschirmmaske wird später für unsere angepassten Einkaufslisten-Felder verwendet.

In dieser Übung werden wir

- Eine Einkaufslisten-Bildschirmmaske erstellen
- Die Bildschirmmaske anpassen, indem wir unnötige Felder entfernen.

1. NAVIGIEREN SIE ZU JIRA ADMINISTRATION (ZAHNRAD) | VORGÄNGE | BILDSCHIRMMASKE
2. KLICKEN SIE AUF DER AUFGERUFENEN „**BILDSCHIRMMAKSE ANZEIGEN**"-SEITE AUF „**+ BILDSCHIRMMASKE HINZUFÜGEN**"
3. IM **BILDSCHIRMMASKE HINZUFÜGEN**-POPUP GEBEN SIE „*EINKAUFSLISTE BILDSCHIRMMASKE*" IM **NAME**-FELD EIN.
4. GEBEN SIE ANSCHLIEßEND „*BILDSCHIRMMASKE FÜR EINKAUFSLISTE*" IM **BESCHREIBUNG**-FELD EIN.
5. KLICKEN SIE AUF **HINZUFÜGEN**.

Im Anschluss sollte die **Bildschirmmaske konfigurieren**-Seite erscheinen. Auf dieser Seite werden Sie die Felder für das Erstellen einer Einkaufsliste der neu-erstellten Einkaufsliste-Bildschirmmaske hinzufügen.

6. WÄHLEN SIE AUS DER **FELD AUSWÄHLEN**-DROPDOWN-LISTE AUF DER **BILDSCHIRMMASKE KONFIGURIEREN**-SEITE FOLGENDE FELDER AUS:

    i. BEARBEITER

    ii. FÄLLIGKEITSDATUM

    iii. PRIORITÄT

7. KLICKEN SIE IN DER LINKEN MENÜLISTE AUF DEN PUNKT **BILDSCHIRMMASKE** (IN DER SEKTION ADMINISTRATION | VORGANGSMENÜ | BILDSCHIRMMASKEN) UM WIEDER AUF DIE **BILDSCHIRMMASKEN ANZEIGEN**-ÜBERSICHTSSEITE ZU GELANGEN.

Sie haben nun eine einfache Einkaufslisten-Bildschirmmaske erstellt. In vielen Fällen bietet JIRA Ihnen genügend Standardfelder, um Ihre Vorgänge abschließen zu können. Für unser Beispiel benötigen wir jedoch noch diverse Felder, die wir später in der Sektion „Benutzerdefinierte Felder“ erstellen werden.

Da Sie lediglich eine Registerkarte verwenden, müssen Sie deren Namen nicht ändern.

TIPP: Wenn Sie später Felder hinzufügen oder löschen möchten, gehen Sie einfach auf die **Bildschirmmasken anzeigen**-Seite, suchen Sie die gewünschte Bildschirmmaske und klicken Sie in der Funktionen-Spalte auf Konfigurieren. Danach ist es sehr einfach; Sie können Felder hinzufügen, entfernen oder Felder nach oben oder unten bewegen.

BILDSCHIRMMASKENSCHEMATA

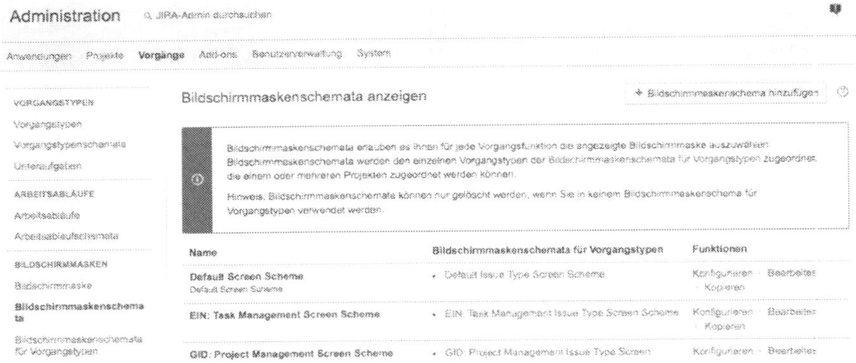

Meiner Meinung nach ist das Bildschirmmaskenschema das vermutlich komplexeste der Puzzleteile, denn um es korrekt zu erstellen, muss man die folgenden 3 Dinge ausführen:

1. Zuweisen einer **Bildschirmmaske zu einem Bildschirmmaskenschema**
2. Zuweisen des **Bildschirmmaskenschema zu einer Vorgangsfunktion**
3. Verknüpfung einer **Bildschirmmaske mit einem Vorgangstyp** durch **Zuweisen des Bildschirmmaskenschemas zu einem Bildschirmmaskenschema für Vorgangstypen**.

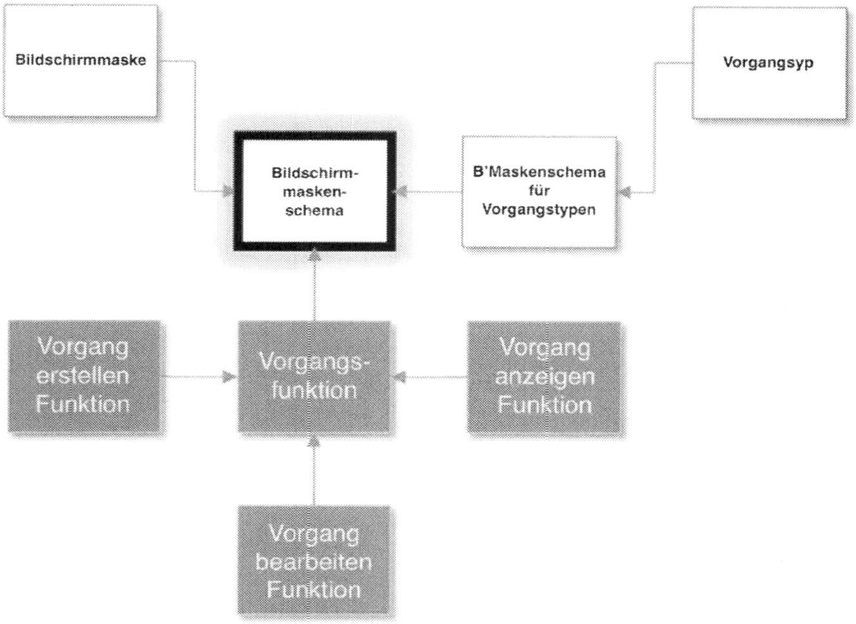

Ein Bildschirmmaskenschema erledigt zwei Dinge. Erstens bindet es eine Bildschirmmaske an eine Vorgangsfunktion. Zweitens erlaubt es das Anlegen eines Bildschirmmaskenschema für Vorgangstypen. Bildschirmmaskenschemata für Vorgangstypen behandeln wir bald in diesem Kapitel. Aber lassen Sie uns für's Erste die Vorgangsfunktionen näher betrachten.

VORGANGSFUNKTIONEN

Bildschirmmaskenschemata bestimmen, was ein Nutzer mit einer Bildschirmmaske während einer **Vorgangsfunktion** machen kann.

Es gibt drei Vorgangsfunktionen:

Vorgang erstellen = Maske wird beim **Erstellen** eines Vorgangs angezeigt

Vorgang bearbeiten = Maske wird beim **Bearbeiten** eines Vorgangs angezeigt

Vorgang anzeigen = Maske wird angezeigt, wenn der Benuzer mit der Vorgangsdetails-Maske interagiert.

Vorgang bearbeiten- und **Vorgang anzeigen**-Funktionen treten üblicherweise in einem JIRA-**Workflow** auf oder können auf der **Vorgangsdetails**-Seite aufgerufen werden.

Wozu benötigen wir verschiedene Vorgangsfunktionen?

Fast jeder Einsteiger, mich eingeschlossen, hat keine Vorstellung davon, was eine Vorgangsfunktion ist und was Erstellen, Bearbeiten und Anzeigen eines Vorgangs in diesem Kontext bedeutet. Die Antwort ist jedoch recht einfach.

VORGANG ERSTELLEN-FUNKTION

Sie wissen mittlerweile, dass wenn Sie einen Vorgang erstellen, eine Maske erscheint, auf der Sie Daten eintragen und auf „Erstellen" klicken. Dies ist, wenig überraschend, der **Erstellen-Bildschirm** und außerdem die **Vorgang erstellen-Funktion**. Eine „Vorgang erstellen"-Funktion tritt lediglich einmal für jeden Vorgang auf, den Sie erstellen.

VORGANG BEARBEITEN-FUNKTION

Wenn Sie den Vorgang bearbeiten wollen, klicken Sie auf den Bearbeiten-Button in der oberen linken Ecke der Vorgangsdetails-Ansicht:

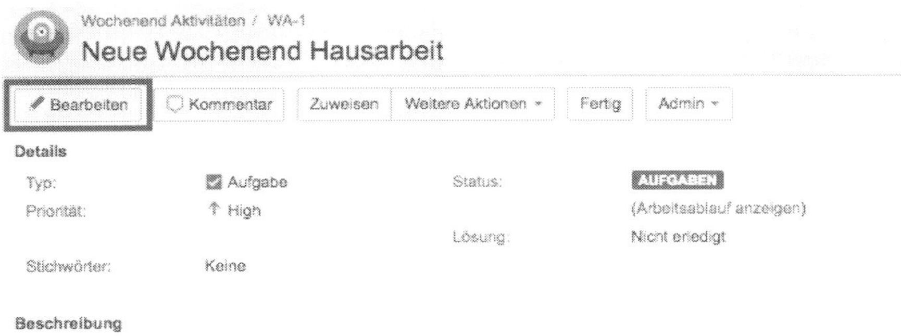

Daraufhin öffents ich die „Vorgang bearbeiten“-Maske und Sie können weitere Daten hinzufügen oder vorhandene bearbeiten. Dies ist der **Bearbeiten-Bildschirm** (auch bekannt als die „**Vorgang bearbeiten**“-**Funktion**). Hier sind ein paar Beispiele, wieso Sie die Bearbeiten-Funktion nutzen wollen würden:

1. **Bestätige oder Ändere.** Lassen Sie uns annehmen, dass ein Versicherungsanspruch-Vorgang erstellt wird. Eine Reihe von Feldern auf der Maske sind mit den medizinischen Daten des bereits bekannten Klienten befüllt. Der Bearbeiter könnte gebeten werden, die Korrektheit der Daten zu bestätigen oder dort Änderungen vorzunehmen, wo die Daten nicht mehr korrekt sind.
2. **Einmalig komplett**. Oftmals wird ein Vorgang erstellt und einem neuen Benutzer zur Komplettierung zugewiesen. Zum Beispiel könnte der Bearbeiter gefragt sein, eine JIRA Formular-Maske innerhalb des Vorgangs über die Gegebenheiten auf einer Baustelle auszufüllen. Ein Formular abzuschließen, ist tatsächlich eine Bearbeiten-Funktion.
3. **Mehrphasig komplett**. In diesem Fall wird ein Vorgang erstellt, der je nach Arbeitsablauf erfordert, dass mehrere Abteilungen das Formular abschließen. Wenn Sie zum Beispiel ein Krankenhaus besuchen, wird die Krankenschwester einen neuen Vorgang erstellen und darin administrative Informationen (zuerst wahrscheinlich Ihre Versicherungsdaten) sowie verschiedene Informationen zur Ersteinschätzung eintragen. Der behandelnde Arzt trägt dann weitere Informationen auf dieser Vorgangsmaske ein und so wird es ebenfalls der Mitarbeiter beim Röntgen tun, usw.. Bei der Autoreparatur läuft es ähnlich ab. Die Empfangsperson nimmt die Informationen zu Ihrer

Person und Ihrem Auto, sowie einzelne diagnostische Informationen auf. Der Techniker, der Ihr Auto repariert, fügt weitere Information hinzu, ebenso wie die Person am Ersatzteilschalter, die nötige Ersatzteile bestellt. In den letzten beiden Beispielen hat jede Abteilung die Berechtigung zum Bearbeiten, ist jedoch auf „deren" Felder beschränkt.

Vorgang anzeigen-Funktion

Schlussendlich können Sie sich die Daten des Vorgangs im „Vorgangsdetails anzeigen"-Bildschirm anschauen. Sie können zudem, sollten Sie die Berechtigung haben, die Daten in den meisten Feldern direkt ändern, jedoch nur unter zwei Bedingungen: 1) Wenn das Feld sichtbar ist und 2) wenn vorher bereits Daten in der Erstellen- oder Bearbeiten-Funktion eingetragen wurden (falls nicht, wird das Feld nicht angezeigt). Dies ist der „**Vorgangsdetails anzeigen**"-Bildschirm, sowie die „**Vorgang anzeigen**"-Funktion.

Sie fragen sich vermutlich, „Das ist doch keine große Sache. Sind die nicht im Grunde die gleichen Bildschirmmasken? Wieso überkomplizieren die die Dinge?" Gute Frage. Oftmals werden diese drei Bildschirmmasken tatsächlich gleich sein. Jedoch, und das ist ein großes „jedoch", diese Bildschirmmasken können sehr unterschiedlich sein, wenn Sie dies wollen.

Ich erkläre Ihnen, wie ich die drei unterschiedlichen Funktionen oft verwende. Nehmen wir an, ich habe einen komplizierten Prozess, der viele Felder erfordert. Zuerst gebe ich Kunden meist die Berechtigung, Vorgänge zu erstellen. Diese „Vorgang erstellen"-Funktion öffnet den Erstellen-Bildschirm mit einer handvoll Feldern, die alle erforderlich sind. Außerdem stelle ich sicher, dass der Kunde *keine* Berechtigung hat, die Bildschirmmasken zu bearbeiten.

Als nächstes erstelle ich den Bearbeiten-Funktion-Bildschirm, der *alle* erforderlichen Felder des Vorgangs enthält. Meine Mitarbeiter haben die Berechtigung Daten in die Felder dieser Maske einzutragen. In anderen Worten, sie haben die Berechtigung Vorgänge zu bearbeiten.

Letztlich, da ein Kunde Vorgänge erstellen kann, können sie standardmäßig auch den Vorgang sehen. Es gibt in der Bearbeiten-Maske häufig Felder, von denen ich nicht möchte, dass sie sie sehen können. Daher erstelle ich eine Anzeigen-Funktion-Bildschirmmaske, die alle Felder aus der ursprünglichen Erstellen-Maske, sowie eine eingeschränkte Anzahl der Felder aus der Bearbeiten-Maske enthält; Betrachten Sie hierfür das folgende Diagramm:

Im vorigen Beispiel erstellt die Kundin einen neuen Vorgang und füllt die Felder 1 und 2 aus. Dabei könnte es sich um Kundeninformationen wie Name und Telefonnummer handeln. Die Bearbeiten-Maske wird von den Spezialisten verwendet, die dem Vorgang zugewiesen werden. Sie enthält die ursprünglichen beiden, vom Kunden ausgefüllten, Felder, sowie die Felder 3 bis 91, die vom Spezialisten dazu benötigt werden, die Arbeit am Vorgang abzuschließen. Die Anzeigen-Maske, die der Kunde sehen kann, enthält lediglich 4 Felder: Die ursprünglichen zwei, die sie beim Erstellen des Vorgangs ausgefüllt hat und die Felder 90 und 91, die für sie sichtbare Informationen, wie zum Beispiel das Fälligkeitsdatum und die Kosten, enthalten. Sie muss nicht alle Felder sehen, die der Spezialist ausgefüllt hat, daher sind diese nicht in der Anzeigen-Maske inkludiert.

Falls sich dieser Prozess für Sie ein wenig unsauber anhört, sind Sie damit nicht alleine. Das ist ein Grund, warum JIRA Service Desk entwickelt wurde. JIRA Service Desk erlaubt es, „Kunden"-Masken zu erstellen, die die Felder enthalten, die für die Kunden relevant sind und ermöglicht den „Spezialisten", normal mit dem Vorgang in JIRA zu arbeiten (sprich, die Erstellen-, Bearbeiten- und Anzeigen-Masken sind alle gleich).

Übung

Die Ziele dieser Übung sind

- Weisen Sie eine Bildschirmmaske einem Bildschirmmaskenschema zu
- Verknüpfen Sie das Bildschirmmaskenschema mit einer **Vorgangsfunktion**

1. Navigieren Sie zu JIRA Administration (Zahnrad) | Vorgänge | „Vorgänge"-Menü | Bildschirmmaskenschemata
2. Klicken Sie auf der „Bildschirmmaskenschemata anzeigen"-Seite auf **„+ Bildschirmmaskenschema hinzufügen"**
3. Geben Sie im **Bildschirmmaskenschema hinzufügen**-Popup ‚*Einkaufsliste Bildschirmmaskenschema*' im Feld **Name** ein
4. Geben Sie ‚Bildschirmmaskenschema für die Einkaufslisten-Maske' im Feld **Beschreibung** ein
5. Wählen Sie ‚*Einkaufslisten Bildschirmmaske*' im **Standardbildschirmmaske**-Feld aus
6. Klicken Sie auf **Hinzufügen**

7. Auf der „Bildschirmmaskenschema konfigurieren“-Seite, klicken Sie auf **+ Verknüpfe eine Vorgangsfunktion mit einer Bildschirmmaske**

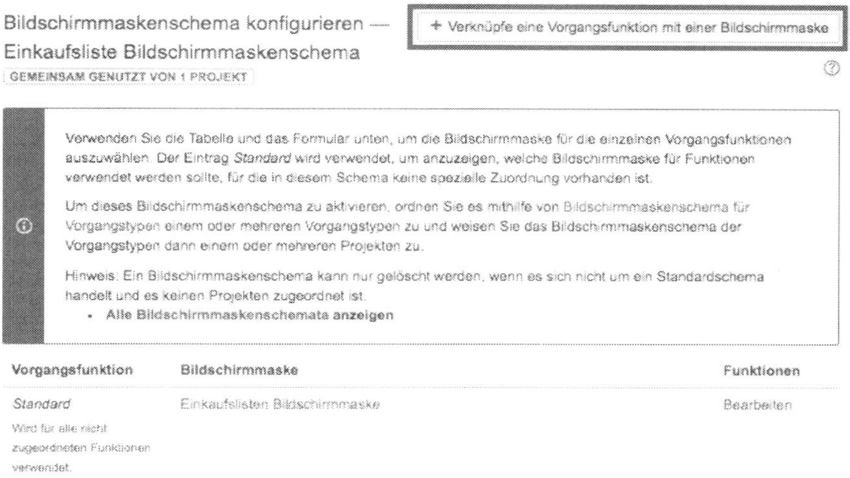

8. Wählen Sie im Verknüpfe eine Vorgangsfunktion mit einer Bildschirmmaske-Popup nun *„Vorgang erstellen“* aus der **Vorgangsfunktion**-Liste aus.

9. Wählen Sie anschließend *„Einkaufslisten Bildschirmmaske“* aus der **Bildschirmmaske**-Liste

10. Klicken Sie auf **Hinzufügen**

Sie haben nun eine „Vorgang erstellen“-Funktion mit einer Bildschirmmaske verknüpft. Wenn Sie als nächstes einen Vorgang in diesem Projekt erstellen, wird die Einkaufslisten-Bildschirmmaske erscheinen. Leider werden Ihre Bearbeiten- und Anzeigen-Bildschirmmasken nichts anzeigen. Daher werden wir diese gleiche Bildschirmmaske diesen Funktionen zuweisen.

11. Klicken Sie auf der „Bildschirmmaskenschema konfigurieren“-Seite auf den „+ Verknüpfe eine Vorgangsfunktion mit einer Bildschirmmaske“-Button

12. Im „Verknüpfe eine Vorgangsfunktion mit einer Bildschirmmaske"-Popup wählen Sie **„Vorgang bearbeiten"** aus der **Vorgangsfunktion**-Liste aus

13. Wählen Sie *Einkaufsliste Bildschirmmaske* aus der **Bildschirmmaske**-Liste aus.

14. Klicken Sie auf **Hinzufügen**

15. Klicken Sie auf der „Bildschirmmaskenschema konfigurieren"-Seite auf den „+ Verknüpfe eine Vorgangsfunktion mit einer Bildschirmmaske"-Button

16. Im „Verknüpfe eine Vorgangsfunktion mit einer Bildschirmmaske"-Popup wählen Sie **„Vorgang anzeigen"** aus der **Vorgangsfunktion**-Liste aus

17. Wählen Sie *Einkaufsliste Bildschirmmaske* aus der **Bildschirmmaske**-Liste und klicken Sie auf **Hinzufügen**

BILDSCHIRMMASKENSCHEMATA FÜR VORGANGSTYPEN

Damit eine *Bildschirmmaske* und ein **Bildschirmmaskenschema** korrekt funktionieren können, müssen Sie diese einem bestimmten **Vorgangstyp** zuweisen. Dies wird mit Hilfe eines **Bildschirmmaskenschema für Vorgangstypen** erledigt

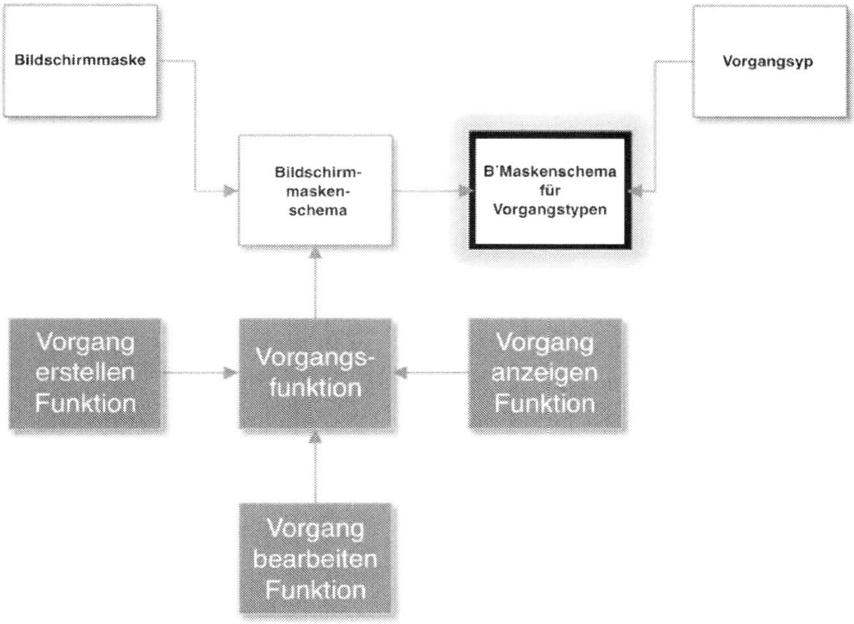

Die „**Bildschirmmaskenschemata für Vorgangstypen**"-Seite enthält drei Spalten: **Name**, **Projekte** und **Funktionen**.

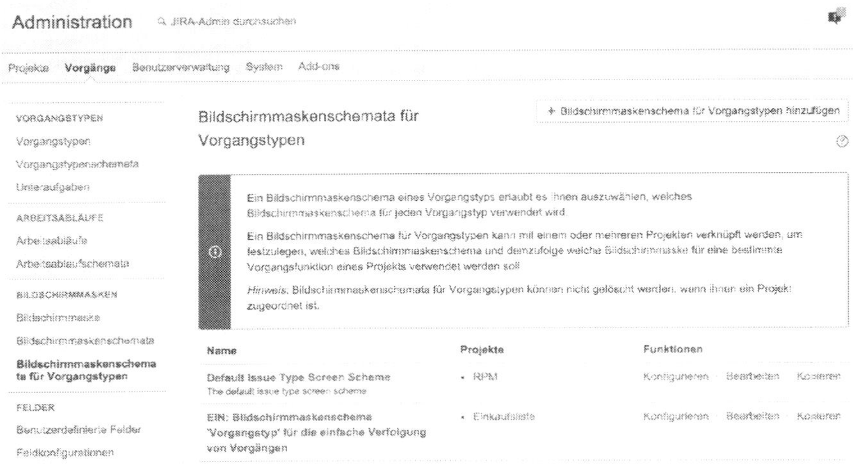

NAME

Diese Spalte enthält den Namen des Bildschirmmaskenschemas für Vorgangstypen. Sie können über den **+ Bildschirmmaskenschema für Vorgangstypen hinzufügen**-Button in der oberen rechten Ecke der Seite eine neues Bildschirmmaskenschema für Vorgangstypen hinzufügen.

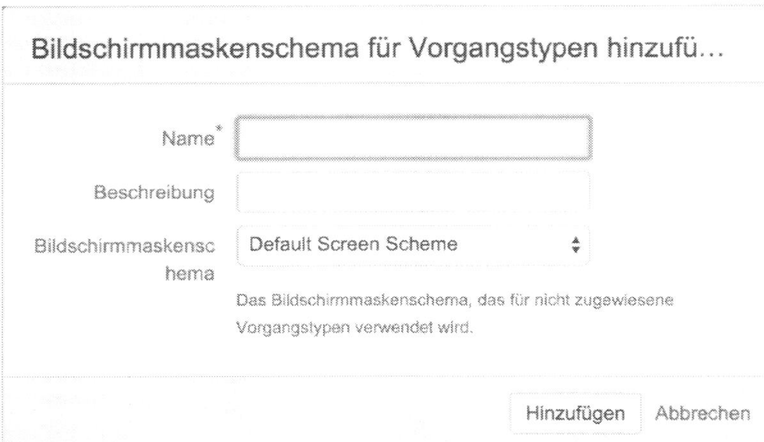

Das Popup wird Sie nach einem **Namen**, einer **Beschreibung** UND, am wichtigsten, dem **Bildschirmmaskenschema** fragen, das Sie mit diesem neuen Bildschirmmaskenschema für Vorgangstypen verknüpfen wollen.

Projekte

Diese Spalte listet die Projekte auf, die mit dem Bildschirmmaskenschema für Vorgangstypen verknüpft sind. Obwohl es möglich ist, ein Schema mit mehreren Projekten zu verknüpfen, halte ich es für einfacher, ein neues Schema für jedes Projekt zu erstellen. Ich finde, es erleichtert die Konfiguration, wenn Sie später mal etwas bei nur einem einzigen Projekt ändern wollen.

ACHTUNG: Auf dieser Seite können Sie nicht die Zuweisung eines Bildschirmmaskenschemas für Vorgangstypen zu einem Projekt vornehmen; Stattdessen müssen Sie dies über die **Projekt-Administration**-Seite durchführen.

Funktionen

Die Spalte „Funktionen" erlaubt das **Konfigurieren**, **Bearbeiten**, **Kopieren** und **Löschen** des Bildschirmmaskenschema für Vorgangstypen.

Konfigurieren

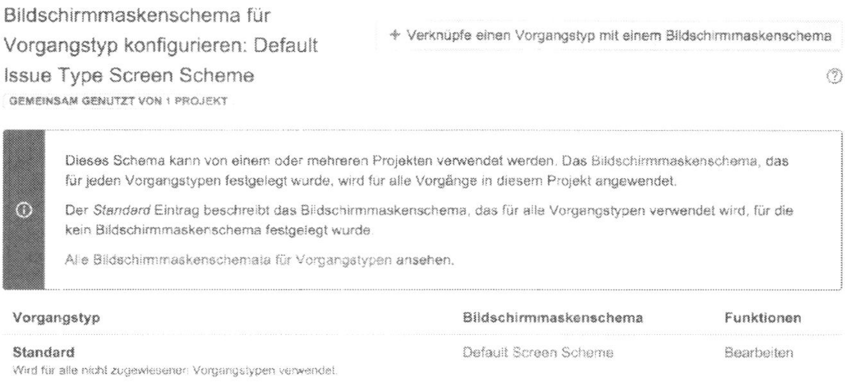

Auf der **Bildschirmmaskenschema für Vorgangstyp konfigurieren**-Seite können Sie zwei Dinge durchführen. Erstens können Sie das Bildschirmmaskenschema, welches mit dem Bildschirmmaskenschema für Vorgangstypen verknüpft ist, mittels Klick auf **Bearbeiten,** ändern und ein anderes Bildschirmmaskenschema im Popup auswählen.

Zweitens können Sie auf dieser Seite einen Vorgangstyp mit einem Bildschirmmaskenschema verknüpfen indem Sie auf **+ Verknüpfe einen Vorgangstyp mit einem Bildschimmaskenschema** klicken. Ehrlich gesagt werden Sie vermutlich eine Weile Probleme haben, sich daran zu erinnern, wo Sie diesen Button finden (so wie ich). Es scheint mir eher unintuitiv zu sein, diesen Button auf dieser Seite, anstatt im Vorgangstyp- oder Bildschirmmaskenschema-Bereich zu platzieren. Ich glaube, der Grund warum dieser Button hier platziert *ist*, liegt daran, dass man keinen Vorgangstyp mit einem Bildschirmmaskenschema verknüpfen muss, *außer* man erstellt gerade ein Bildschirmmaskenschema für Vorgangstypen.

Bearbeiten

Sie können den Namen des Bildschirmmaskenschemas für Vorgangstypen ändern, indem Sie den **Bearbeiten**-Link wählen.

Kopieren

Kopieren wird dazu verwendet, ein Duplikat des Bildschirmmaskenschemas für Vorgangstypen anzulegen. Dies könnten Sie aus verschiedenen Gründen wollen. Sie könnten ein neues Bildschirmmaskenschema für Vorgangstypen ohne das Risiko testen wollen, das vorhandene zu beschädigen. Sie könnten es in einem anderen Projekt wiederverwenden wollen und es, so wie ich, für eine gute Vorgehensweise halten, eine „ein Schema zu einem Projekt"-Beziehung einzusetzen. Oder Sie wollen das Schema als Ausgangspunkt für eine leicht veränderte Schemaversion einsetzen.

Löschen

Sie können Ihr Bildschirmmaskenschema für Vorgangstypen löschen, wenn es mit keinem Projekt verknüpft ist.

Übung

Wir werden nun

- Eine Bildschirmmaske an einen Vorgangstyp binden, indem wir das Bildschirmmaskenschema mit einem Bildschirmmaskenschema für Vorgangstypen verknüpfen
- Das Bildschirmmaskenschema für Vorgangstypen mit einem Projekt verknüpfen

1. Navigieren Sie zu JIRA Administration (Zahnrad) | Vorgänge | „Vorgänge"-Menü | Bildschirmmaskenschema für Vorgangstypen
2. Auf dieser Seite klicken Sie auf „+ Bildschirmmaskenschema für Vorgangstypen hinzufügen"
3. Im Popup geben Sie „Einkaufsliste Bildschirmmaskenschema für Vorgangstypen" im Feld **Name** ein
4. Im Feld **Beschreibung** geben Sie „Bildschirmmaskenschema für Vorgangstypen für Vorgangstyp „Lebensmittel Einkaufsliste" und Einkaufsliste-Bildschirmmaskenschema" ein
5. Wählen Sie Einkaufsliste Bildschirmmaskenschema aus der Bildschirmmaskenschema-Liste
6. Klicken Sie auf **Hinzufügen**

Sie haben nun eine **Bildschirmmaske** mit einem **Vorgangstyp** verbunden, indem Sie das **Bildschirmmaskenschema** mit dem **Bildschirmmaskenschema für Vorgangstypen** verknüpft haben.

Als nächstes werden Sie das neu erstellte **Bildschirmmaskenschema für Vorgangstypen** mit Ihrem **Projekt** verknüpfen.

7. Wählen Sie in der Menüleiste Projekte | Einkaufsliste
8. Klicken Sie in der Seitenleiste des Einkaufsliste-Projekts auf das **Projekt-Administration-Zahnrad**

9. Suchen Sie im Hauptbereich der Projekt-Administration-Seite die Sektion **Bildschirmmaske** und klicken Sie auf das dort angezeigte Schema (dies könnte auf Ihrem System gegebenenfalls anders heißen)

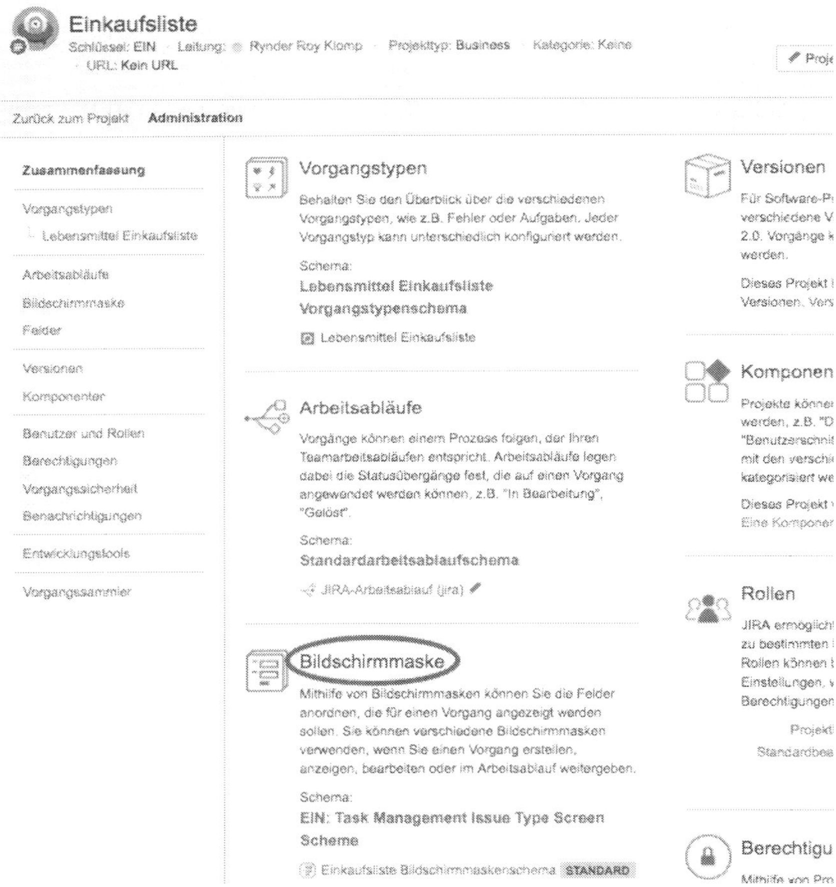

10. Auf der **Bildschirmmaske**-Seite klicken Sie oben rechts auf **Aktionen**

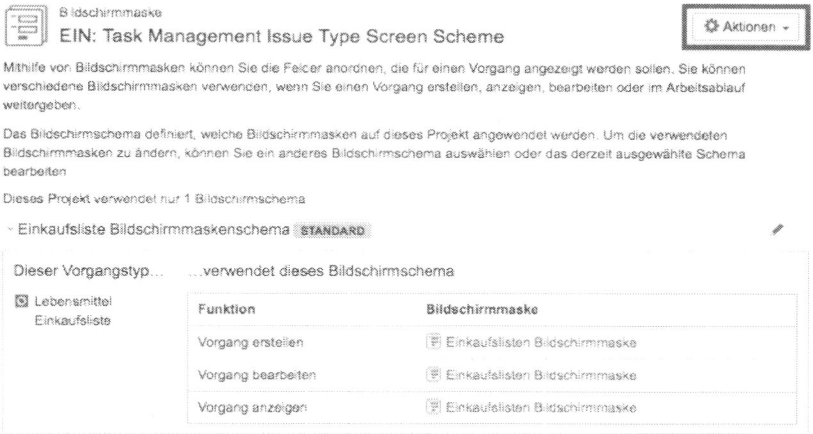

11. WÄHLEN SIE ANSCHLIEßEND „ANDERES SCHEMA AUSWÄHLEN“ AUS DER **AKTIONEN**-DROPDOWN-LISTE

12. AUF DER NÄCHSTEN SEITE WÄHLEN SIE „EINKAUFSLISTE BILDSCHIRMMASKENSCHEMA FÜR VORGANGSTYPEN“ AUS DER **SCHEME**-DROPDOWN-LISTE

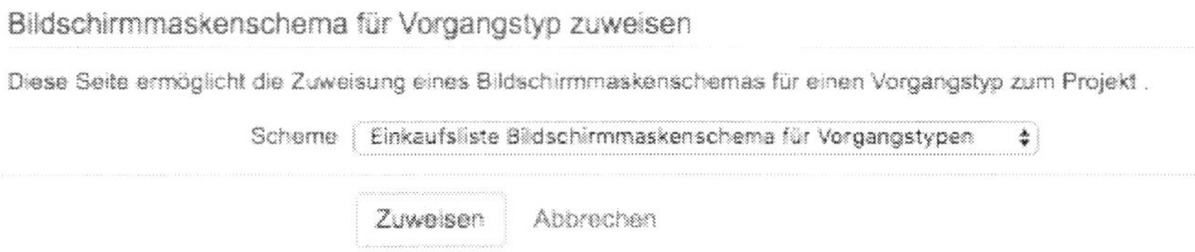

13. KLICKEN SIE AUF **ZUWEISEN**

Sie haben alle Bildschirmmasken-Zuweisungen abgeschlossen! Herzlichen Glückwunsch, das war kein leichter Weg.

Testen Sie Ihre Arbeit durch Anlegen eines neuen Einkaufsliste-Vorgangs.

Kapitel 8 – Felder und Berechtigungen

Kapitelziele

In diesem Kapitel werden Sie ein tieferes Verständnis für Felder, Feldkonfigurationen und Feldkonfigurationsschemata bekommen.

Außerdem erhalten Sie eine grobe Übersicht über die weiteren Seitenleisten-Elemente des Vorgänge-Bildschirms: Vorgangsfunktionen, Vorgangseigenschaften, Sicherheit, Benachrichtigungen und Berechtigungen.

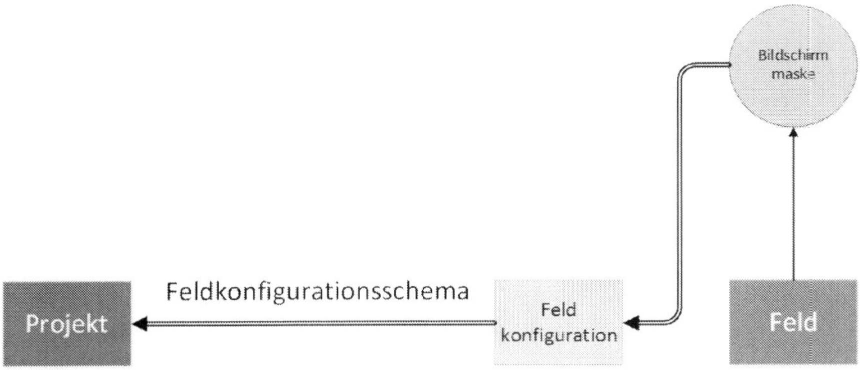

Felder

Felder sind die Elemente auf den Bilschirmmasken, in denen Sie Informationen eintragen, auswählen, bearbeiten oder anzeigen. JIRA stellt eine ganze Reihe verschiedener Feldtypen zur Verfügung, wie zum Beispiel:

- **Einzeilige oder mehrzeilige Textfelder** in denen Sie Details eintragen können. (Ihren Namen zum Beispiel)
- **Zahlenfelder**

- **Kalenderfelder** in denen Sie ein Datum oder Datum und Uhrzeit auswählen können
- **Mehrfachauswahl oder Einfachauswahl Kontrollkästchen**
- **Drop-Down-Listen**
- **Radio-Button-Listen**

JIRA Core bringt zudem eine große Anzahl an Standardfeldern mit, von denen Sie die meisten verwenden oder ausblenden können.

Benutzerdefinierte Felder

JIRA Core erlaubt Ihnen das Erstellen von **benutzerdefinierten Feldern**. Sie könnten zum Beispiel eine Liste mit sportlichen Aktivitäten erstellen wollen, aus der Ihre Freunde für dieses Wochenende wählen können. In diesem Fall könnten Sie ein benutzerdefiniertes „Dropdown-Liste"-Feld mit Aktivitäten, wie zum Beispiel *Golf, Tennis, Jagen, Fischen, Poker, Flohhüpfen, Sticken*, etc. erstellen.

Die „**benutzerdefinierte Felder**"-Maske hat die fünf Spalten: **Name**, **Typ**, **Verfügbarer Kontext**, **Bildschirmmaske** und **das Zahnrad**. Sie können die „benutzerdefinierte Felder"-Maske durch folgendes Navigieren erreichen: Hauptmenüleiste | Zahnrad Administration | Vorgänge | und das Wählen von „benutzerdefinierte Felder" in der Seitenleiste:

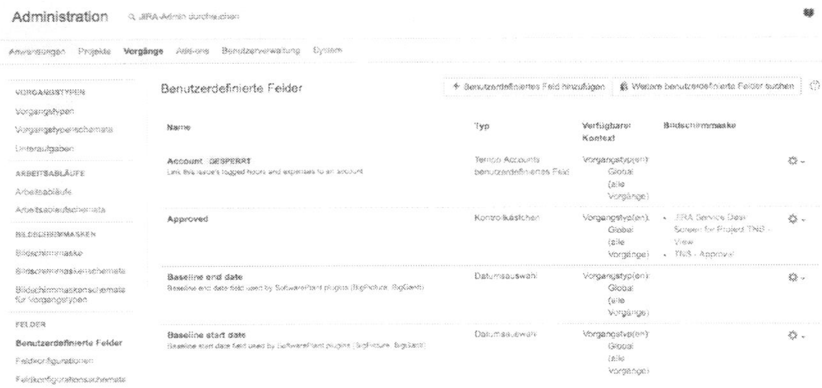

NAME

Die **Name**-Spalte enthält JIRA's Standardfelder und die benutzerdefinierten Felder, die bereits von Ihnen oder Ihrer Organisation angelegt wurden. Sie werden hier vielleicht eine Reihe von Feldern mit „GESPERRT"-Anmerkung sehen. Diese Felder werden für Sie verfügbar, wenn Sie eine Lizenz für JIRA Software oder JIRA Service Desk gekauft haben.

Diese Spalte enthält KEINE Liste aller verfügbaren *Typen* für benutzerdefinierte Felder; diese finden Sie, wenn Sie auf die „**+ Benutzerdefiniertes Feld hinzufügen"**- oder „**Weitere benutzerdefinierte Felder suchen"**-Buttons klicken.

TYP

Diese Spalte gibt den verwendeten **Typ** des Feldes an, wie zum Beispiel Textfeld, Zahlenfeld, Datumsauswahl, Kontrollkästchen, Radio-Buttons, etc. Es gibt über 20 verschiedene Typen für benutzerdefinierte Felder, die in der von Ihnen gekauften Version von JIRA Core enthalten sind.

Sie können weitere benutzerdefinierte Felder suchen, indem Sie auf den **Weitere benutzerdefinierte Felder suchen**-Button klicken, der Sie mit dem **Atlassian Marketplace** verbindet.

Verfügbarer(e) Kontext(e)

Der Kontext für benutzerdefinierte Felder ist eine Kombination aus zwei Dingen: Dem **Vorgangstyp** sowie dem/den **Projekt(en)**, denen das benutzerdefinierte Feld zugewiesen ist. Ist das benutzerdefinierte Feld keinem bestimmten Vorgangstyp zugewiesen, ist es für alle Vorgangstypen und Projekte verfügbar (d.h. **Global (alle Vorgänge)**).

Bildschirmmaske

Diese Spalte listet die **Bildschirmmasken** auf, auf denen sich das benutzerdefinierte Feld befindet.

Das Zahnrad

Wenn Sie das Zahnrad anklicken, bieten sich Ihnen fünf Optionen: **Konfigurieren**, **Bearbeiten**, **Übersetzen**, **Bildschirmmaske** und **Löschen**

Konfigurieren

Die geläufigsten Konfigurationen für benutzerdefinierte Felder sind: Neuen Kontext hinzufügen, Benutzerdefinierte Felder anzeigen, Konfiguration bearbeiten, Standardwert bearbeiten und Optionen bearbeiten.

Neuen Kontext hinzufügen

Neuen Kontext hinzufügen ist im Grunde eine **Kopier-Funktion**. Es lässt Sie einen neuen Kontext für das benutzerdefinierte Feld hinzufügen indem Sie einen neuen Konfigurationsschema **Namen und eine Beschreibung** hinzufügen. Zusätzlich können Sie verschiedene **Vorgangstyp(en) und Projekt(e)** dem neuen **Kontext** zuweisen. Dies ist hilfreich, wenn Sie das Feld mit geänderter Konfiguration in anderen Projekten wiederverwenden oder mit verschiedenen Vorgangstypen verwenden wollen. Beachten Sie jedoch, dass beim Hinzufügen eines Kontexts das ursprüngliche Feld erhalten bleibt.

Benutzerdefinierte Felder anzeigen

Dieser Link führt Sie zurück auf die „**Benutzerdefinierte Felder**“-Maske.

Konfiguration bearbeiten

Dies ist ähnlich zur „Neuen Kontext hinzufügen“-Operation. Jedoch, anstatt das Konfigurationsschema des benutzerdefinierten Feldes zu „kopieren“, **ändert** man den **Namen** und die **Beschreibung** des bestehenden Schemas. Zusätzlich können Sie hier den/die **Vorgangstyp(en)** und **Projekt(e)** ändern, denen das benutzerdefinierte Feld in diesem Konfigurationsschema zugewiesen ist.

Standardwert bearbeiten

„Die Standardwert bearbeiten“-Funktion erlaubt das Setzen eines Standardwertes für das benutzerdefinierte Feld entweder frei oder aus einer Liste von Optionen (variiert je nach Typ). Sagen wir, Sie haben eine Liste mit drei Adressen, Ihre Nutzer wählen meistens jedoch Adresse Nummer 3. JIRA erlaubt es Ihnen einen Wert als ersten in einer Auswahlliste (Dropdown-Liste) zu platzieren. Dieser wird dann der **erste Wert**, der **Standardwert**, den man sieht, wenn man etwas aus der Liste auswählt.

Optionen bearbeiten

Hier können Sie die Optionen in Ihrer Liste von Objekten ändern oder neue Optionen hinzufügen.

BEARBEITEN

Dieser Link führt Sie zur **Details des benutzerdefinierten Felds bearbeiten**-Seite. Hier können Sie den **Namen** und die **Beschreibung** des benutzerdefinierten Feldes ändern.

ÜBERSETZEN

Hier haben Sie die Möglichkeit den Namen des benutzerdefinierten Feldes in einer anderen Sprache anzugeben, vorausgesetzt es ist eine der sechs Sprachen in der Dropdown-Liste.

Bildschirmmaske

Dieser Link führt Sie auf die **Feld einer Bildschirmmaske zuweisen**-Seite. Hier können Sie das benutzerdefinierte Feld einer oder mehreren Bildschirmmasken hinzufügen oder die aktuelle Zuweisung vom Feld zu Bildschirmmasken verändern. Vergessen Sie nicht, nach einer Änderung auf **Aktualisieren** ganz unten auf der Seite zu klicken.

Löschen

Und natürlich können Sie ein benutzerdefiniertes Feld auch immer wieder **löschen**, wenn Sie es nicht mehr benötigen.

Benutzerdefiniertes Feld hinzufügen

Wenn Sie auf **+ Benutzerdefiniertes Feld hinzufügen** klicken, öffnet sich das **Einen Feldtyp auswählen**-Popup. Hier beginnen Sie, ein neues benutzerdefiniertes Feld anzulegen.

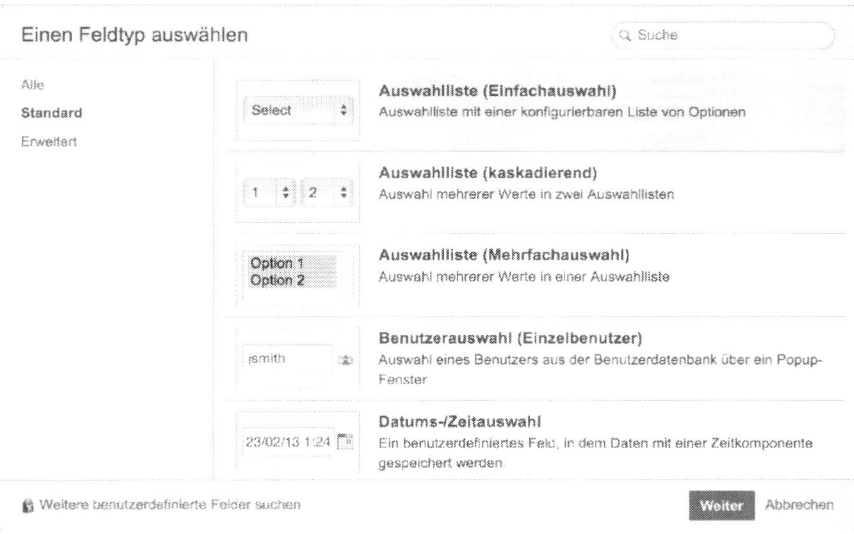

Wenn Sie ein neues benutzerdefiniertes Feld erstellen, durchlaufen Sie drei Schritte:

1. Wählen Sie den Feldtyp für das benutzerdefinierte Feld
2. Konfigurieren Sie das benutzerdefinierte Feld

3. Weisen Sie das benutzerdefinierte Feld einer Bildschirmmaske zu

Das obige Bild entspricht Schritt 1 des Prozesses. Nachdem Sie einen Feldtyp gewählt haben, klicken Sie auf **Weiter** und geben im folgenden **Konfigurieren**-Popup einen **Namen** und eine **Beschreibung** ein (Schritt 2). Ein Klick auf **Erstellen** führt Sie dann auf den unten gezeigten Bildschirm, auf dem Sie das neu erstellte Feld den gewünschten Bildschirmmasken hinzufügen können (Schritt 3), indem Sie das dazugehörige Kontrollkästchen in der Spalte **Auswählen** aktivieren.

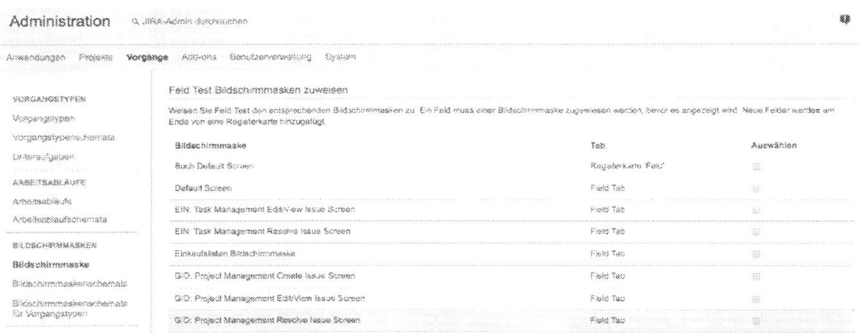

Aber was passiert, wenn Sie auf Ihrer Bildschirmmaske **mehrere Registerkarten** haben und Sie das Feld nur auf Registerkarte drei angezeigt bekommen möchten? Wenn Ihre Bildschirmmaske mehrere Registerkarten *hat*, wird auf dieser Seite in der Spalte „Tab" eine Dropdown-Liste mit den vorhandenen Registerkarten auf der jeweiligen Bildschirmmaske angezeigt. Sie wählen dann einfach die jeweilige Registerkarte aus der Liste und aktivieren das entsprechende **Auswählen-**Kontrollkästchen. Erneut, vergessen Sie nicht nach Abschluss der Änderungen auf **Aktualisieren** zu klicken. Bedenken Sie, dass ein Feld, das Sie über diese Methode angelegt haben, am Ende der/den Bildschirmmaske(n) hinzugefügt wird. Wenn Sie das Feld an einer anderen Position auf der Bildschirmmaske positionieren möchten, müssen Sie als Erstes die „Bildschirmmasken anzeigen"-Maske aufrufen (Zahnrad Administration | Vorgänge | Bildschirmmaske (in der Seitenleiste auswählen)). Als Zweites müssen Sie die Bildschirmmaske in der Name-Spalte suchen und auf den „Konfigurieren"-Link in der Funktionen-Spalte klicken.

Weitere benutzerdefinierte Felder suchen

Sollten Sie den benötigten Feldtyp in der Liste unter **+ Benutzerdefiniertes Feld** nicht finden, können Sie immer mittels Klick auf **Weitere benutzerdefinierte Felder** in den **Atlassian Marketplace** gelangen. Dort sind manche kostenlos, die meisten nicht.

Übung

In dieser Übung werden wir

- Zwei benutzerdefinierte Felder erstellen
- Diese neuen Felder einer Bildschirmmaske zuweisen

Wir werden damit beginnen, eine Checkliste mit häufig gekauften Lebensmitteln für ein fiktives Getschäft erstellen. Tun Sie sich keinen Zwang an, die Liste oder den Namen des Geschäftes Ihren Wünschen anzupassen.

1. Wählen Sie in der Menüleiste JIRA Administration (Zahnrad) | Vorgänge
2. Auf der **Administration**-Maske wählen Sie **Benutzerdefinierte Felder** aus dem **Vorgänge**-Menü
3. Klicken Sie auf der Benutzerdefinierte Felder-Seite auf + Benutzerdefiniertes Feld hinzufügen
4. Im Einen **Feldtyp hinzufügen**-Popup wählen Sie **Kontrollkästchen** und klicken auf **Weiter**
5. Im **Feld ‚Kontrollkästchen' konfigurieren**-Popup, geben Sie *‚häufig gekaufte ACME-Geschäft Artikel'* im **Name** Feld ein
6. Geben Sie den Zweck der Liste im **Beschreibung** Feld ein

7. GEBEN SIE FOLGENDE EINTRÄGE IM **OPTIONEN** FELD EIN UND KLICKEN SIE NACH JEDEM EINTRAG AUF **HINZUFÜGEN**:
   i. NORD-HIMALAYISCHE BIO JAK-MILCH
   ii. ZIEGENBUTTER DER INSEL ELBA
   iii. 27-KÖRNER BROT
   iv. SIBIRISCHE FREILAND WACHTELEIER
   v. SCHNECKE
   vi. BRÜSSELER SPROSSEN AUS BRÜSSEL
   vii. KAVIAR
   viii. KOBE FLEISCH
   ix. CHAMPAGNER
   x. COGNAC
8. KLICKEN SIE AUF **ERSTELLEN**
9. SUCHEN SIE AUF DER **FELD <NAME IHRES NEUEN FELDES> BILDSCHIRMMASKEN ZUWEISEN**-SEITE DIE *EINKAUFSLISTEN BILDSCHIRMMASKE* IN DER **BILDSCHIRMMASKEN**-SPALTE UND AKTIVIEREN SIE DEREN **AUSWÄHLEN**-KONTROLLKÄSTCHEN
10. KLICKEN SIE AUF **AKTUALISIEREN** AM ENDE DER MASKE

Sie haben soeben ein neues Feld Ihrer Einkaufsl sten Bildschirmmaske hinzugefügt. Es gibt zwei Wege dies zu bestätigen:

Erstens,

1. WÄHLEN SIE IN DER MENÜLEISTE JIRA ADMINISTRATION (ZAHNRAD) | VORGÄNGE
2. AUF DER **ADMINISTRATION**-MASKE WÄHLEN SIE **BILDSCHIRMMASKE** AUS DEM **VORGÄNGE**-MENÜ
3. SUCHEN SIE DIE *EINKAUFSLISTEN BILDSCHIRMMASKE* UND KLICKEN SIE IN DER **FUNKTIONEN**-SPALTE AUF **KONFIGURIEREN**

Sie sollten Ihr neu erstelltes Feld auf der Liste der Felder auf dieser Bildschirmmaske sehen.

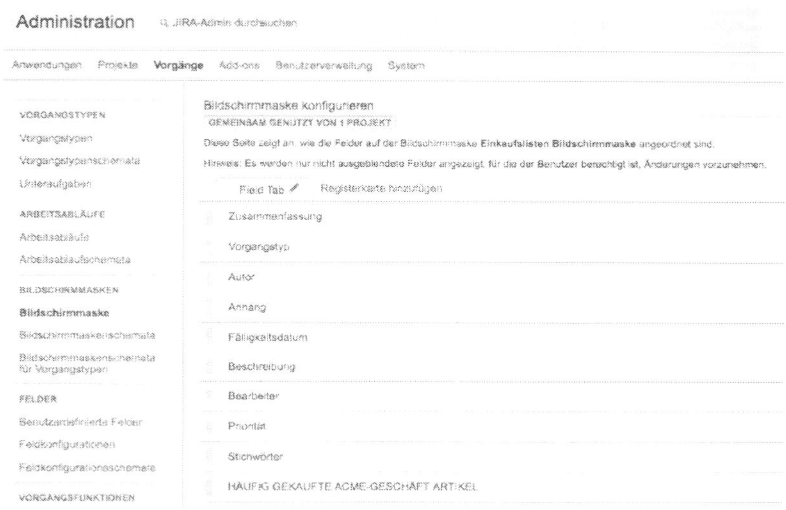

Zweitens,

1. Wählen Sie in der Menüleiste | Projekte | *Einkaufsliste*
2. Im *Einkaufsliste*-**Projekt** klicken Sie auf **Erstellen** in der Menüleiste
3. Stellen Sie sicher, dass der *Lebensmittel Einkaufsliste* **Vorgangstyp** im **Vorgangstyp Feld** ausgewählt ist und *Einkaufsliste* das **Projekt** ist.

Ihre spezielle Liste sollte am Ende der Maske erscheinen.

ACHTUNG: Sollte Ihr Feld dort nicht auftauchen, klicken Sie auf den **Felder konfigurieren**-Button (im „Vorgang erstellen"-Popup) um sicherzustellen, dass Ihr Feld verfügbar ist. Sollte das Kontrollkästchen neben Ihrem benutzerdefinierten Feld deaktiviert sein, aktivieren Sie es und Ihr Feld wird auf der **Vorgang erstellen**-Bildschirmmaske erscheinen:

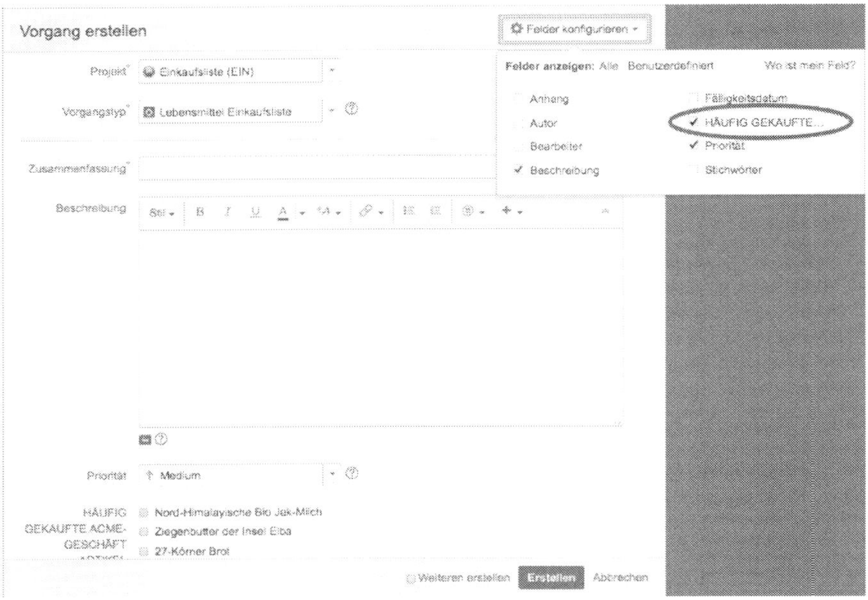

Es ist praktisch eine Liste der häufig gekauften Lebensmittel-Artikel zu haben; jedoch werden Sie vermutlich auch andere Artikel nachkaufen, wenn diese ausverkauft sein sollten. Daher werden Sie jetzt eine mehrzeilige Textbox erstellen, in die Sie zusätzliche Artikel für Ihren nächsten Einkauf eintragen können.

1. WÄHLEN SIE IN DER MENÜLEISTE JIRA ADMINISTRATION (ZAHNRAD) | VORGÄNGE
2. AUF DER **ADMINISTRATION**-MASKE WÄHLEN SIE **BENUTZERDEFINIERTE FELDER** AUS DEM **VORGÄNGE**-VORGÄNGE
3. KLICKEN SIE AUF DER BENUTZERDEFINIERTE FELDER-SEITE AUF **+ BENUTZERDEFINIERTES FELD HINZUFÜGEN**
4. IM **EINEN FELDTYP HINZUFÜGEN**-POPUP SCROLLEN SIE HERUNTER, WÄHLEN **TEXTFELD (MEHRZEILIG)** UND KLICKEN AUF **WEITER**
5. IM **FELD ‚TEXTFELD (MEHRZEILIG)‘ KONFIGURIEREN**-POPUP, GEBEN SIE ‚*WEITERE ACME GESCHÄFT ARTIKEL*‘ IM **NAME**-FELD EIN

6. GEBEN SIE ‚WEITERE ARTIKEL FÜR EINKAUF BEIM ACME LEBENSMITTELGESCHÄFT' IM **BESCHREIBUNG**-FELD EIN

7. KLICKEN SIE AUF **ERSTELLEN**

8. SUCHEN SIE AUF DER **FELD <NAME IHRES NEUEN FELDES> BILDSCHIRMMASKEN ZUWEISEN**-SEITE DIE *EINKAUFSLISTEN BILDSCHIRMMASKE* IN DER **BILDSCHIRMMASKEN**-SPALTE UND AKTIVIEREN SIE DEREN **AUSWÄHLEN**-KONTROLLKÄSTCHEN

9. KLICKEN SIE AUF **AKTUALISIEREN** AM ENDE DER MASKE

Sie haben nun zwei neue Felder für Ihre *Einkaufslisten Bildschirmmaske* erstellt: Ein **Kontrollkästchen-Feld** mit häufig gekauften Lebensmitteln und ein **Textfeld** in das Sie zusätzliche Artikel für Ihren Einkauf eintragen können. Herzlichen Glückwunsch!

FELDKONFIGURATION

Die Feldkonfiguration erlaubt Ihnen das Modifizieren von Feldern. Hier entscheiden Sie, ob ein Feld angezeigt oder versteckt wird, optional oder erforderlich ist und wo das Feld auf der Bildschirmmaske positioniert wird.

Feldkonfiguration ist kein Einsteigerthema, daher fahren wir fort.

FELDKONFIGURATIONSSCHEMATA

Feldkonfigurationsschemata verbinden **Feldkonfigurationen** mit spezifischen **Vorgangstypen** und diese mit spezifischen **Projekten.** Wenn das ein wenig kompliziert klingt, das ist es auch; und das sagt uns, dass wir mit einem anderen Thema fortfahren.

VORGANGSFUNKTIONEN

Zeitverfolgung

Zeitverfolgung ist ein sehr mächtiges Werkzeug in JIRA.

Wenn Sie auf den Zeitverfolgung-Link in der Zahnrad Administration im Vorgänge-Menü (in der Seitenleiste unter Vorgangsfunktionen) klicken, landen Sie auf der Zeitverfolgungs-Maske. Diese Maske wird Ihnen zeigen, ob Zeitverfolgung EIN oder AUS ist. Sie bekommen außerdem die Standardeinstellungen für Arbeitsstunden pro Tag, Arbeitstage pro Woche und weitere Schlüsselmetriken angezeigt.

Sie können diese Metriken durch Klicken auf den Aktivieren/Deaktivieren-Button ändern. Auf der Zeitverfolgung-Maske können Sie folgendes Ändern:

- Anzahl an Arbeitsstunden pro Tag
- Anzahl an Arbeitstagen pro Woche
- Zeitformat
- Standard Zeiteinheit (z.B. Minuten, Stunden, Tage, etc.)

Sobald Sie Änderungen vorgenommen haben, stellen Sie sicher, dass sie den Aktivieren- (falls Zeitverfolgung AUS ist) oder Deaktivieren-Button (falls sie EIN ist) anklicken. Sie müssen außerdem eine Reindizierung des Programms vornehmen, damit die Änderungen in Kraft treten.

Zeitverfolgung ist ein Thema für Fortgeschrittene.

Verknüpfen von Vorgängen

Das Verknüpfen von Vorgängen erlaubt es Ihnen, einen Vorgang mit einem anderen zu verbinden. Es lässt Sie beispielsweise erkennen, wenn Sie erst Vorgang X abschließen müssen, damit Sie mit der Arbeit an Vorgang Y beginnen können. Die gute Nachricht ist, dass Sie JIRA darüber auf der „Vorgang anzeigen"-Seite informiert. Die schlechte Nachricht ist, dass es nicht selbstständig danach handelt. Anders gesagt ist die Verknüpfung von Vorgängen einfach eine Benachrichtungsmethode.

Vorgangseigenschaften

Status

Der Großteil der Arbeitsablaufgestaltung wird in der Arbeitsablauf-Sektion erledigt, daher bin ich mir nicht ganz sicher, wieso Status hier aufgeführt sind. Ich würde es gänzlich meiden um die Dinge einfacher zu halten. Wenn Sie jedoch eine Übersetzung für einen Status hinterlegen möchten, können Sie das hier tun.

Lösungen

In JIRA vermittelt eine Lösung der Software – und anderen Nutzern – dass Sie mit dem Vorgang fertig sind und er geschlossen werden kann. Eine Lösung ist KEIN Status. JIRA besitzt vier standard Lösungen von denen zwei (Duplicate (Deutsch: Duplikat) und Cannot Reproduce (Deutsch: Kann nicht reproduziert werden)) hauptsächlich für Softwareentwicklung konzipiert sind. Sie können am Ende der „Lösungen anzeigen“-Maske eigene Lösungen hinzufügen. Beispielsweise habe ich in meinem JIRA die Lösung „Vorgang abgebrochen“ hinzugefügt. Das erlaubt mir, einen Vorgang aus jedem Status im Arbeitsablauf abzuschließen.

Prioritäten

Hier können Sie Ihre eigenen Prioritäten erstellen. Füllen Sie einfach das „Neue Priorität hinzufügen“-Formular am Boden der „Prioritäten anzeigen“-Maske aus und klicken auf „Hinzufügen“.

ACHTUNG: Wenn Sie eine Priorität hinzufügen oder entfernen, so hat dies Auswirkungen auf jedes Projekt in Ihrem JIRA-System.

Dies ist daher **ein Element, was nur von einem/einer System Administrator(in)** oder erfahrensten JIRA Administrator(in) in Ihrer Organisation verwaltet werden sollte.

Sicherheitsschemata für Vorgänge

Sicherheitsschemata für Vorgänge sind ein mächtiges Werkzeug. Es erlaubt Ihnen zu beschränken, wer **Vorgänge** sehen und wer sie nicht sehen kann. Sie können eine Reihe von Sicherheitsstufen festlegen und diesen Benutzer oder Gruppen zuweisen.

Sicherheitsschemata für Vorgänge sind ein weiterführendes und fortgeschrittenes Thema.

Benachrichtigungen und Benachrichtigungsschemata

Eine der größten Stärken von JIRA ist die Fähigkeit, automatisierte E-Mail-Benachrichtigungen für bestimmte Personen auf Basis von Ereignissen, die während des Lebenszyklus eines Vorgangs eintreten, zu generieren. Beispielsweise könnten Sie wünschen, dass eine automatisierte E-Mail an die nächste Person im Prozess geschickt wird, sobald Sie auf den „**Resolved**"-Status eines Vorgangs klicken. Oder Sie könnten es so konfigurieren, dass automatisch eine E-Mail an den Projektmanager oder den Vorgesetzten des Vorgangs-Besitzers geschickt wird, die indiziert, dass der Vorgang verspätet ist und geprüft werden sollte.

Es gibt eine Vielzahl an vordefinierten Standards im Programm. Der offensichtlichste ist, dass Sie eine E-Mail erhalten, sobald Sie einem Projektvorgang als Bearbeiter zugewiesen werden. Sie können Benachrichtigungen jedoch, basierend auf fast jeder Bedingung oder jedem Event, der in Ihrem Projekt auftritt, maßschneidern.

Benachrichtigungen benötigen Benachrichtigungsschemata um mit einem Projekt verknüpft werden zu können.

Benachrichtigungen sind ein weiterführendes und fortgeschrittenes Thema.

Berechtigungen und Berechtigungsschemata

Sie wollen vermutlich nicht jeder beliebigen Person oder gar jedem Einblick in Ihr Projekt gewähren oder Änderungen an diesem erlauben. Stellen Sie sich vor, jemand vom Verkauf fängt an den Herstellungsprozess zu ändern, oder andersherum. In den Berechtigungs- (und Sicherheits-) Bereichen weisen Sie Personen den Gruppen und Rollen zu, bestimmen welche Bildschirmmasken Sie sehen oder nicht sehen dürfen, sowie die Dinge, die sie bearbeiten oder eben nicht bearbeiten dürfen.

„Wieso diese Dinge nicht einfach direkt den Einzelpersonen zuweisen?“, höre ich Sie fragen. Der Grund ist, dass Personen oft das Unternehmen verlassen oder den Job wechseln könnten. Sie könnten viel Zeit dafür aufbringen, einer Person bestimmte Berechtigungen und Sicherheitsfreigaben zu gewähren, nur um festzustellen, dass die Person im Lotto gewonnen hat. Sie müssen dann die ganze Arbeit erneut für die Person durchführen, die die vorherige ersetzt. Daher besser eine **Rolle** erstellen, die Berechtigungen an diese Rolle binden und einfach die Person dieser Rolle zuweisen.

Natürlich benötigen Berechtigungen ebenfalls Berechtigungsschemata um mit einem Projekt verwendet werden zu können.

Während Berechtigungen ein weiterführendes und fortgeschrittenes Thema sind, werden wir uns Benutzer, Rollen und Gruppen im nächsten Kapitel vornehmen.

Kapitel 9 – Benutzer, Rollen und Gruppen

Kapitelziele

Nach Abschluss dieses Kapitels werden Sie ein Verständnis von Benutzern, Rollen und Gruppen haben.

Sie werden imstande sein:

- Benutzer zu erstellen
- Benutzer einer Rolle zuzuweisen
- Gruppen zu erstellen und Benutzer einer Gruppe zuzuweisen
- Eine globale Berechtigung einer Gruppe zuzuweisen

Übersicht

Während JIRA fantastisch ist, eine große Anzahl an Aufgaben und Abläufen zu automatisieren, involviert ein Projekt immernoch Personen; und es muss einen Weg geben, Personen innerhalb von JIRA und innerhalb spezifischer Projekte zu verwalten. JIRA erledigt dies in, wie ich es nenne, einer Zwei-Stufen-Methodik. Auf den höchsten Stufen (**JIRA** und **Projekt**) werden Personen als **Benutzer** den **Gruppen** und **Rollen** zugewiesen. Innerhalb von **Vorgängen** (der sekundären Stufe) werden Sie mittels Nutzung von **Sicherheits**-, **Berechtigungs**- und anderen zugehörigen **Schemata** verwaltet. Wir haben Sicherheits- und Berechtigungs-Schemata bereits im letzten Kapitel kurz angesprochen, daher behandeln wir diese hier nicht weiter.

Benutzer sind diejenigen, die zur Nutzung von JIRA eingeladen werden. Es macht nicht viel Sinn Personen einzuladen und dann nichts für sie zutun zu haben; also, sobald sie beigetreten sind, sollten Sie diese einem Projekt oder Projekten zuweisen. Dies wird mittels **Rollen** durchgeführt.

Wenn Ihre JIRA Plattform nur einen oder zwei Benutzer enthielte, könnten Sie diese vermutlich sehr leicht verwalten. Mit wachsender Anzahl an Benutzern wird dies jedoch zunehmend schwerer. Ein Weg mit dem JIRA dabei unterstützt, dies zu überwinden, ist die Verwendung von **Gruppen**. Eine Gruppe ist lediglich eine Kategorie von Benutzern, die die gleiche Art von Arbeit ausführen. JIRA kommt mit drei Gruppen, **Administratoren** (jira-administrators), **Entwicklern** (jira-developers) und **Benutzern** (jira-users) und Sie können so viele Gruppen erstellen, wie Sie wollen.

Rollen und Gruppen in JIRA **sind Arten von Berechtigungsschemata.** Dies bedeutet, dass ein Individuum, das einer Rolle oder Gruppe zugewiesen wird, bestimmte Berechtigungen erhält. **Der Unterschied zwischen einer Rolle und einer Gruppe in JIRA** ist, dass eine Rolle mit einem bestimmten Projekt oder Projekten assoziiert ist. Umgekehrt ist eine Gruppe allgemein, oder global, in ihrer Natur. Ebenso wichtig, dass eine Gruppe nur von einem JIRA-Administrator geändert werden kann, wohingegen eine Projektrolle von einem Projektadministrator geändert werden kann.

Ich persönlich sehe den Unterschied zwischen Rollen und Gruppen folgendermaßen: Gruppen sind mit Berechtigungs- und Sicherheits-Regeln verbunden, die unabhängig von einer Rolle gelten. Eine Rolle hat jobspezifische Regeln. Beispielsweise könnten Sie zwei Rollen - Lieferketten-Analyst und Qualitätskontrollen-Analyst - erstellen. Alleine am Namen können Sie erkennen, dass jede andere Anforderungen haben und andere Restriktionen benötigen wird. Die offensichtlichsten rollenspezifischen Anforderungen und Restriktionen dürften sein, dass der Lieferketten-Analyst nur Zugriff auf Lieferketten-Bildschirmmasken – und keine anderen – bekommen wird, während der QK-Analyst nur Sichtbarkeit von QK-Bildschirmmasken bekommen wird. Aber zusätzlich zu ihrer Rolle, könnten sie beide zu einer Gruppe namens

„Analysten“ gehören, die die gleichen Sicherheitsfreigaben und Bearbeitungsauthoritäten für alle Mitglieder dieser Gruppe definiert. Lassen Sie uns beispielsweise annehmen, Ihre Organisation hätte ein neues Prioritätensystem in JIRA implementiert, das die Priorität „Vertraulich“ enthält. In diesem Fall werden Vorgänge mit der „Vertraulich“-Priorität keinem der Nutzer in der Analysten-Gruppe angezeigt.

Um Ihre Berechtigungs- und Sicherheitsschemata effektiver verwalten zu können, definieren Sie als erstes diese Schemata und verknüpfen diese als nächstes mit der Gruppe. Wenn Sie nun Benutzer der Gruppe hinzufügen, werden automatisch die Gruppen-Schema Regeln auf diese übertragen.

Ein Benutzer kann mehr als einer Gruppe angehören.

Benutzer

1. Navigieren Sie zu JIRA Administration (Zahnrad) | Benutzerverwaltung
2. Es öffnet sich die **Benutzer**-Seite:

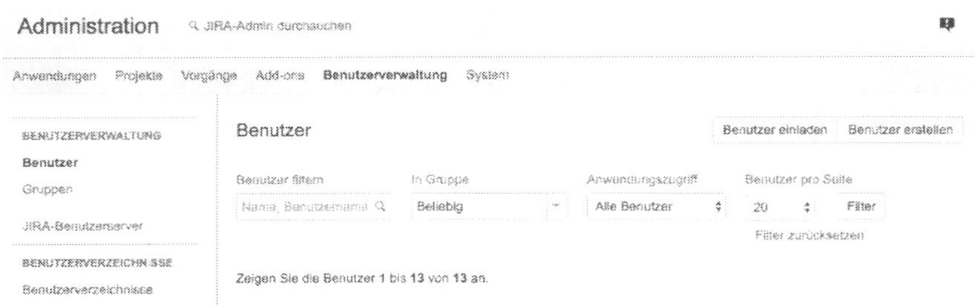

Auf der Benutzer Seite können Sie:

- Benutzer erstellen und neue einladen
- Benutzer finden
- Details der Benutzer betrachten

BENUTZER ERSTELLEN

1. KLICKEN SIE AUF DEN **BENUTZER ERSTELLEN**-BUTTON IN DER OBEREN RECHTEN ECKE DER SEITE:

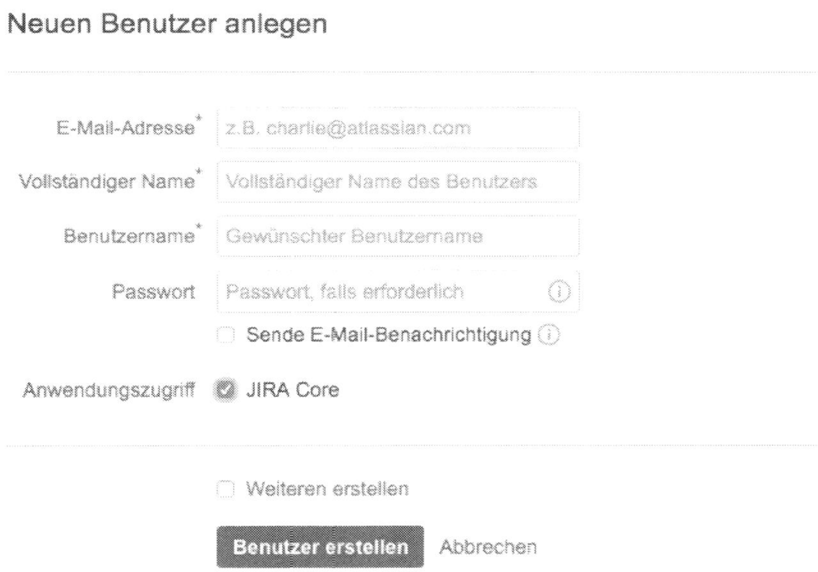

Die Felder im **Neuen Benutzer erstellen-**Popup sind selbsterklärend und wir werden diese nicht weiter im Detail besprechen. Stellen Sie sicher, dass Sie **E-Mail-Benachrichtigung senden** aktiviert haben. Dies erlaubt den neuen Benutzern, sich einzuloggen und das Passwort nach Wünschen zu ändern.

ACHTUNG: Die Benachrichtigungs-E-Mail ist nur 24 Stunden gültig. Falls der Benutzer nicht innerhalb dieser Zeit reagiert hat, müssen Sie die Benachrichtigung erneut schicken.

Unnötig zu sagen (aber ich sage es trotzdem), dass, wenn Sie Ihr Limit an Lizenzen ausgeschöpft haben, keine weiteren Benutzer hinzugefügt werden können, bevor Sie nicht vorhandene Benutzer gelöscht/deaktiviert oder eine größere Lizenz gekauft haben. Viel wichtiger ist, dass wenn Sie das Limit überschritten **haben, niemand** mehr Vorgänge erstellen kann; Sie sind quasi ausgesperrt, bevor Sie nicht die Anzahl der lizenzierten Nutzer reduzieren.

Benutzer einladen

Ein weiterer Weg Benutzer hinzuzufügen, ist es, diese einzuladen. Bevor Sie dies jedoch können, müssen Sie einen **Postausgangsserver** konfiguriert haben. Ihr JIRA System Administrator sollte dies erledigen.

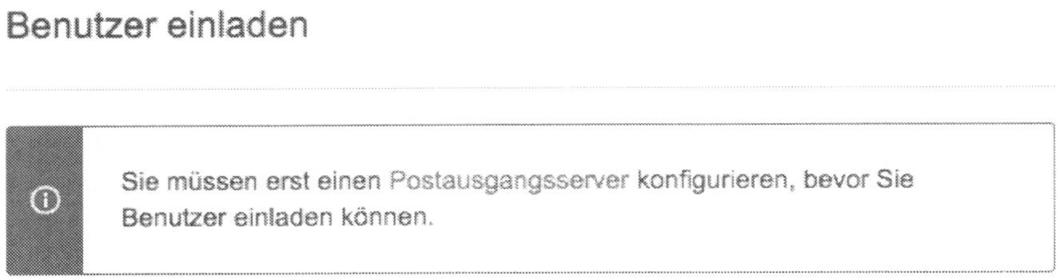

Vorausgesetzt ein Postausgangsserver wurde konfiguriert, wird die folgende Meldung erscheinen, wenn Sie auf den **Benutzer einladen**-Button klicken.

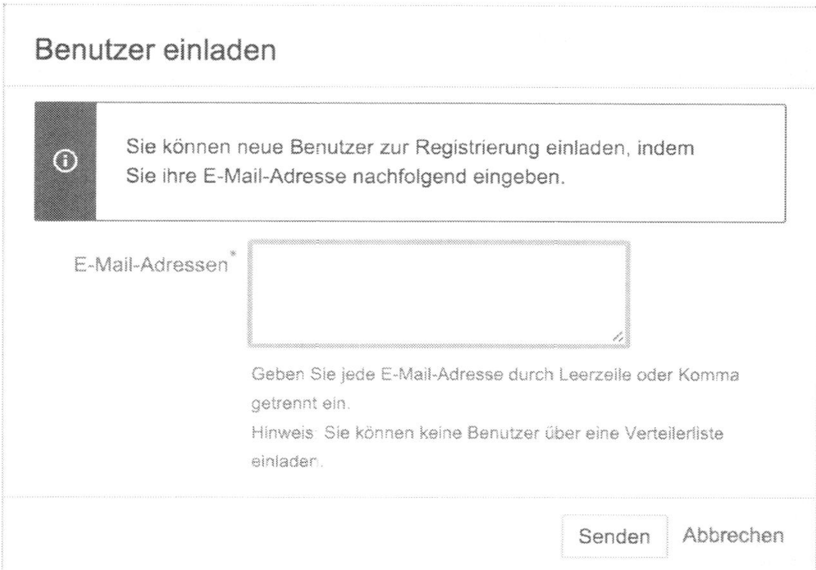

Hier tragen Sie einfach eine oder mehrere E-Mail-Adressen ein (verwenden Sie Kommata um die Adressen zu separieren oder tragen Sie jede Adresse in einer separaten Zeile ein) und klicken auf „Senden“. Es wird dann automatisch eine E-Mail an jeden Empfänger geschickt, die einen Link zur Anmelde-Seite von JIRA enthält, auf der sie einen Benutzernamen, ein Passwort und weitere Daten eingeben können.

> **ACHTUNG:** Die Einladung ist sieben Tage gültig. Hat die eingeladene Person bis dahin nicht reagiert, müssen Sie sie/ihn erneut einladen.

BENUTZER FILTERN

Wenn Sie eine große Anzahl an Benutzern haben, ist die **„Benutzer filtern“**-Funktion sehr nützlich. Füllen Sie einfach eins, mehrere oder alle der zutreffenden Felder aus: **Name, Benutzername oder E-Mail,** oder **In Gruppe** (wählen Sie einfach die zutreffende Gruppe aus der „In Gruppe“-Dropdown-Liste aus) oder **Anwendungszugriff** (JIRA Core ist in unserem Fall die Anwendung), oder jede Kombination der drei Felder. Wenn Sie fertig sind, klicken Sie auf den **Filter**-Button.

Ein Klick auf „**Filter zurücksetzen**" leert alle Felder und zeigt wieder alle Benutzer in der Liste an.

Die Benutzer Spalten

Die Benutzer-Seite hat sieben Spalten: **Voller Name, Benutzername, Anmeldeinformationen, Gruppenname, Anwendungen, Verzeichnis und Bearbeiten**.

Voller Name

Hier sehen Sie den kompletten Namen des Benutzers (wie im Benutzerprofil hinterlegt). Ein Klick auf den vollen Namen führt Sie auf die Kontoinformationen-Seite des Benutzers.

Benutzername

Diese Spalte enthält die **Benutzernamen** der in JIRA Core lizenzierten Benutzer sowie einen Hyperlink zu deren E-Mail-Adresse.

Anmeldeinformationen

Diese Spalte zeigt an, wie oft sich der Benutzer angemeldet hat, wann die letzte Anmeldung stattgefunden hat, oder noch keine Anmeldung stattgefunden hat, sowie jegliche Probleme, die während eines Anmeldeversuchs aufgetreten sein könnten.

Diese Spalte ist nützlich, wenn Sie Sicherheitsbedenken haben oder auf der Suche nach „inaktiven" Benutzern sind.

Gruppenname

Hier sehen Sie die **Gruppennamen**, denen der Benutzer angehört. Ein Klick auf einen Gruppennamen ruft NICHT die Auflistung aller Mitglieder dieser Gruppe auf. Stattdessen gelangen Sie auf eine Seite, die die verschiedenen Schemata (**Berechtigungen, Benachrichtigungen, Sicherheitsschema für Vorgänge**) anzeigt, mit der diese Gruppe assoziiert ist.

Anwendungen

Dies ist sehr offensichtlich: JIRA Core. Wenn Sie JIRA Service Desk oder JIRA Software lizenziert haben, werden diese hier ebenfalls auftauchen.

Verzeichnis

Standardmäßig fügt JIRA die Benutzer dem „JIRA Internal Directory“ (JIRA’s internes Benutzerverzeichnis) hinzu. Jedoch könnten Sie das Verzeichnis Ihres Unternehmens ebenfalls angebunden haben. Oder Sie haben weitere Verzeichnisse hinzugefügt (z.B. Klient- oder Zulieferer-Verzeichnis). Der Username kann in jedem dieser zugewiesenen Verzeichnisse auftauchen.

Bearbeiten

Die **Bearbeiten**-Spalte enthält den **Bearbeiten-Link** und einen Menü-Button. Ein Klick auf das Menü öffnet eine Dropdown-Liste, die Sie aus einer der drei Optionen wählen lässt: **Benutzergruppen bearbeiten**, **Projektrollen anzeigen** und **Benutzer löschen**.

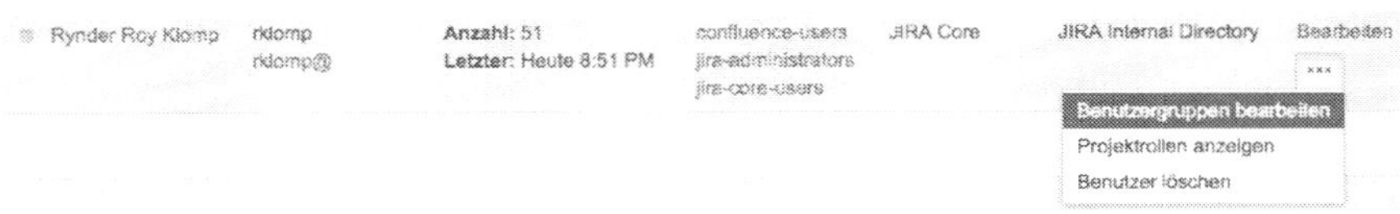

Bearbeiten

Im „Profil bearbeiten“-Popup, welches sich nach Klick auf **Bearbeiten** öffnet, haben Sie die Möglichkeit den Benutzernamen, den vollen Namen sowie die E-Mail-Adresse des Benutzers zu ändern.

Sie können den Benutzer zudem auf „inaktiv“ setzen, wenn Sie den Haken in dem **Aktiv**-Kontrollkästchen entfernen.

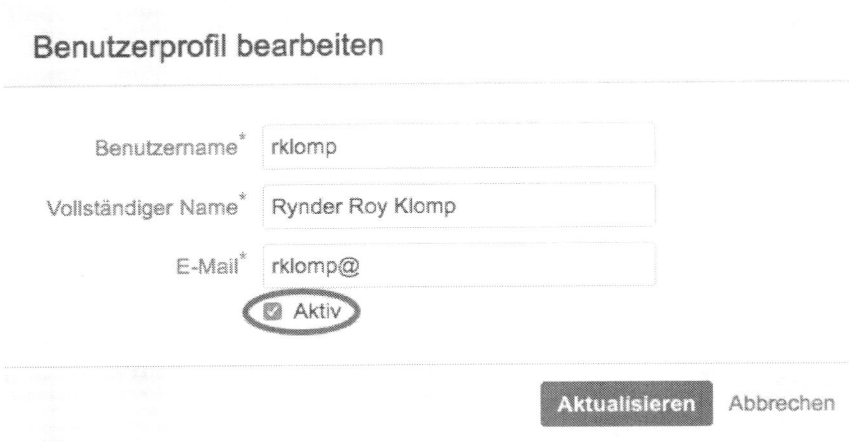

Dies ist sehr nützlich, wenn Sie einen Benutzer nicht löschen möchten, weil diese/r beispielsweise ein Sabbatjahr nimmt oder im Schwangerschaftsurlaub ist. Ein **inaktiver** Nutzer kann sich nicht an JIRA anmelden und erhält auch keine E-Mail-Benachrichtigungen aus JIRA. Aber am wichtigsten ist vermutlich, dass **inaktive Benutzer nicht länger als lizenzierte Benutzer zählen**, was sehr nützlich ist, wenn Sie sich dem Limit Ihrer Lizenz nähern oder dieses bereits ausgeschöpft haben.

Benutzergruppen bearbeiten

Ein Klick auf den Menüeintrag „**Benutzergruppen bearbeiten**“ öffnet das „**Benutzergruppen verwalten**“-Popup:

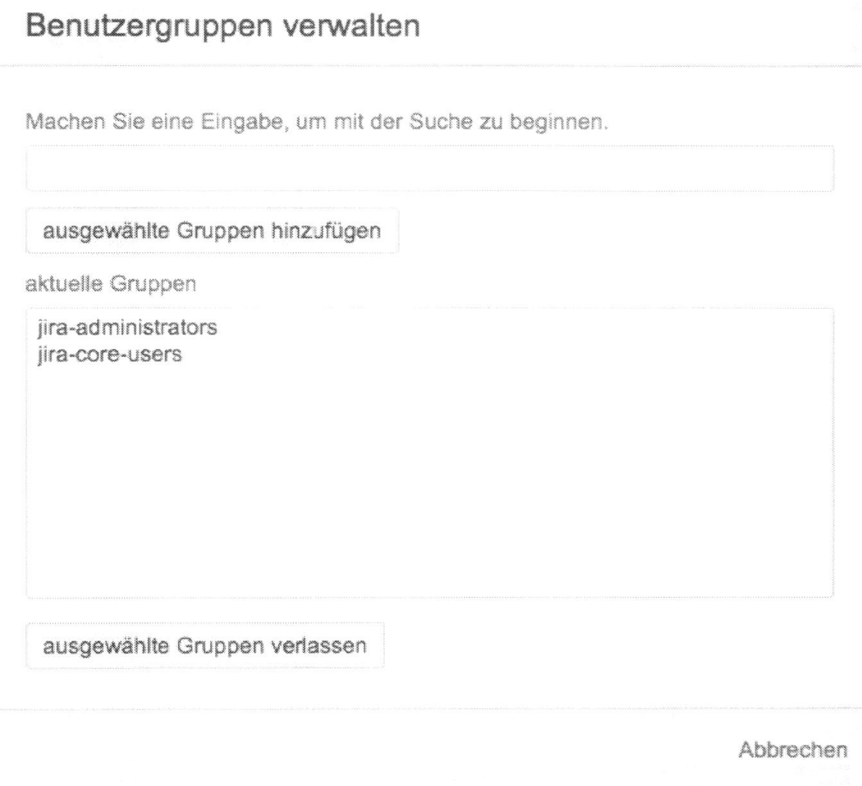

Hier können Sie den Benutzer zusätzlichen Gruppen hinzufügen. Beginnen Sie, den Namen der Gruppe in der „Machen Sie eine Eingabe, um mit der Suche zu beginnen“-Textbox zu tippen um verfügbare Gruppen angezeigt zu bekommen, wählen Sie anschließend diese Gruppe(n) aus der Dropdown-Liste und klicken Sie auf den „**ausgewähte Gruppen hinzufügen**“-Button. Indem Sie auf den „**ausgewählte Gruppen verlassen**“-Button klicken, können Sie außerdem den/die Benutzer/in aus den **aktuellen Gruppen** entfernen, zu der/denen sie/er gehört.

Benutzerrollen anzeigen

Ein Klick auf diesen Link führt Sie zur „**Projektrollen für Benutzer anzeigen**"-Seite. Hier sehen Sie die Projekte an denen der Benutzer beteiligt ist und welchen Rollen er/sie innerhalb des Projektes zugewiesen ist.

Wir werden **Rollen** noch eingehender im nächsten Abschnitt besprechen.

Benutzer löschen

Schlussendlich können Sie einen Benutzer durch Klick auf den „**Benutzer löschen"**-Link löschen. Wie Ihnen die Warnung mitteilt, kann diese Aktion nicht rückgängig gemacht werden.

ÜBUNG

In dieser Übung werden Sie

- Einen neuen Benutzer erstellen

Anmerkung: Diese Übung setzt voraus, dass Sie noch über genügend Lizenzen verfügen, um einen weiteren Benutzer anzulegen *und* Sie über die JIRA Berechtigung verfügen, einen Benutzer anzulegen.

1. NAVIGIEREN SIE ZUR JIRA ADMINISTRATION (ZAHNRAD) | BENUTZERVERWALTUNG
2. AUF DER ERÖFFNETEN **BENUTZER**-SEITE, KLICKEN SIE AUF DEN **+ BENUTZER ANLEGEN**-BUTTON
3. IM „**NEUEN BENUTZER ERSTELLEN**"-POPUP, FÜLLEN SIE DIE FELDER INKLUSIVE DEM PASSWORT-FELD AUS
4. AKTIVIEREN SIE DAS „**E-MAIL-BENACHRICHTIGUNG SENDEN**"-KONTROLLKÄSTCHEN

5. KLICKEN SIE AUF DEN **BENUTZER ERSTELLEN**-BUTTON

Sie haben erfolgreich einen **Benutzer** erstellt und ihr/ihm eine Benachrichtigungs-E-Mail zugeschickt.

ROLLEN

Die Verbindung von **Benutzern** zu Projekten erfolgt typischerweise über **Rollen.**

1. NAVIGIEREN SIE ZUR JIRA ADMINISTRATION (ZAHNRAD) | BENUTZERVERWALTUNG
2. AUF DER ERSCHEINENDEN **BENUTZER**-SEITE, SUCHEN SIE IHREN **BENUTZERNAMEN**
3. **K**LICKEN SIE AUF DEN MENÜ-BUTTON IN DER **BEARBEITEN**-SPALTE UND WÄHLEN SIE **PROJEKTROLLEN ANZEIGEN**

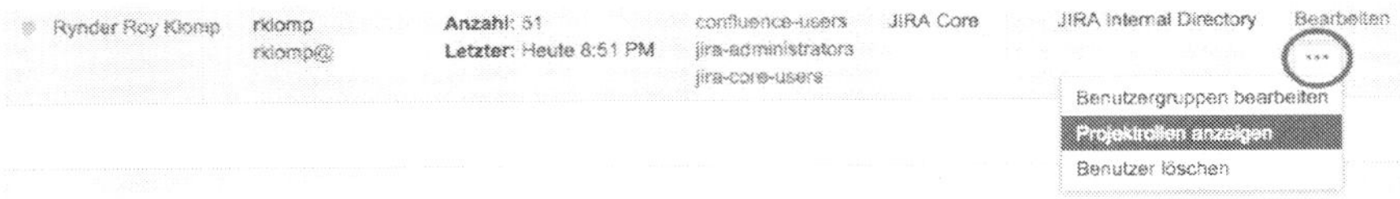

In der erscheinenden „**Projektrollen für Benutzer anzeigen**“-Maske sehen Sie die Projekte, denen Sie angehören. Ihr Projekt wird durch einen grünen Kreis mit Haken in einer oder mehreren Rollen-Spalten dargestellt.

Sie können mehr als eine Rolle in einem Projekt ausüben.

KLICKEN SIE AUF DEN „**PROJEKTROLLEN BEARBEITEN**“-BUTTON IN DER OBEREN RECHTEN ECKE DER SEITE:

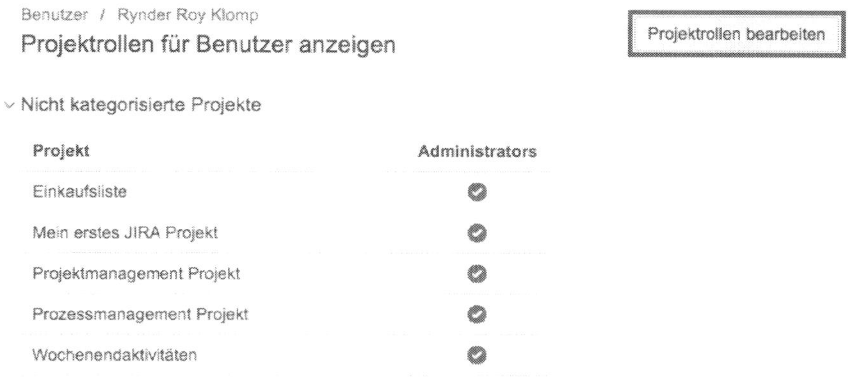

Auf den ersten Blick sieht die „**Projektrollen für Benutzer bearbeiten**"-Seite ähnlich aus wie die vorherige „**Projektrollen für Benutzer anzeigen**"-Seite. Es gibt jedoch einen feinen Unterschied. Anstelle einer Liste der Projekte, die mit dem Benutzer verbunden sind, sind auf dieser Seite ***alle* Projekte aufgelistet, die mit der JIRA Core Lizenz Ihres Unternehmens assoziiert sind**. Wenn Sie einen Benutzer einem anderen Projekt zuweisen wollen, klicken Sie lediglich auf das jeweilige **Projekt/Rolle**-Kontrollkästchen. Um jemanden aus einem Projekt oder einer Projektrolle zu entfernen, müssen Sie lediglich das jeweilige Kontrollkästchen deaktivieren.

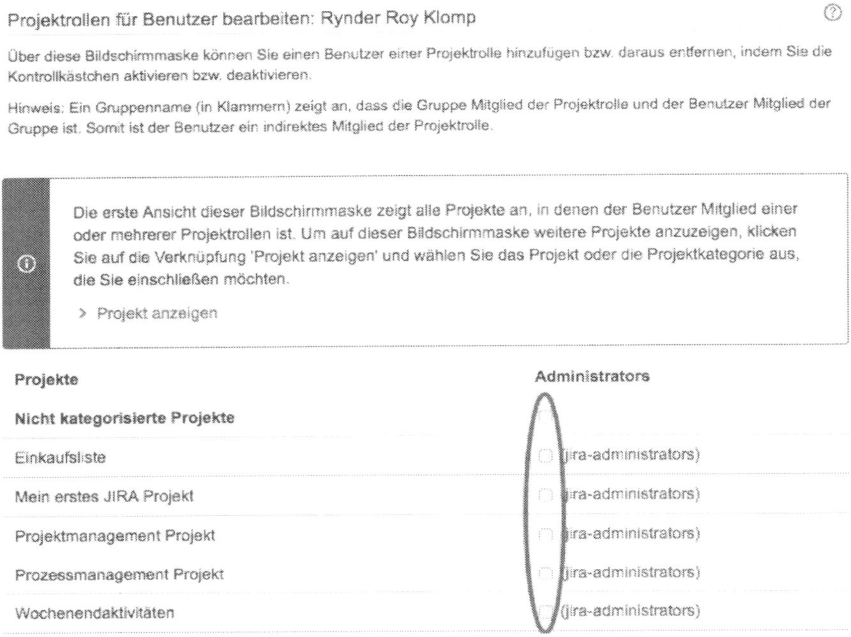

Sie haben vermutlich den Text in Klammern neben manchen Kontrollkästchen bemerkt. Dieser Text ist der Name der **Gruppe**, die ebenfalls mit dem Projekt assoziiert ist.

PROJEKTROLLEN ERSTELLEN UND BEARBEITEN

Man würde meinen, der Ort zum Erstellen, Bearbeiten und Löschen von Projektrollen wäre im Benutzerverwaltungsbereich, aber tatsächlich befindet er sich im System-Bereich. Tatsächlich findet man dies im **System**-Bereich. Der Grund für das Erstellen von Rollen im System-Bereich liegt darin, dass wir nun mit Sicherheitsfunktionen hantieren, die unter die System-Zuständigkeit fallen.

1. NAVIGIEREN SIE ZUR JIRA ADMINISTRATION (ZAHNRAD) | SYSTEM

2. AUF DER **ADMINISTRATION-SYSTEM**-MASKE, KLICKEN SIE IN DER SEITENLEISTE AUF **PROJEKTROLLEN** IM ABSCHNITT „SICHERHEIT“

Die „**Projektrollen-Browser**“-Seite ist nun geöffnet. Hier können Sie einige Dinge erledigen; lassen Sie uns also einige Zeit auf dieser Seite verbringen.

Die offensichtlichste Funktion ist, dass Sie hier eine neue **Projektrolle** erstellen können, indem Sie die „**Projektrolle hinzufügen**“-Felder am unteren Ende der Seite ausfüllen.

Projektrollen-Browser

Die Seite hat die drei Spalten: **Projektrollenname**, **Beschreibung** und **Funktionen**.

Projektrollenname

Hier, kaum überraschend, sind die Namen der Projektrollen. Ich rate Ihnen, ein Standardformat für Projektrollennamen in Betracht zu ziehen, sodass Sie diese später leicht identifizieren können.

Ich empfehle, nach Möglichkeit für die Benennung der Projektrollen bereits existierende Stellenbezeichnungen aus Ihrer Organisation zu verwenden. Als Beispiel haben Sie in Ihrem Unternehmen womöglich fünf Mitarbeiter mit der Stellenbezeichnung „Marketing Analyst“ sowie einen Mitarbeiter mit der Stellenbezeichnung „Marketing Analyst Manager“. Jede Stellenbezeichnung sollte, wenn in Ihrer Organisation korrekt umgesetzt, eine klare Stellenbeschreibung mit ihr assoziiert haben. Ich schlage vor, Sie folgen der gleichen Vorgehensweise. Schließlich wurde Ihnen die Arbeit, eine Rolle zu definieren und zu ermitteln, was der Benutzer in dieser Rolle tut, bereits von Ihrer Organisation abgenommen. Außerdem, warum würden Sie Rollen, die von vorhandenen Stellenbezeichnungen abweichen, erstellen wollen? Dies würde a) die Benutzer verwirren und b) Mitarbeiter sehr misstrauisch machen, wenn diese sich mit einer anderen Stellenbeschreibung (Rolle) assoziiert sehen. *„Bedeutet das, dass sich mein Job verändert?“ „Muss ich neue Tätigkeiten lernen?“ „Werde ich neue Verantwortlichkeiten haben?“* Warum würden Sie Schwierigkeiten riskieren wollen, indem Sie sich neue Rollennamen ausdenken?

Natürlich kann, um hier mit gespaltener Zunge zu sprechen, ein Teil-Grund für die Einführung von JIRA auch sein, dass Sie die Arbeitsprozesse und Rollen ändern oder neue erstellen wollen. In diesem Fall empfehle ich Ihnen, radikal andere Projektrollennamen zu verwenden. Wollen Sie eine klare Botschaft senden, dass dies ein anderer Job ist? Vergessen Sie nur nicht, ihre **Change-Management** Strategie zu implementieren, bevor Sie dies tun.

Die zweite Sache, die Sie beim Erstellen von Projektrollennamen berücksichtigen sollten, ist der Name Ihres Projektes. Falls die Rolle nur für ein Projekt gedacht ist, sollten Sie den Rollennamen *und*, als den ersten Teil des Projektrollennamens, die Abkürzung des Projektnamens anführen; z.B. „ACME Projekt Lieferketten Analyst“.

Beschreibung

Die **Beschreibung** einer Projektrolle sollte eine ausgedehnte Erklärung des Projektrollennamens, sowie weitere Details zur Rolle selbst enthalten. Falls die Projektrolle in einen Arbeitsablauf integriert wird, ist es empfehlenswert, eine Warnung hinzuzufügen, die darüber informiert, dass das Löschen oder Umbenennen dieser Rolle für Probleme im jeweiligen Arbeitsablauf sorgen wird.

Funktionen

Die **Funktionen**-Spalte enthält vier Links: **Verwendung anzeigen**, **Standardmitglieder verwalten**, **Bearbeiten** und **Löschen**.

Verwendung anzeigen

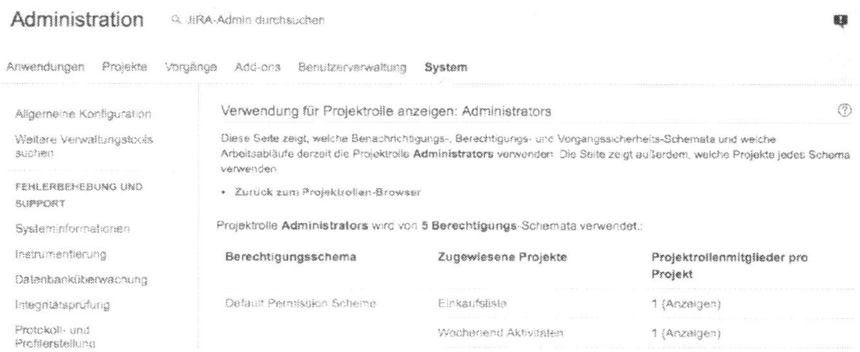

Diese Seite zeigt die diversen Schemata, Arbeitsabläufe, Projekte und Projektrollen-Mitglieder und deren Beziehung zueinander an. Dies ist ein weiterführendes und fortgeschrittenes Thema.

Standardmitglieder verwalten

In den meisten Organisationen ist typischerweise eine Person oder ein Team einer bestimmten Rolle zugewiesen. Die „**Standardmitglieder verwalten**"-Seite erlaubt es Ihnen, einen oder mehrere Benutzer als die Standardmitglieder für eine Projektrolle festzulegen. Bei diesem Ansatz müssen Sie nicht durch die komplette Benutzerdatenbank suchen, um eine Person einer Projektrolle zuzuweisen, sondern fügen jemanden automatisch bei jedem neu-erstellten Projekt einer Projektrolle hinzu.

Wie Sie sehen können, ist es sehr einfach, einen **Standardbenutzer** einer Projektrolle zuzuweisen. Sie können außerdem die **Standardgruppe**, die mit der Projektrolle assoziiert ist, ändern.

Es sollte nicht außer Acht gelassen werden, dass sich sämtliche Änderungen an den Standardbenutzern nicht auf bestehende Projekte auswirken.

Bearbeiten

Der Bearbeiten-Link führt Sie auf eine Seite, die es Ihnen erlaubt, den **Namen** und die **Beschreibung** der **Projektrolle** zu ändern.

ACHTUNG: Seien Sie sehr vorsichtig, wenn Sie Namensänderungen vornehmen, insbesondere, wenn der bisherige Name tief in **Arbeitsabläufen und Berechtigungsschemata** integriert ist.

Löschen

Sie können eine Projektrolle **löschen**.

ACHTUNG: Bedenken Sie, dass wenn Sie eine Projektrolle löschen, Sie diese nicht nur in Ihrem aktuellen Projekt, sondern **allen Projekten** und **allen Schemata** löschen, mit denen die Projektrolle assoziiert ist.

ÜBUNG

In dieser Übung werden Sie

- Eine **Projektrolle** erstellen
- Einen **Benutzer** einem bestimmten **Projekt** zuweisen

1. NAVIGIEREN SIE ZUR JIRA ADMINISTRATION (ZAHNRAD) | SYSTEM
2. KLICKEN SIE IN DER **ADMINISTRATION | SYSTEM**-SEITENLEISTE AUF **PROJEKTROLLEN** IM SICHERHEIT-ABSCHNITT
3. SCROLLEN SIE AUF DER **PROJEKTROLLEN-BROWSER**-MASKE GANZ NACH UNTEN
4. TRAGEN SIE *„EINKÄUFER"* IM **NAME**-FELD EIN
5. TRAGEN SIE „EINKÄUFER-ROLLE FÜR DAS EINKAUFSLISTE-PROJEKT" IM **BESCHREIBUNG**-FELD EIN

6. Klicken Sie auf den „**Projektrolle hinzufügen“**-Button

Sie haben soeben Ihre erste Projektrolle angelegt.

Als nächstes werden Sie sich selbst dieser Rolle zuweisen

1. Navigieren Sie zur JIRA Administration (Zahnrad) | Benutzerverwaltung
2. Auf der **Administration | Benutzerverwaltung-Seitenleiste | Benutzer**-Maske suchen Sie Ihren **Benutzernamen** und klicken Sie auf den **Menü**-Button in der **Bearbeiten**-Spalte
3. Wählen Sie „Projektrollen anzeigen“ aus
4. Klicken Sie Auf der „**Projektrollen für Benutzer anzeigen**“-Seite auf den „**Projektrollen bearbeiten“**-Button in der rechten oberen Ecke
5. Auf der „**Projektrollen für Benutzer bearbeiten**“-Seite suchen Sie nach dem „**Einkaufsliste“**-Projekt und aktivieren das **Kontrollkästchen** in der „**Einkäufer**“-Spalte
6. Klicken Sie auf den **Speichern**-Button.

Herzlichen Glückwunsch, Sie haben sich selbst der Einkäufer-Rolle im Einkaufsliste-Projekt zugewiesen.

Gruppen

Eine **Gruppe** ist eine Sammlung von Einzelpersonen in JIRA, die die gleichen **Sicherheits**-, **Benachrichtigungs**- und **Berechtigungsschemata** haben, unabhängig von deren **Projektrolle**. Tatsächlich hat eine Gruppe vielerlei Nutzen. Gruppen können mit den folgenden Dingen verwendet werden:

- Globale Berechtigungen
- Projektrollen
- Arbeitsabläufe
- Berechtigungsschemata
- E-Mail-Benachrichtigungsschemata
- Sicherheitsschemata für Vorgänge
- Vorgangsfilter
- Startseiten

1. Navigieren Sie zur JIRA Administration (Zahnrad) | Benutzerverwaltung
2. Klicken Sie unter **Administration | Benutzerverwaltung**-Seitenleiste auf **Gruppen**

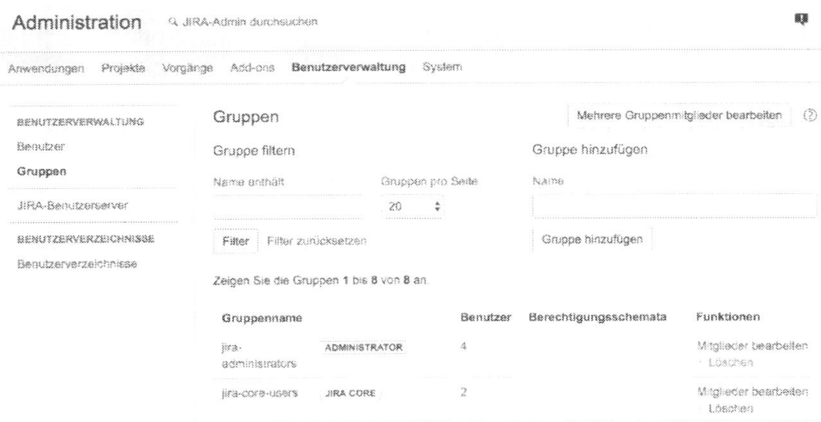

Ich mag diese Seite, da man hier die ganzen „Gruppen-Dinge“ an einem Ort findet. Hier können Sie: Eine Gruppe hinzufügen, einen Filter für die Suche nach Gruppen verwenden, mehrere Mitglieder einer Gruppe bearbeiten, Mitglieder bearbeiten oder löschen sowie sich eine Liste aller Gruppen anzeigen lassen.

Gruppe hinzufügen

Sie müssen lediglich den Namen der Gruppe in der „**Gruppe hinzufügen**“-Textbox eingeben und auf den „**Gruppe hinzufügen**“-Button klicken. Das war's. Ihre neue Gruppe erscheint direkt in der Gruppenliste darunter.

Gruppe filtern

Geben Sie den Namen einer Gruppe, oder einen Teil davon, in der „**Name enthält**“-Textbox ein und klicken Sie auf **Filter** um die Auswahl der Gruppennamen einzuschränken.

Klicken Sie auf **Filter zurücksetzen** um den Filter zu leeren und wieder alle Gruppen angezeigt zu bekommen.

Mehrere Gruppenmitglieder bearbeiten

Dies ist ein tolles Feature, wenn Sie Änderungen durchführen müssen, die eine Reihe von Benutzern betreffen.

Die „**Mehrere Gruppenmitglieder bearbeiten**"-Seite enthält drei Listboxen: Ausgewählte Gruppen, Gruppenmitglieder und Mitglieder ausgewählten Gruppen hinzufügen.

In der ersten Liste - **ausgewählte Gruppen** - tippen Sie den Namen einer beliebigen Gruppe ein und wählen diese aus der Liste aus.

Sie sollten daraufhin einen Hinweis unter der Liste erscheinen sehen. Klicken Sie auf den blauen *„die Liste der Gruppenmitglieder aktualisieren"*-Text. Dies wird die **Gruppenmitglieder**-Box (die mittlere Box) mit einer Liste der Mitglieder füllen. Aus dieser Gruppenmitglieder-Box können Sie einen, mehrere oder alle Mitglieder der Gruppe löschen. Halten Sie die „**Steuerung (Strg)**"-Taste gedrückt um mehrere Gruppenmitglieder auszuwählen. Klicken Sie auf den „**Remove Selected Members**"-Button um, nunja, die ausgewählten Mitglieder zu löschen.

In der rechten Liste können Sie den Namen eines oder mehrerer Benutzer eingeben (getrennt durch Kommas) und diese/n mittels Klick auf den „**Add selected Users**“-Button der Gruppe hinzufügen. Bevor Sie auf den Button klicken, vergewissern Sie sich, dass die gewünschte Gruppe tatsächlich in der **Gruppenname**-Textbox links ausgewählt ist.

> **TIPP:** Falls die Autovervollständigung nicht funktionieren sollte (wozu sie hin und wieder neigt), klicken Sie auf das kleine Symbol unterhalb der Textbox. Dies öffnet eine Liste der verfügbaren Benutzer aus denen Sie den/die Namen auswählen können.

Die Gruppen-Spalten

Die Gruppen-Seite enthält die vier Spalten Gruppenname, Benutzer, Berechtigungsschemata und Funktionen.

Gruppenname

Diese Liste enthält die Namen der **Gruppen**. Sie können keine doppelt vorkommenden Namen haben.

Benutzer

Die Anzahl der **Benutzer** in der Gruppe werden hier angezeigt.

Berechtigungsschemata

Diese Spalte enthält die Namen aller Berechtigungsschemata, die mit der Gruppe verknüpft sind. Wenn keine aufgeführt sind, gilt der Standard.

Funktionen

Die Funktionen-Spalte enthält Links zum **Löschen** und **Mitglieder bearbeiten**.

Löschen

Dieser Link führt Sie zur „Gruppe löschen“-Seite. Bedenken Sie, dass das Löschen einer Gruppe nicht die enthaltenen Benutzer löscht.

Mitglieder bearbeiten

Wenn Sie den „**Mitglieder bearbeiten**"-Link anklicken, gelangen Sie auf dieselbe „**Mehrere Gruppenmitglieder bearbeiten**"-Seite, die wir eben behandelt haben.

ÜBUNG

In dieser Übung werden Sie

- Eine Gruppe erstellen
- Einen Benutzer einer Gruppe hinzufügen
- Der Gruppe eine globale Berechtigung zuweisen

1. NAVIGIEREN SIE ZUR JIRA ADMINISTRATION (ZAHNRAD) | BENUTZERVERWALTUNG
2. KLICKEN SIE IN DER **ADMINISTRATION | BENUTZERVERWALTUNG**-SEITENLEISTE AUF **GRUPPEN**
3. AUF DER **GRUPPEN**-SEITE TRAGEN SIE „*EINKÄUFER-GRUPPE*" IN DER „**GRUPPE HINZUFÜGEN**"-TEXTBOX EIN
4. KLICKEN SIE AUF DEN „**GRUPPE HINZUFÜGEN**"-BUTTON

Sie haben die Gruppe erstellt.

Als nächstes werden Sie einen Benutzer dieser Gruppe hinzufügen.

1. AUF DER **GRUPPE**-SEITE BLEIBEND, SUCHEN SIE DIE **EINKÄUFER-GRUPPE** UND KLICKEN SIE AUF **MITGLIEDER BEARBEITEN** IN DER **FUNKTIONEN**-SPALTE
2. AUF DER „MEHRERE GRUPPENMITGLIEDER BEARBEITEN"-SEITE TRAGEN SIE IHREN BENUTZERNAMEN IN DER „MITGLIEDER AUSGEWÄHLTEN GRUPPE(N) HINZUFÜGEN"-TEXTBOX EIN.

   TIPP: Falls die Autovervollständigung nicht funktionieren sollte, klicken Sie auf das kleine Symbol unterhalb der

Textbox. Wählen Sie dann einfach Ihren Namen aus der Liste aus.

3. Klicken Sie dann auf den „Add selected Users"-Button

Sie haben somit Ihren Benutzer der neu-erstellten Einkäufer-Gruppe hinzugefügt.

Nun werden wir der Gruppe eine globale Berechtigung erteilen

1. Navigieren Sie zu Hauptmenüleiste | JIRA Administration (Zahnrad) | System
2. Klicken Sie in der Administration | System-Seitenleiste auf **Globale Berechtigungen**
3. Begeben Sie sich an das Ende der „**Globale Berechtigungen**"-Seite zum „**Berechtigung hinzufügen**"-Bereich
4. Wählen Sie „**JIRA-Administratoren**" in der **Berechtigung**-Dropdown-Liste

   WICHTIG: Wählen Sie nicht JIRA-Systemadministratoren aus

5. Wählen Sie „**Einkäufer-Gruppe**" in der **Gruppen**-Dropdown-Liste
6. Klicken Sie auf den **hinzufügen**-Button

Sie haben nun Ihre neu-erstellte Gruppe einer globalen Berechtigung zugewiesen.

Zu Beginn der Gruppen-Sektion haben Sie eine Liste aller Dinge in JIRA gesehen, mit der Sie eine Gruppe verknüpfen könnten. Die gute Nachricht ist, dass man diese tatsächlich verknüpfen kann. Die schlechte Nachricht ist, dass dies weiterführende oder fortgeschrittene JIRA-Themen sind. Unnötig zu sagen, dass wenn Sie Hilfe bei dem Verknüpfen dieser Elemente benötigen, Sie uns gerne kontaktieren sollten, damit wir zusammen ermitteln können, wie Toreno Information Services Ihnen weiterhelfen kann.

Kapitel 10 – Anleitungen

Kapitelziele

In diesem Kapitel finden Sie „Skripte" für das Erstellen oder Bearbeiten der gängigsten JIRA Core-Elemente wie z.B. Projekte, Vorgänge, Schemata, etc.

ANMERKUNG: Häufig gibt es verschiedene Wege um die gleichen Dinge in JIRA Core zu bewerkstelligen. Um es einfach zu halten, werde ich die meiner Meinung nach einfachste Methode für den JIRA Core-Einsteiger vorstellen.

ANMERKUNG: Viele dieser Skripte erfordern es, dass Sie sich mit Ihrem JIRA-Administrator Benutzernamen und Passwort anmelden.

ANMERKUNG: Für die meisten Elemente wird JIRA Core nicht prüfen, ob Sie alles erledigt haben, damit Ihr Element funktioniert. Beispielsweise wird nach dem Erstellen eines neuen Vorgangstyps keine Meldung erscheinen, die Ihnen mitteilt, dass Sie noch prüfen sollten, ob Sie den Vorgangstyp noch mit einem Vorgangstypenschema oder einem Projekt verknüpfen müssen. Dort wo es Sinn ergibt, habe ich am Ende des Skriptes eine „**Was Sie noch benötigen, damit es funktioniert**"-Checkliste angehängt, die verwandte Themen umfasst, die notwendig sind, damit Ihr Element tatsächlich funktioniert.

Projekte

Ein Projekt erstellen

1. Navigieren Sie zu Hauptmenüleiste | Projekte | Projekt erstellen

ACHTUNG: Sie könnten aufgefordert werden, sich mit Ihrem Benutzernamen und Passwort in diesem Administratoren-Bereich einloggen zu müssen.

2. Im „**Projekt erstellen**"-Popup wählen Sie den **Business-Projekttyp**, den Sie für das Projekt verwenden möchten
3. Klicken Sie auf den **Weiter**-Button
4. Sie werden eine kurze Beschreibung des ausgewählten Business-Projekttyps sowie eine Vorschau des Arbeitsablaufes sehen, der mit diesem Projekttyp verknüpft ist. Wenn in Ordnung, klicken Sie auf **Auswählen**. Wenn nicht, klicken Sie auf **Zurück** und wiederholen Sie obigen Schritt 3.
5. Geben Sie im **Projekt-Benennungs**-Popup einen **Namen** für Ihr Projekt ein.

   ACHTUNG: Der Projektname muss, ebenso wie der Schlüssel, einzigartig sein.

6. Tippen (oder wählen) Sie In der **Projektleiter**-Textbox den Namen des Projektleiters
7. Klicken Sie auf den **Senden**-Button

Projekt-Zusammenfassung ansehen

1. Navigieren Sie zu Hauptmenüleiste | Projekte
2. Wählen Sie den Namen des Projektes aus der „**Aktuelles Projekt**"- oder „**Letzte Projekte**"-Sektion und klicken Sie darauf; **oder** klicken Sie auf **Alle Projekte anzeigen**.

Projekt bearbeiten

1. Navigieren Sie zu Hauptmenüleiste | Zahnrad | Projekte
2. Suchen Sie auf der **Administrations**-Maske in der Projektliste das Projekt, das Sie bearbeiten wollen und

klicken Sie auf den **Bearbeiten**-Link in der **Funktionen**-Spalte

3. Im „**Projekt bearbeiten**"-Popup können Sie die folgenden Dinge ändern:

   (i) Den **Namen** des Projektes

   (ii) Den **Schlüssel** des Projektes

   ACHTUNG: Nicht empfohlen, da dies schwerwiegende Datenbank-Probleme erzeugen kann, wenn es nicht richtig gemacht wird.

   (i) Die URL

   (ii) Den Projektavatar

   (iii) Die Beschreibung

4. Klicken Sie anschließend den Aktualisieren-Button

Projekt löschen

1. Navigieren Sie zu Hauptmenüleiste | Zahnrad | Projekte
2. Finden Sie auf der **Administrations**-Maske in der Projektliste das Projekt, das Sie löschen wollen und klicken Sie auf den **Löschen**-Link in der **Funktionen**-Spalte
3. Sie werden dann zur „Projekt löschen"-Seite geführt, wo Sie die folgende Meldung sehen werden: „**WARNUNG**: Dieser Vorgang lässt sich nicht rückgängig machen. Wenn Sie die Projektdaten speichern möchten, wird empfohlen, sie zuvor zu sichern"
4. Auf der „**Projekt löschen**"-Seite, klicken Sie auf den **Löschen**-Button

Vorgang

Einen Vorgang erstellen

1. Navigieren Sie zur **Hauptmenüleiste**
2. Klicken Sie auf **Erstellen**
3. Wählen Sie im „**Vorgang Erstellen**“-Popup das Projekt aus der **Projekt**-Dropdown-Liste, mit dem der neue Vorgang **assoziiert** werden soll
4. Der Vorgangstyp ist **Aufgabe** und bereits voreingestellt. Oder Sie wählen den **Vorgangstyp** aus der **Vorgangstyp**-Dropdown-Liste
   a) Sie müssen die Felder ausfüllen, die mit einem roten Sternchen markiert sind – dies sind Pflichtfelder. Ansonsten füllen Sie die Felder aus, die Ihrer Meinung nach zu Ihrem Projekt passen
   b) **Anmerkung:** Falls Sie etwas **anderes als JIRA's Standard-Vorgangstyp auswählen,** beispielsweise einen benutzerdefinierten, der von jemandem in Ihrer Organisation erstellt wurde, klicken Sie auf den **Weiter**-Button und füllen Sie **alle Felder** aus
5. Klicken Sie auf den **Erstellen**-Button

Was Sie noch benötigen, damit es funktioniert

- ✓ Projekt
- ✓ Vorgangstyp *Anmerkung: JIRA stellt Standardvorgangstypen bereit, aus denen man wählen kann. Falls Sie mit diesen nicht zufrieden sind, können Sie Ihre eigenen Vorgangstypen erstellen*
- ✓ Vorgangstypenschema

Vorgangsdetails anzeigen

1. Navigieren Sie Hauptmenüleiste | Vorgänge | Nach Vorgängen suchen
2. Lokalisieren Sie auf der **Suchen**-Maske den **Vorgang**, den Sie anzeigen möchten
3. Klicken Sie auf den **Vorgangs**-Link

Vorgang bearbeiten

1. Navigieren Sie Hauptmenüleiste | Vorgänge | Nach Vorgängen suchen
2. Lokalisieren Sie auf der **Suchen**-Maske den **Vorgang**, den Sie bearbeiten möchten
3. Klicken Sie auf den ausgewählten Vorgang
4. Klicken Sie im erscheinenden **Vorgangsdetails**-Bereich auf das **Bearbeiten**-Symbol in der Vorgangsdetails-Menüleiste
5. Im „**Vorgang bearbeiten**"-Popup können Sie nun die Feldinformationen (Werte) nach Bedarf ändern
6. Klicken Sie auf den **Aktualisieren**-Button

Vorgang löschen

1. Navigieren Sie Hauptmenüleiste | Vorgänge | Nach Vorgängen suchen
2. Lokalisieren Sie auf der **Suchen**-Maske den **Vorgang**, den Sie löschen möchten
3. Klicken Sie auf den ausgewählten Vorgang
4. Klicken Sie im erscheinenden **Vorgangsdetails**-Bereich auf den „**Weitere Aktionen**"-Button in der Vorgangsdetails-Menüleiste
5. Klicken Sie im „Weitere Aktionen"-Menü auf **Löschen**

6. KLICKEN SIE IM „**VORGANG LÖSCHEN**"-POPUP AUF DEN **LÖSCHEN**-BUTTON

VORGANGSTYPEN

VORGANGSTYP HINZUFÜGEN

1. NAVIGIEREN SIE HAUPTMENÜLEISTE | ZAHNRAD | VORGÄNGE
2. KLICKEN SIE AUF DER „VORGÄNGE ADMINISTRATION | VORGANGSTYPEN"-MASKE AUF **„+ VORGANGSTYP HINZUFÜGEN**"
3. IM „VORGANGSTYP HINZUFÜGEN"-POPUP:
    i. GEBEN SIE EINEN **NAMEN** FÜR DEN VORGANGSTYP EIN (NOTWENDIG)
    ii. GEBEN SIE EINE **BESCHREIBUNG** FÜR DEN VORGANGSTYP EIN
    iii. WÄHLEN SIE DEN **TYP** DES VORGANGSTYPS
        a. STANDARDVORGANGSTYP
        b. VORGANGSTYP FÜR UNTERAUFGABEN
4. KLICKEN SIE AUF „**HINZUFÜGEN**"

Was Sie noch benötigen, damit es funktioniert

- ✓ Projekt
- ✓ Vorgang
- ✓ Vorgangstypenschema

VORGANGSTYP BEARBEITEN

1. NAVIGIEREN SIE HAUPTMENÜLEISTE | ZAHNRAD | VORGÄNGE
2. KLICKEN SIE AUF DER „**VORGÄNGE ADMINISTRATION | VORGANGSTYPEN**"-SEITE BEI DEM ZU BEARBEITENDEN **VORGANGSTYP** IN DER „**FUNKTIONEN**"-SPALTE AUF **BEARBEITEN**
3. IM „**VORGANGSTYP BEARBEITEN**"-POPUP KÖNNEN SIE:

i. DEN **NAMEN** DES VORGANGSTYPS ÄNDERN

ii. DIE BESCHREIBUNG ÄNDERN

iii. DEN **AVATAR** (SYMBOL) DES VORGANGSTYPS ÄNDERN

4. KLICKEN SIE AUF DEN „**AKTUALISIEREN**“-BUTTON

VORGANGSTYP LÖCHEN

1. NAVIGIEREN SIE HAUPTMENÜLEISTE | ZAHNRAD | VORGÄNGE
2. KLICKEN SIE AUF DER „**VORGÄNGE ADMINISTRATION | VORGANGSTYPEN**“-MASKE BEI DEM ZU LÖSCHENDEN **VORGANGSTYP** IN DER „**FUNKTIONEN**“-SPALTE AUF **LÖSCHEN**
3. KLICKEN SIE AUF DER „**VORGANGSTYP LÖSCHEN**“-SEITE AUF DEN **LÖSCHEN**-BUTTON

ACHTUNG: Es ist nachdrücklich empfohlen, einen **Vorgangstyp** NICHT zu löschen, wenn dieser mit **Arbeitsablaufschema(ta), Feldkonfigurationsschema(ta) oder Bildschirmmaskenschema(ta) verknüpft ist**, da dies Ihr(e) Projekt(e) wirklich, wirklich, *wirklich* vermasseln kann. Falls der Vorgangstyp mit einem dieser Elemente verknüpft ist, müssen sie diese erst auf einen neuen Vorgangstyp migrieren.

VORGANGSTYPENSCHEMATA

VORGANGSTYPSCHEMA HINZUFÜGEN

1. NAVIGIEREN SIE HAUPTMENÜLEISTE | ZAHNRAD | VORGÄNGE
2. WÄHLEN SIE AUF DER **ADMINISTRATION**-MASKE „**VORGANGSTYPENSCHEMATA**" AUS DER SEITENLEISTE
3. KLICKEN SIE AUF DER VORGANGSTYPENSCHEMATA-MASKE AUF „+ VORGANGSTYPSCHEMA HINZUFÜGEN"
4. AUF DER „VORGANGSTYPSCHEMA HINZUFÜGEN"-SEITE:
   i. GEBEN SIE EINEN **SCHEMANAME** EIN

   ii. GEBEN SIE EINE **BESCHREIBUNG** FÜR DAS SCHEMA EIN

   iii. ZIEHEN SIE NUN ALLE **VERFÜGBAREN VORGANGSTYPEN,** DIE SIE MIT DIESEM **SCHEMA VERKNÜPFEN MÖCHTEN,** VON DER RECHTEN IN DIE LINKE (**VORGANGSTYPEN FÜR DAS AKTUELLE SCHEMA**) SPALTE

   iv. WÄHLEN SIE DANN EINEN **STANDARDVORGANGSTYP** AUS DER DROPDOWN-LISTE

   TIPP: Wenn Sie noch einen weiteren Vorgangstyp für dieses Schema benötigen, können Sie diesen über den **„+ Vorgangstyp hinzufügen**"-Button in der oberen rechten Ecke dieser Seite erstellen. Wenn Sie diese Funktion nutzen, wird der Vorgangstyp a) in der linken Spalte (**Vorgangstypen für das aktuelle Schema**) erscheinen und b) JIRA's Datenbank hinzugefügt werden.

Was Sie noch benötigen, damit es funktioniert

- ✓ Projekt
- ✓ Vorgangstyp

Vorgangstypschema kopieren

Siehe Vorgangstypschema hinzufügen

Vorgangstypschema bearbeiten

1. Navigieren Sie Hauptmenüleiste | Zahnrad | Vorgänge
2. Wählen Sie auf der **Administration**-Maske „**Vorgangstypenschemata**" aus der Seitenleiste
3. Klicken Sie auf der „**Vorgangstypenschemata**"-Maske bei dem zu bearbeitenden **Vorgangstypenschema** in der „**Funktionen**"-Spalte auf **Bearbeiten**
4. Auf der „Vorgangstypschema bearbeiten"-Seite können Sie
   i. Den **Schemanamen** ändern
   ii. Die Beschreibung ändern
   iii. Den Standardvorgangstyp ändern
   iv. Die **Reihenfolge** der Vorgangstypen für das aktuelle Schema ändern, indem Sie sie in der Liste per Drag & Drop in die bevorzugte Reihenfolge schieben.
   v. Die Vorgangstypen durch Drag & Drop aus der einen in die andere Spalte dem Schema **hinzufügen** oder aus dem Schema **entfernen**
5. Klicken Sie auf den **Speichern**-Button am Ende der Seite

   TIPP: Wenn Sie mit einer Ihrer Änderungen nicht zufrieden sind, können Sie mittels Klick auf „**Zurücksetzen**" das Schema auf den Ursprungszustand zurücksetzen. Das Zurücksetzen funktioniert nur, wenn Sie nicht bereits **gespeichert** haben.

Vorgangstypschema einem Projekt zuweisen

1. Navigieren Sie Hauptmenüleiste | Zahnrad | Vorgänge

2. WÄHLEN SIE AUF DER **ADMINISTRATION**-MASKE „**VORGANGSTYPENSCHEMATA**" AUS DER SEITENLEISTE
3. KLICKEN SIE AUF DER „**VORGANGSTYPENSCHEMATA**"-MASKE BEI DEM **VORGANGSTYPENSCHEMA** IN DER „**FUNKTIONEN**"-SPALTE AUF **ZUWEISEN**, DAS SIE EINEM **PROJEKT** ZUWEISEN MÖCHTEN
4. WÄHLEN SIE AUF DER „**VORGANGSTYPSCHEMA ZUWEISEN**"-SEITE DAS/DIE PROJEKT(E) AUS DER **PROJEKTE**-LISTE AUS, MIT DEM/DENEN SIE DAS SCHEMA VERKNÜPFEN MÖCHTEN
5. KLICKEN SIE AUF DEN **ZUWEISEN**-BUTTON

VORGANGSTYPSCHEMA LÖSCHEN

1. NAVIGIEREN SIE HAUPTMENÜLEISTE | ZAHNRAD | VORGÄNGE
2. WÄHLEN SIE AUF DER **ADMINISTRATION**-MASKE „**VORGANGSTYPENSCHEMATA**" AUS DER SEITENLEISTE
3. KLICKEN SIE AUF DER „**VORGANGSTYPENSCHEMATA**"-MASKE BEI DEM ZU LÖSCHENDEN **VORGANGSTYPENSCHEMA** IN DER „**FUNKTIONEN**"-SPALTE AUF **LÖSCHEN**
4. KLICKEN SIE AUF DER „**VORGANGSTYPSCHEMA LÖSCHEN**"-SEITE AUF DEN **LÖSCHEN**-BUTTON

   ACHTUNG: Wenn Sie Projekte mit dem zu löschenden Vorgangstypschema verknüpft haben, werden diese nach Klick auf **Löschen** dem **globalen Standardvorgangstypenschema** (Default Issue Type Scheme) zugewiesen.

Unteraufgaben-Vorgangstypen

Unteraufgaben-Vorgangstyp hinzufügen

1. Navigieren Sie Hauptmenüleiste | Zahnrad | Vorgänge
2. Wählen Sie auf der **Administration**-Maske „**Unteraufgaben**" aus der Seitenleiste
3. Klicken Sie auf der Unteraufgaben-Maske auf **„+ Unteraufgaben-Vorgangstyp hinzufügen**"
4. Im „Unteraufgaben-Vorgangstyp hinzufügen"-Popup
    i. Geben Sie einen **Namen** für den Unteraufgaben-Vorgangstyp ein (Erforderlich) ein
    ii. Geben Sie eine **Beschreibung** für den Unteraufgaben-Vorgangstyp ein
5. Klicken Sie auf den „**Hinzufügen**"-Button

Was Sie noch benötigen, damit es funktioniert

- ✓ Projekt
- ✓ Vorgang
- ✓ Vorgangstyp
- ✓ Vorgangstypschema

Unteraufgaben-Vorgangstyp bearbeiten

1. Navigieren Sie Hauptmenüleiste | Zahnrad | Vorgänge
2. Wählen Sie auf der **Administration**-Maske „**Unteraufgaben**" aus der Seitenleiste
3. Klicken Sie auf der „**Unteraufgaben**"-Maske bei dem zu bearbeitenden **Unteraufgaben-Vorgangstyp** in der „**Funktionen**"-Spalte auf **Bearbeiten**
4. Auf der „Vorgangstyp der Unteraufgabe bearbeiten"-Seite können Sie

i. DEN **NAMEN** DES UNTERAUFGABEN-VORGANGSTYPS ÄNDERN

ii. DIE **BESCHREIBUNG** DES UNTERAUFGABEN-VORGANGSTYPS ÄNDERN

iii. DEN **AVATAR** (SYMBOL) DES UNTERAUFGABEN-VORGANGSTYPS ÄNDERN

5. KLICKEN SIE AUF DEN **AKTUALISIEREN**-BUTTON

UNTERAUFGABEN-VORGANGSTYP LÖSCHEN

1. NAVIGIEREN SIE HAUPTMENÜLEISTE | ZAHNRAD | VORGÄNGE
2. WÄHLEN SIE AUF DER **ADMINISTRATION**-MASKE „**UNTERAUFGABEN**“ AUS DER SEITENLEISTE
3. KLICKEN SIE AUF DER „**UNTERAUFGABEN**“-MASKE BEI DEM ZU LÖSCHENDEN **UNTERAUFGABEN-VORGANGSTYP** IN DER „**FUNKTIONEN**“-SPALTE AUF **LÖSCHEN**
4. KLICKEN SIE AUF DER „**VORGANGSTYP FÜR UNTERAUFGABE LÖSCHEN**“-SEITE AUF DEN **LÖSCHEN**-BUTTON

   ACHTUNG: Es ist nachdrücklich empfohlen, einen Unteraufgaben-Vorgangstyp NICHT zu löschen, wenn dieser mit Arbeitsablaufschema(ta), Feldkonfigurationsschema(ta) oder Bildschirmmaskenschema(ta) verknüpft ist, da dies Ihr(e) Projekt(e) wirklich, wirklich, *wirklich* vermasseln kann. Falls der Unteraufgaben-Vorgangstyp mit einem dieser Elemente verknüpft ist, müssen sie diese erst auf einen neuen Vorgangstyp migrieren.

Arbeitsabläufe

Arbeitsablauf hinzufügen

1. Navigieren Sie Hauptmenüleiste | Zahnrad | Vorgänge
2. Wählen Sie auf der **Administration**-Maske „**Arbeitsabläufe**" aus der Seitenleiste
3. Klicken Sie Auf der Arbeitsabläufe-Maske auf **„+ Arbeitsablauf hinzufügen**"
4. Im „Arbeitsablauf hinzufügen"-Popup geben Sie
   i. Einen **Namen** für den Arbeitsablauf ein
   ii. Eine **Beschreibung** für den Arbeitsablauf ein
5. Klicken Sie auf den **Hinzufügen**-Button

Was Sie noch benötigen, damit es funktioniert

- ✓ Projekt
- ✓ Arbeitsablaufschema

Arbeitsablauf anzeigen

1. Navigieren Sie Hauptmenüleiste | Zahnrad | Vorgänge
2. Wählen Sie auf der **Administration**-Maske „**Arbeitsabläufe**" aus der Seitenleiste
3. Klicken Sie auf der „**Arbeitsabläufe**"-Maske bei dem anzuzeigenden **Arbeitsablauf** in der „**Funktionen**"-Spalte auf **Anzeigen**

Arbeitsablauf kopieren

1. Navigieren Sie Hauptmenüleiste | Zahnrad | Vorgänge
2. Wählen Sie auf der **Administration**-Maske „**Arbeitsabläufe**" aus der Seitenleiste

3. Klicken Sie auf der „**Arbeitsabläufe**“-Maske bei dem zu kopierenden **Arbeitsablauf** in der „**Funktionen**“-Spalte auf **Kopieren**
4. Im „Arbeitsablauf kopieren“-Popup geben Sie
   i. Einen neuen **Namen** für den Arbeitsablauf ein *ODER* akzeptieren Sie den vorgegebenen Namen, der „Kopie von <Name des Original-Arbeitsablaufs>“ lauten wird
   ii. Eine **Beschreibung** für den neuen Arbeitsablauf ein
5. Klicken Sie auf den **Kopieren**-Button

Arbeitsablauf bearbeiten

ACHTUNG: Ich empfehle Ihnen dringend, **eine Kopie des Original-Arbeitsablaufes anzufertigen und die Kopie zu bearbeiten**, anstatt die aktive Version zu ändern.

1. Navigieren Sie Hauptmenüleiste | Zahnrad | Vorgänge
2. Wählen Sie auf der **Administration**-Maske „**Arbeitsabläufe**“ aus der Seitenleiste
3. Klicken Sie auf der „**Arbeitsabläufe**“-Maske bei dem zu bearbeitenden **Arbeitsablauf** in der „**Funktionen**“-Spalte auf **Bearbeiten**
4. Bearbeiten Sie den Arbeitsablauf auf der „**Arbeitsablauf bearbeiten**“-Seite
5. Klicken Sie anschließend auf den „**Entwurf veröffentlichen**“-Button am Kopf der Seite

Arbeitsablauf löschen

1. Navigieren Sie Hauptmenüleiste | Zahnrad | Vorgänge
2. Wählen Sie auf der **Administration**-Maske „**Arbeitsabläufe**“ aus der Seitenleiste

3. Klicken Sie auf der „**Arbeitsabläufe**“-Maske bei dem zu löschenden **Arbeitsablauf** in der „**Funktionen**“-Spalte auf **Löschen**

   ANMERKUNG: Sie können nur **INAKTIVE** Arbeitsabläufe löschen.

4. Klicken Sie im „**Arbeitsablauf löschen**“-Popup auf den **Löschen**-Button

   ACHTUNG: Sie können einen **Arbeitsablauf** nicht löschen, wenn dieser mit einem **Arbeitsablaufschema** oder einem **Arbeitsablaufschema-Entwurf verknüpft ist**. Sie müssen daher zuerst das Schema löschen (siehe Arbeitsablaufschema löschen)

ARBEITSABLAUFSCHEMATA

ARBEITSABLAUFSCHEMA HINZUFÜGEN

1. NAVIGIEREN SIE HAUPTMENÜLEISTE | ZAHNRAD | VORGÄNGE
2. WÄHLEN SIE AUF DER **ADMINISTRATION**-MASKE „**ARBEITSABLAUFSCHEMATA**“ AUF DER SEITENLEISTE
3. KLICKEN SIE AUF DER ARBEITSABLAUFSCHEMATA-MASKE AUF **„+ ARBEITSABLAUFSCHEMA HINZUFÜGEN**“
4. IM „ARBEITSABLAUFSCHEMA HINZUFÜGEN“-POPUP GEBEN SIE
   i. EINEN **NAMEN** FÜR DAS ARBEITSABLAUFSCHEMA EIN
   ii. EINE **BESCHREIBUNG** FÜR DAS ARBEITSABLAUFSCHEMA EIN
5. KLICKEN SIE AUF DEN **HINZUFÜGEN**-BUTTON

Was Sie noch benötigen, damit es funktioniert

- ✓ Projekt
- ✓ Vorgangstyp
- ✓ Arbeitsablauf

ARBEITSABLAUFSCHEMA KOPIEREN

1. NAVIGIEREN SIE HAUPTMENÜLEISTE | ZAHNRAD | VORGÄNGE
2. WÄHLEN SIE AUF DER **ADMINISTRATION**-MASKE „**ARBEITSABLAUFSCHEMATA**“ AUS DER SEITENLEISTE
3. KLICKEN SIE AUF DER „**ARBEITSABLAUFSCHEMATA**“-MASKE BEI DEM ZU KOPIERENDEN **ARBEITSABLAUFSCHEMA** IN DER „**FUNKTIONEN**“-SPALTE AUF **KOPIEREN**

   ACHTUNG: Klicken Sie nur einmal auf **Kopieren**! Sobald Sie auf „Kopieren“ klicken, wird eine Kopie des Arbeitsablaufschemas in der Inaktiv-Sektion der Arbeitsablaufschemata-Maske angelegt. Mit anderen

Worten: Es erscheint KEIN Popup oder eine neue Bildschirmmaske bei dieser Operation.

Arbeitsablaufschema bearbeiten

ACHTUNG: Ich empfehle Ihnen dringend, eine Kopie des Original-Arbeitsablaufschemas anzufertigen und diese Kopie zu bearbeiten, anstatt die aktive Version zu ändern.

1. Navigieren Sie Hauptmenüleiste | Zahnrad | Vorgänge
2. Wählen Sie auf der **Administration**-Maske „**Arbeitsablaufschemata**" aus der Seitenleiste
3. Klicken Sie auf der „**Arbeitsablaufschemata**"-Maske bei dem zu bearbeitenden **Arbeitsablaufschema** in der „**Funktionen**"-Spalte auf **Bearbeiten**
4. Auf der spezifischen **Arbeitsablaufschema**-Seite können Sie...

...den Namen des Arbeitsablaufschemas ändern

Um den Namen des **Arbeitsablaufschemas** zu ändern, fahren Sie mit der Maus über den Namen am Kopf der Seite und klicken Sie darauf. Machen Sie dann die gewünschten Änderungen in der daraufhin erscheinenden Textbox.

...die Beschreibung des Arbeitsablaufschemas ändern

Um eine **Beschreibung des Arbeitsablaufschemas** hinzuzufügen oder diese zu ändern, fahren Sie mit der Maus über die Beschreibung und klicken Sie darauf. Machen Sie dann die gewünschten Änderungen in der daraufhin erscheinenden Textbox.

...dem Schema einen weiteren Arbeitsablauf hinzufügen

Um dem Schema einen weiteren **Arbeitsablauf hinzuzufügen**:

i. Klicken Sie auf den „**Arbeitsablauf hinzufügen**"-Button

ii. Wählen Sie „**Vorhandene hinzufügen**" („Aus Bundle importieren" ist ein Fortgeschrittenen-Thema)

iii. Folgen Sie den Schritten im „**Vorhandenen Arbeitsablauf hinzufügen**"-Assistent, der sich daraufhin öffnet.

...Einen Arbeitsablauf entfernen

Um einen **Arbeitsablauf** aus dem **Schema** zu entfernen, klicken Sie auf den dazugehörigen **Löschen**-Link in der **Funktionen**-Spalte

ACHTUNG: Sie müssen mindestens zwei Arbeitsabläufe mit dem Schema verknüpft haben, bevor Sie einen entfernen können

...Einen Vorgangstyp hinzufügen

Um einem **Arbeitsablauf**, der mit dem Arbeitsablaufschema verknüpft ist, einen neuen **Vorgangstyp hinzuzufügen**:

1. Klicken Sie bei dem **Arbeitsablauf**, dem Sie einen **Vorgangstyp** hinzufügen möchten, in der **Funktionen**-Spalte auf den **Zuweisen**-Link
2. Wählen Sie anschließend im **Vorgangstyp-Kontrollkästchen**-Popup den/die **Vorgangstyp(en)** aus, den/die Sie dem Arbeitsablauf hinzufügen möchten
3. Klicken Sie auf den **Fertigstellen**-Button

...Einen Vorgangstyp entfernen

Um einen **Vorgangstyp** von einem **Arbeitsablauf** zu **entfernen**, der mit dem Arbeitsablaufschema verknüpft ist, klicken Sie auf das „**X**" neben dem Vorgangstyp-Namen

Arbeitsablaufschema aus einem Projekt entfernen

1. Navigieren Sie Hauptmenüleiste | Zahnrad | Projekte
2. Klicken Sie auf der „**Administration | Projekte**“-Maske in der **Projekt**-Liste auf das **Projekt** (In der **Name**-Spalte) von dem Sie das **Arbeitsablaufschema** entfernen möchten
3. Klicken Sie auf der Übersicht-Maske der Projekt-Administration in der Seitenleiste auf „**Arbeitsabläufe**“
4. Klicken Sie auf der **Arbeitsabläufe**-Seite auf den „**Schema wechseln**“-Button
5. Wählen Sie auf der „**Arbeitsablaufschema dem Projekt zuweisen**“-Seite aus der Schema-Dropdown-Liste den Eintrag „**Standard**“ aus
6. Klicken Sie auf den **Zuweisen**-Button
7. Folgen Sie den Schritten im nachfolgenden **Assistenten**, der sämtliche **Vorgänge** zum Standardschema migrieren wird, die mit dem **alten Arbeitsablaufschema verknüpft waren**

Arbeitsablaufschema löschen

1. Navigieren Sie Hauptmenüleiste | Zahnrad | Vorgänge
2. Wählen Sie auf der **Administration**-Maske „**Arbeitsablaufschema**“ aus der Seitenleiste
3. Klicken Sie auf der „**Arbeitsablaufschema**“-Seite bei dem zu löschenden **Arbeitsablaufschema** in der „**Funktionen**“-Spalte auf **Löschen**

   ANMERKUNG: Sie können nur **INAKTIVE** Arbeitsabläufe löschen.

4. Klicken Sie Im „**Arbeitsablaufschema löschen**“-Popup auf den **Löschen**-Button

ACHTUNG: Sie können ein **Arbeitsablaufschema** nicht löschen, wenn dieses mit einem Projekt verknüpft ist. Schauen Sie sich für weitere Informationen dazu den Hinweis am Ende der Sektion „**Arbeitsablaufschema mit einem Projekt verknüpfen**“ (unten) an.

Arbeitsablaufschema mit einem Projekt verknüpfen

1. Navigieren Sie Hauptmenüleiste | Zahnrad | Projekte
2. Klicken Sie auf der „**Administration | Projekte**“-Maske in der **Projekt**-Liste auf das **Projekt** (in der **Name**-Spalte) mit dem Sie das **Arbeitsablaufschema** verknüpfen möchten
3. Klicken Sie auf der Übersicht-Maske der Projekt-Administration in der Seitenleiste auf „**Arbeitsabläufe**“
4. Klicken Sie auf der **Arbeitsabläufe**-Seite auf den „**Schema wechseln**“-Button
5. Wählen Sie auf der „**Arbeitsablaufschema dem Projekt zuweisen**“-Seite aus der Schema-Dropdown-Liste das **Arbeitsablaufschema** aus, das Sie dem **Projekt** zuweisen möchten
6. Klicken Sie auf den **Zuweisen**-Button
7. Folgen Sie den **weiteren Schritten** wie erfordert (die Schritte variieren abhängig von den bereits zugewiesenen Vorgangstypen)

TIPP: Wenn Sie ein **Arbeitsablaufschema löschen möchten**, dieses jedoch einem Projekt zugewiesen ist, **folgen Sie den obigen Schritten und wechseln Sie das Schema auf das JIRA Standard-Schema, wie beschrieben in Schritt 5**.

BILDSCHIRMMASKEN

BILDSCHIRMMASKE HINZUFÜGEN

1. NAVIGIEREN SIE HAUPTMENÜLEISTE | ZAHNRAD | VORGÄNGE
2. WÄHLEN SIE AUF DER **ADMINISTRATION**-MASKE DEN PUNKT **BILDSCHIRMMASKE** AUS DER SEITENLEISTE
3. KLICKEN SIE AUF DER „BILDSCHIRMMASKEN ANZEIGEN"-SEITE AUF DEN **„+ BILDSCHIRMMASKE HINZUFÜGEN**"-BUTTON
4. IM „BILDSCHIRMMASKE HINZUFÜGEN"-POPUP GEBEN SIE
   i. DEN **NAMEN** DER BILDSCHIRMMASKE EIN
   ii. DIE **BESCHREIBUNG** DER BILDSCHIRMMASKE EIN
5. KLICKEN SIE AUF DEN **HINZUFÜGEN**-BUTTON
6. IN DER DARAUF ERSCHEINENDEN „BILDSCHIRMMASKE KONFIGURIEREN"-MASKE KÖNNEN SIE FELDER HINZUFÜGEN, ENTFERNEN UND VERSCHIEBEN SOWIE REGISTERKARTEN (TABS) ERSTELLEN. WEITERE DETAILS FINDEN SIE IN DER SEKTION BILDSCHIRMMASKE KONFIGURIEREN.

ANMERKUNGEN ZUM HINZUFÜGEN VON BILDSCHIRMMASKEN

Eine neue Bildschirmmaske kann nicht verwendet werden, bevor

i. Sie mit einer **Vorgangsfunktion *und* einem Vorgangstyp verknüpft** ist (Dafür müssen Sie zuerst ein Bildschirmmaskenschema und daraufhin ein **Bildschirmmaskenschema für Vorgangstypen erstellen), oder**
ii. Sie mit einem **Arbeitsablauf-Übergangsmaske (Ansicht) verknüpft** ist.

Was Sie noch benötigen, damit es funktioniert

- ✓ Projekte
- ✓ Felder

- ✓ Für Vorgangsfunktionen-Bildschirmmasken
  - o Bildschirmmaskenschema
  - o Bildschirmmaskenschema für Vorgangstypen
- ✓ Für Arbeitsablauf-Übergang-Bildschirmmasken
  - o Arbeitsablauf-Übergangsmaske (Ansicht)
  - o Arbeitsablaufschema

Bildschirmmaske konfigurieren

1. Navigieren Sie Hauptmenüleiste | Zahnrad | vorgänge
2. Wählen Sie auf der Administration-Maske den Punkt **Bildschirmmaske** aus der Seitenleiste
3. Klicken Sie auf der „**Bildschirmmasken anzeigen**“-Seite bei der zu konfigurierenden **Bildschirmmaske** in der „**Funktionen**“-Spalte auf **Konfigurieren**
4. Auf der „**Konfigurieren**“-Seite können Sie
   i. **Felder hinzufügen** indem Sie das Feld aus der **„Feld wählen**“-Dropdown-Liste auswählen
   ii. **Ändern der Reihenfolge** der Felder mittels Drag & Drop in der Liste. Dies ist möglich durch Klick auf die **Raster-Markierung** links vom Feld-Namen
   iii. **Entfernen von Feldern** indem Sie mit der Maus über den Feld-Namen fahren und den erscheinenden **Entfernen**-Button anklicken
   iv. **Bearbeiten des Registerkarten-namen** mittels Klick auf das Stift-Symbol
   v. Weitere Tabs mittels Klick auf den „**Registerkarte hinzufügen**“-Link hinzufügen
5. Wenn abgeschlossen, schließen Sie die Seite einfach; Änderungen werden automatisch übernommen.

Bildschirmmaske kopieren

1. Navigieren Sie Hauptmenüleiste | Zahnrad | vorgänge
2. Wählen Sie auf der **Administration**-Maske den Punkt **Bildschirmmaske** aus der Seitenleiste
3. Klicken Sie auf der „**Bildschirmmasken anzeigen**“-Seite bei der zu kopierenden **Bildschirmmaske** in der „**Funktionen**“-Spalte auf **Kopieren**
4. Im „Bildschirmmaske kopieren“-Popup können Sie:
   i. Den **Namen** der neuen Kopie ändern *oder* den von JIRA vorgeschlagenen Namen akzeptieren
   ii. Die **Beschreibung** der Bildschirmmaske ändern
5. Klicken Sie anschließend auf den **Kopieren**-Button

Bildschirmmaske bearbeiten

1. Navigieren Sie Hauptmenüleiste | Zahnrad | vorgänge
2. Wählen Sie auf der Administration-Maske den Punkt **Bildschirmmaske** aus der Seitenleiste
3. Klicken Sie auf der „**Bildschirmmasken anzeigen**“-Seite bei der zu bearbeitenden Bildschirmmaske in der „**Funktionen**“-Spalte auf **bearbeiten**
4. Auf dem „**Bildschirmmasken bearbeiten**“-Popup können Sie
   i. Den **Namen** der bildschirmmaske ändern
   ii. Die **Beschreibung** der Bildschirmmaske ändern
5. Klicken Sie auf den **Aktualisieren**-Button

Bildschirmmaske löschen

1. Navigieren Sie Hauptmenüleiste | Zahnrad | vorgänge
2. Wählen Sie auf der Administration-Maske den Punkt **Bildschirmmaske** aus der Seitenleiste

3. Klicken Sie auf der „**Bildschirmmasken anzeigen**“-Seite bei der zu löschenden Bildschirmmaske in der „**Funktionen**“-Spalte auf **Löschen**

4. Klicken Sie auf der „**Bildschirmmaske löschen**“-Seite auf den **Löschen**-Button

ACHTUNG: Sie können keine **Bildschirmmaske** löschen, die mit einem **Bildschirmmaskenschema** oder einer **Arbeitsablauf-Übergangsmaske (Ansicht) verknüpft ist**. Sie müssen zuerst das Schema oder den Übergang löschen respektive die Maske daraus entfernen.

Bildschirmmaskenschemata

Bildschirmmaskenschema hinzufügen

1. Navigieren Sie Hauptmenüleiste | Zahnrad | vorgänge
2. Wählen Sie auf der Administration-Maske den Punkt **Bildschirmmaskenschemata** aus der Seitenleiste
3. Klicken Sie auf der „Bildschirmmaskenschemata anzeigen"-Seite auf den „+ Bildschirmmaskenschema hinzufügen"-Button
4. Im „Bildschirmmaskenschema hinzufügen"-Popup:
   i. Geben Sie den **Namen** für das Bildschirmmaskenschema ein
   ii. Geben Sie die **Beschreibung** für das Bildschirmmaskenschema ein
   iii. Wählen Sie eine Bildschirmmaske als die **Standardbildschirmmaske** für dieses Schema aus (Falls unsicher wählen Sie „Default Screen")
5. Klicken Sie auf den **Hinzufügen**-Button
6. Auf der „Bildschirmmaskenschema konfigurieren"-Seite
   i. Akzeptieren Sie die **Standard-Vorgangsfunktion** indem Sie die Seite schließen, ***oder***
   ii. Klicken Sie auf den „+ Verknüpfe eine Vorgangsfunktion mit einer Bildschirmmaske"-Button
7. Im „Verknüpfe eine Vorgangsfunktion mit einer Bildschirmmaske"-Popup
   i. Wählen Sie eine Vorgangsfunktion (Erstellen, Bearbeiten oder Anzeigen) aus der Dropdown-Liste

ii. Wählen Sie die **Bildschirmmaske** aus der Dropdown-Liste, die mit der **Vorgangsfunktion verknüpft** werden soll

8. Klicken Sie auf den **Hinzufügen**-Button
9. Schließen Sie die „Bildschirmmaskenschema konfigurieren"-Seite

Was Sie noch benötigen, damit es funktioniert

- ✓ Projekt
- ✓ Bildschirmmaske
- ✓ Vorgangsfunktion (Erstellen, Bearbeiten, Anzeigen)
- ✓ Bildschirmmaskenschema für Vorgangstypen

Bildschirmmaskenschema kopieren

1. Navigieren Sie Hauptmenüleiste | Zahnrad | Vorgänge
2. Wählen Sie auf der Administration-Maske den Punkt **Bildschirmmaskenschemata** aus der Seitenleiste
3. Klicken Sie auf der „**Bildschirmmaskenschemata anzeigen**"-Seite bei dem zu kopierenden **Bildschirmmaskenschema** in der „**Funktionen**"-Spalte auf **Kopieren**
4. Auf der „**Bildschirmmaskenschema kopieren**"-Seite können Sie:

   i. Den **Namen** des Bildschirmmaskenschemas ändern, ***oder*** den von JIRA vorgeschlagenen Namen akzeptieren

   ii. Eine **Beschreibung** eingeben

5. Klicken Sie auf den **Kopieren**-Button

Bildschirmmaskenschema bearbeiten

1. Navigieren Sie Hauptmenüleiste | Zahnrad | Vorgänge

2. Wählen Sie auf der Administration-Maske den Punkt **Bildschirmmaskenschemata** aus der Seitenleiste

3. Klicken Sie auf der „**Bildschirmmaskenschemata anzeigen**"-Seite bei dem zu bearbeitenden Bildschirmmaskenschema in der „**Funktionen**"-Spalte auf **Bearbeiten**

4. Auf der „**Bildschirmmaskenschema bearbeiten**"-Seite können Sie:

   i. Den **Namen** des Bildschirmmaskenschemas ändern

   ii. Die **Beschreibung** des Bildschirmmaskenschemas ändern

5. Klicken Sie auf den **Aktualisieren**-Button

Bildschirmmaskenschema konfigurieren

1. Navigieren Sie Hauptmenüleiste | Zahnrad | vorgänge

2. Wählen Sie auf der Administration-Maske den Punkt **Bildschirmmaskenschemata** aus der Seitenleiste

3. Klicken Sie auf der „**Bildschirmmaskenschemata anzeigen**"-Seite bei dem zu konfigurierenden Bildschirmmaskenschema in der „**Funktionen**"-Spalte auf **Konfigurieren**

4. Auf der „Bildschirmmaskenschema konfigurieren"-Seite können Sie:

   i. Die Standard-Vorgangsfunktion akzeptieren, indem Sie die Seite schließen

   ii. Eine neue Verknüpfung hinzufügen, indem Sie den „+ Verknüpfe eine Vorgangsfunktion mit einer Bildschirmmaske"-Button anklicken

5. Im „Verknüpfe eine Vorgangsfunktion mit einer Bildschirmmaske"-Popup:

i. Wählen Sie die **Vorgangsfunktion (Erstellen, Bearbeiten oder Anzeigen)** aus der Dropdown-Liste aus

ii. Wählen Sie die **Bildschirmmaske** aus der Dropdown-Liste aus, die mit der **Vorgangsfunktion verknüpft** werden soll

iii. Klicken Sie auf den **Hinzufügen**-Button

Um eine Vorgangsfunktion zu **löschen**, die mit dem **Bildschirmmaskenschema**, der **Bildschirmmaske** oder beidem verknüpft ist, klicken Sie auf den **Löschen**-Link in der **Funktionen**-Spalte.

ACHTUNG: Sie können eine Vorgangsfunktion nur löschen, **wenn** a) **es nicht das Standardschemata ist** und b) **das Schema nicht mit Projekten verknüpft ist**.

Bildschirmmaskenschema löschen

1. Navigieren Sie Hauptmenüleiste | Zahnrad | Vorgänge
2. Wählen Sie auf der Administration-Maske den Punkt **Bildschirmmaskenschemata** aus der Seitenleiste
3. Klicken Sie auf der „**Bildschirmmaskenschemata anzeigen**"-Seite bei dem zu löschenden Bildschirmmaskenschema in der „**Funktionen**"-Spalte auf **Löschen**
4. Klicken Sie auf der „**Bildschirmmaskenschema löschen**"-Seite auf den **Löschen**-Button

   ACHTUNG: Sie können ein **Bildschirmmaskenschema** nur löschen, wenn es ***nicht*** mit einem **Bildschirmmaskenschema für Vorgangstypen verknüpft ist**.

Bildschirmmaskenschema für Vorgangstypen

Bildschirmmaskenschema für Vorgangstypen hinzufügen

1. Navigieren Sie Hauptmenüleiste | Zahnrad | vorgänge
2. Wählen Sie auf der Administration-Maske den Punkt **Bildschirmmaskenschemata für Vorgangstypen** aus der Seitenleiste
3. Klicken Sie auf der „Bildschirmmaskenschemata für Vorgangstypen"-Seite auf den „+ Bildschirmmaskenschema für Vorgangstypen hinzufügen"-Button

   ACHTUNG: Diese Operation besteht aus zwei Teilen. Viele schließen den ersten Teil ab, beenden dann jedoch bevor der kritische zweite Teil abgeschlossen ist. **Bitte befolgen Sie die Instruktionen** sorgfältig

4. Teil 1: Im „Bildschirmmaskenschema für Vorgangstypen hinzufügen"-Popup:
   i. Geben Sie einen **Namen** für das Schema ein
   ii. Geben Sie eine **Beschreibung** ein
   iii. Wählen Sie ein **Bildschirmmaskenschema** aus der Dropdown-Liste
5. Klicken Sie auf den **Hinzufügen**-Button
6. Teil 2: Klicken Sie auf der „Bildschirmmaskenschema für Vorgangstyp konfigurieren"-Seite auf den „+ Verknüpfe einen Vorgangstyp mit einem Bildschirmmaskenschema"-Button
7. Im „Verknüpfe einen Vorgangstyp mit einem Bildschirmmaskenschema"-Popup:
   i. Wählen Sie den **Vorgangstyp** aus der Dropdown-Liste

ii. WÄHLEN SIE EIN **BILDSCHIRMMASKENSCHEMA** AUS DER DROPDOWN-LISTE

8. KLICKEN SIE AUF DEN **HINZUFÜGEN**-BUTTON

Was Sie noch benötigen, damit es funktioniert

- ✓ Projekt
- ✓ Bildschirmmaskenschema
- ✓ Vorgangstyp

BILDSCHIRMMASKENSCHEMA FÜR VORGANGSTYPEN KOPIEREN

1. NAVIGIEREN SIE HAUPTMENÜLEISTE | ZAHNRAD | VORGÄNGE
2. WÄHLEN SIE AUF DER ADMINISTRATION-MASKE DEN PUNKT **BILDSCHIRMMASKENSCHEMATA FÜR VORGANGSTYPEN** AUS DER SEITENLEISTE
3. KLICKEN SIE AUF DER „**BILDSCHIRMMASKENSCHEMATA FÜR VORGANGSTYPEN**"-SEITE BEI DEM ZU KOPIERENDEN **SCHEMA** IN DER „**FUNKTIONEN**"-SPALTE AUF **KOPIEREN**
4. AUF DER „BILDSCHIRMMASKENSCHEMA FÜR VORGANGSTYPEN KOPIEREN"-SEITE:

   i. GEBEN SIE DEN **NAMEN** FÜR DAS NEUE SCHEMA EIN ***ODER*** AKZEPTIEREN SIE DEN VON JIRA VORGESCHLAGENEN NAMEN

   ii. GEBEN SIE EINE **BESCHREIBUNG** EIN
5. KLICKEN SIE AUF DEN **KOPIEREN**-BUTTON

BILDSCHIRMMASKENSCHEMA FÜR VORGANGSTYPEN BEARBEITEN

1. NAVIGIEREN SIE HAUPTMENÜLEISTE | ZAHNRAD | VORGÄNGE
2. WÄHLEN SIE AUF DER ADMINISTRATION-MASKE DEN PUNKT „**BILDSCHIRMMASKENSCHEMATA FÜR VORGANGSTYPEN**" AUS DER SEITENLEISTE

3. Klicken Sie auf der „**Bildschirmmaskenschemata für Vorgangstypen**"-Seite bei dem zu bearbeitenden **Schema** in der „**Funktionen**"-Spalte auf **Bearbeiten**

4. Auf der „Bildschirmmaskenschema für Vorgangstypen bearbeiten"-seite können Sie

   i. Den **Namen** des Schemas ändern

   ii. Die **Beschreibung** des Schemas ändern

5. Klicken Sie anschließend den **Aktualisieren**-Button

Bildschirmmaskenschema für Vorgangstypen konfigurieren

1. Navigieren Sie Hauptmenüleiste | Zahnrad | vorgänge

2. Wählen Sie auf der Administration-Maske den Punkt **Bildschirmmaskenschemata für Vorgangstypen** aus der Seitenleiste

3. Klicken Sie auf der „**Bildschirmmaskenschemata für Vorgangstypen**"-Seite bei dem zu konfigurierenden **Schema** in der „**Funktionen**"-Spalte auf **Konfigurieren**

   ANMERKUNG: Dies wird Sie zur „Bildschirmmaskenschema für Vorgangstypen"-Konfigurationsseite führen, wo Sie...

...Einen Vorgangstyp mit einem Bildschirmmaskenschema verknüpfen können

1. Klicken Sie auf der „Bildschirmmaskenschema für Vorgangstyp konfigurieren"-Seite auf den „**+ Verknüpfe einen Vorgangstyp mit einem Bildschirmmaskenschema**"-Button

2. Im „Verknüpfe einen Vorgangstyp mit einem Bildschirmmaskenschema"-Popup:

   i. Wählen Sie den **Vorgangstyp** aus der Dropdown-Liste

   ii. Wählen Sie das **Bildschirmmaskenschema** aus der Dropdown-Liste

3. Klicken Sie auf den **Hinzufügen**-Button

...Ein Bildschirmmaskenschema für Vorgangstypen bearbeiten

1. Klicken Sie bei dem zu bearbeitenden **Vorgangstyp** auf **Bearbeiten**
2. Wählen Sie auf der „Bildschirmmaskenschema für Vorgangstypeintrag bearbeiten“-Seite ein anderes Bildschirmmaskenschema aus der Dropdown-Liste
3. Klicken Sie auf den **Aktualisieren**-Button

...Einen Vorgangstyp aus dem Bildschirmmaskenschema für Vorgangstypen entfernen

1. Klicken Sie bei dem zu löschenden **Vorgangstyp** auf **Löschen**

   ACHTUNG: Sie können den Standard-Vorgangstyp nicht löschen

Bildschirmmaskenschema für Vorgangstypen löschen

1. Navigieren Sie Hauptmenüleiste | Zahnrad | vorgänge
2. Wählen Sie auf der Administration-Maske den Punkt „**Bildschirmmaskenschemata für Vorgangstypen**“ aus der Seitenleiste
3. Klicken Sie auf der „**Bildschirmmaskenschemata für Vorgangstypen**“-Seite bei dem zu löschenden **Schema** in der „**Funktionen**“-Spalte auf **Löschen**
4. Klicken Sie auf der „Bildschirmmaskenschema für Vorgangstypen löschen“-Seite auf Löschen

ACHTUNG: Sie können ein **Bildschirmmaskenschema für Vorgangstypen** nicht löschen, **wenn es mit einem Projekt verknüpft ist**. Beachten Sie die Anmerkung am Ende der folgenden „**Bildschirmmaskenschema für Vorgangstypen mit einem Projekt verknüpfen**"-Sektion für weitere Informationen zum Entfernen der Verknüpfungen.

Bildschirmmaskenschema für Vorgangstypen mit einem Projekt verknüpfen

1. Navigieren Sie Hauptmenüleiste | Zahnrad | Projekte
2. Klicken Sie auf der Projekte-**Administrations**-Maske in der **Projektliste** auf das **Projekt** (in der Name-Spalte), das Sie mit dem Bildschirmmaskenschema für Vorgangstypen verknüpfen wollen
3. Wählen Sie auf der **Projekt-Administration-Übersichtsseite** des Projekts den Punkt „**Bildschirmmaske**" aus der Seitenleiste
4. Klicken Sie auf der „**Bildschirmmaskenschema für Vorgangstypen**"-Seite des Projektes oben rechts auf den **Aktionen**-Button
5. Klicken Sie in der **Aktionen**-Dropdown-Liste auf den Punkt „**Anderes Schema auswählen**"
6. Wählen Sie auf der „**Bildschirmmaskenschema für Vorgangstyp zuweisen**"-Seite das **Bildschirmmaskenschema für Vorgangstypen** aus der Schema-Dropdown-Liste, das Sie verknüpfen möchten
7. Klicken Sie auf den **Zuweisen**-Button

TIPP: Wenn Sie ein **Bildschirmmaskenschema für Vorgangstypen** löschen möchten, es jedoch **mit einem Projekt verknüpft** ist, folgen Sie den obigen Schritten und stellen Sie in Schritt 6 das Schema des Projekts auf das **JIRA Default Issue Type Screen Scheme** um.

Benutzerdefinierte Felder

Benutzerdefiniertes Feld hinzufügen

1. Navigieren Sie Hauptmenüleiste | Zahnrad | Vorgänge
2. Wählen Sie auf der Administration-Maske den Punkt **Benutzerdefinierte Felder** aus der Seitenleiste
3. Klicken Sie auf der „**Benutzerdefinierte Felder**"-Maske auf den „**+ Benutzerdefiniertes Feld hinzufügen**"-Button
4. Wählen Sie im „**Einen Feldtyp auswählen**"-Popup den gewünschten **Feldtyp** aus
5. Klicken Sie auf den **Weiter**-Button
6. Im „**Feld konfigurieren**"-Popup:
   i. Geben Sie einen **Namen** für das Feld ein
   ii. Geben Sie eine **Beschreibung** für das Feld ein
   iii. geben Sie **Optionen** ein (falls erforderlich)
      (a) Geben Sie eine Option ein und klicken Sie „**Hinzufügen**". Optionen werden zu den Auswahlelementen, die Sie oder der/die Nutzer im Feld später auswählen können
      (b) Sie können die Reihenfolge der Optionen mittels Drag & Drop ändern: Fahren Sie dafür mit der Maus über die Raster-Markierung links vom Namen der Option. Wenn sich der Mauszeiger in ein Symbol mit Pfeilen in vier Richtungen wandelt, können Sie die Option hoch und runter ziehen
      (c) Entfernen Sie eine Option durch Klick auf das „x" ganz rechts neben dem Namen der Option
7. Klicken Sie auf den **Erstellen**-Button

Was Sie noch benötigen, damit es funktioniert

✓ Bildschirmmaske

Benutzerdefiniertes Feld konfigurieren

1. Navigieren Sie Hauptmenüleiste | Zahnrad | Vorgänge
2. Wählen Sie auf der Administration-Maske den Punkt **Benutzerdefinierte Felder** aus der Seitenleiste
3. Navigieren Sie auf der „**Benutzerdefinierte Felder**"-Maske bei dem zu **konfigurierenden benutzerdefinierten Feld** zum **Zahnrad**-Symbol in der letzten Spalte
4. Klicken Sie auf das **Zahnrad** und wählen Sie **Konfigurieren** aus der Dropdown-Liste aus

   ANMERKUNG: Obwohl es einige Dinge gibt, die Sie auf dieser Maske tun können, beschränken wir uns auf das Ändern des **Standardwertes** und der **Feld-Optionen.**

5. Klicken Sie auf den „**Standardwert bearbeiten**"-Link in der „Standardwert"-Zeile
6. Geben Sie auf der „**Standardeinstellungen für benutzerdefiniertes Feld festlegen**"-Seite einen Wert (Option) an, den Sie als Standardwert für das Feld verwenden möchten.
7. Klicken Sie auf den „**Standardwert festlegen**"-Button
8. Klicken Sie auf den „**Optionen Bearbeiten**"-Link in der **Optionen**-Zeile
9. Auf der „Bearbeitungsoptionen für benutzerdefiniertes Feld"-Seite können Sie:

   i. Die Optionen mittels Klick auf den entsprechenden Link alphabetisch sortieren

ii. **Eine neue Option dem benutzerdefinierten Feld hinzufügen**, indem Sie einen Wert (Option) in das „**Wert hinzufügen**"-Feld am Ende der Maske eintragen und auf **Hinzufügen** klicken

iii. Die Reihenfolge der Optionen neu anordnen, indem Sie auf den entsprechenden **Pfeil** in der **Reihenfolge**-Spalte klicken ***oder*** die jeweilige Positionsnummer in der „**An Position verschieben**"-Spalte eingeben und auf den „**Verschieben**"-Button klicken

iv. Den Namen des Wertes **ändern**

v. Den Wert **löschen**

vi. Den Wert **deaktivieren** (nützlich, wenn Sie den Wert derzeit nicht nutzen möchten, jedoch den Eintrag des Wertes in der Datenbank behalten möchten)

10. Klicken Sie auf **Done**

Benutzerdefiniertes Feld bearbeiten

1. Navigieren Sie Hauptmenüleiste | Zahnrad | Vorgänge
2. Wählen Sie auf der Administration-Maske den Punkt **Benutzerdefinierte Felder** aus der Seitenleiste
3. Klicken Sie auf der „**Benutzerdefinierte Felder**"-Maske bei dem zu bearbeitenden **benutzerdefinierten Feld** im **Zahnrad**-Menü auf **Bearbeiten**
4. Auf der „Details des benutzerdefinierten Felds bearbeiten"-Maske können Sie:

   i. Den **Feldnamen** ändern

   ii. Die Beschreibung ändern

   ACHTUNG: Ändern Sie nicht den **Suchvorlage**-Wert

5. Klicken Sie auf den **Aktualisieren**-Button

BENUTZERDEFINIERTES FELD ÜBERSETZEN

1. NAVIGIEREN SIE HAUPTMENÜLEISTE | ZAHNRAD | VORGÄNGE
2. WÄHLEN SIE AUF DER ADMINISTRATION-MASKE DEN PUNKT **BENUTZERDEFINIERTE FELDER** AUS DER SEITENLEISTE
3. KLICKEN SIE AUF DER „**BENUTZERDEFINIERTE FELDER**"-MASKE BEI DEM ZU ÜBERSETZENDEN **BENUTZERDEFINIERTEN FELD** IM **ZAHNRAD**-MENÜ AUF **ÜBERSETZEN**
4. WÄHLEN SIE AUF DER „**BENUTZERDEFINIERTES FELD ÜBERSETZEN**"-MASKE DIE JEWEILIGE **SPRACHE** AUS DER DROPDOWN-LISTE
5. GEBEN SIE DEN ÜBERSETZTEN **NAMEN** IM **FELDNAME**-FELD EIN
6. GEBEN SIE EINE ÜBERSETZTE **BESCHREIBUNG** IM **BESCHREIBUNG**-FELD EIN
7. KLICKEN SIE AUF DEN **AKTUALISIEREN**-BUTTON

   ACHTUNG: JIRA wird den Feldnamen nicht automatisch für Sie übersetzen; Allerdings wird es den übersetzten Feldnamen für verschiedene Bildschirmmasken speichern. Beispielsweise können Sie eine Standardbildschirmmaske mit allen Feldern in Englisch haben wollen, jedoch eine andere Version der Bildschirmmaske, auf der alle Felder auf Französisch sind.

BENUTZERDEFINIERTES FELD BILDSCHIRMMASKE(N) ZUWEISEN

1. NAVIGIEREN SIE HAUPTMENÜLEISTE | ZAHNRAD | VORGÄNGE
2. WÄHLEN SIE AUF DER ADMINISTRATION-MASKE DEN PUNKT **BENUTZERDEFINIERTE FELDER** AUS DER SEITENLEISTE
3. KLICKEN SIE AUF DER „**BENUTZERDEFINIERTE FELDER**"-MASKE BEI DEM ZUZUWEISENDEN **BENUTZERDEFINIERTEN FELD** IM **ZAHNRAD**-MENÜ AUF **BILDSCHIRMMASKE**

4. Aktivieren Sie auf der „**Feld Bildschirmmasken zuweisen**"-Seite jeweils das Kontrollkästchen in der **Auswählen**-Spalte für den/die Bildschirmmaske(n), der/denen Sie das Feld zuweisen möchten

   TIPP: Wenn eine Bildschirmmaske mehr als eine Registerkarte hat, erscheint in der Tab-Spalte eine Dropdown-Liste. Wählen Sie die Registerkarte in der Liste, auf der das Feld platziert werden soll.

5. Klicken Sie auf den **Aktualisieren**-Button

Benutzerdefiniertes Feld löschen

1. Navigieren Sie Hauptmenüleiste | Zahnrad | Vorgänge
2. Wählen Sie auf der Administration-Maske den Punkt **Benutzerdefinierte Felder** aus der Seitenleiste
3. Klicken Sie auf der „**Benutzerdefinierte Felder**"-Maske bei dem zu löschenden **benutzerdefinierten Feld** im **Zahnrad**-Menü auf **Löschen**
4. Klicken Sie auf der „**Benutzerdefiniertes Feld löschen**"-Maske auf den **Löschen**-Button

   ACHTUNG: Wenn Sie ein benutzerdefiniertes Feld löschen, werden alle Werte dieses Feldes in all Ihren Vorgängen gelöscht. Wenn Sie lediglich das Feld von einer Bildschirmmaske **entfernen** möchten, folgen Sie den Instruktionen in der **Benutzerdefiniertes Feld Bildschirmmaske(n) zuweisen**-Sektion und **deaktivieren** Sie das/die Kontrollkästchen in der **Auswählen**-Spalte für die jeweilige(n) Bildschirmmaske(n), auf der/denen Sie das Feld nicht mehr haben möchten.

Feldkonfigurationen

Weiterführendes und fortgeschrittenes Thema.

Feldkonfigurationsschemata

Weiterführendes und fortgeschrittenes Thema.

Zeitverfolgung

Weiterführendes und fortgeschrittenes Thema.

Verknüpfen von Vorgängen

Weiterführendes und fortgeschrittenes Thema.

Benutzer

Benutzer erstellen

1. Navigieren Sie Hauptmenüleiste | Zahnrad | Benutzerverwaltung
2. Klicken Sie auf der **Benutzer**-Maske auf den „**Benutzer erstellen**“-Button
3. Im „Neuen Benutzer erstellen“-Popup:
    i. Geben Sie die **E-Mail-Adresse** des Benutzers ein
    ii. Geben Sie den **vollen Namen** des Benutzers ein
        (a) verwenden Sie die Namenskonvention Ihrer Organisation (z.B. Vorname, Nachname oder Nachname, Vorname, etc.)
    iii. Geben Sie den **Benutzernamen** des Benutzers ein
    iv. Geben Sie ein **Passwort** ein (optional)
    v. Aktivieren Sie das „E-Mail-Benachrichtigung senden“-Kontrollkästchen
    vi. Aktivieren Sie das Anwendungszugriff-Kontrollkästchen
4. Klicken Sie auf den **Erstellen**-Button

Was Sie noch benötigen, damit es funktioniert

✓ Die E-Mail-Adresse des Benutzers

Benutzer einladen

1. Navigieren Sie Hauptmenüleiste | Zahnrad | Benutzerverwaltung
2. Klicken Sie auf der **Benutzer**-Maske auf „**Benutzer einladen**“

3. Geben Sie im „**Benutzer einladen**"-Popup die **E-Mail-Adresse** des Benutzers ein
   i. Geben Sie mehrere E-Mail-Adressen entweder getrennt durch Kommas oder in separaten Zeilen ein
4. Klicken Sie auf den **„Benutzer einladen"**-Button

Was Sie noch benötigen, damit es funktioniert

✓ E-Mail-Adresse des Benutzers

Benutzer bearbeiten

1. Navigieren Sie Hauptmenüleiste | Zahnrad | Benutzerverwaltung
2. Klicken Sie auf der **Benutzer-**Maske bei dem zu bearbeitenden **Benutzer** in der letzten Spalte auf den **bearbeiten**-Link
3. Im „Benutzerprofil bearbeiten"-Popup können Sie:
   i. Den **benutzernamen** ändern
   ii. Den **vollen Namen** ändern
   iii. Die E-Mail-Adresse ändern
   iv. Den Status von **Aktiv** auf **Inaktiv** ändern, indem Sie das Kontrollkästchen deaktivieren
4. Klicken Sie auf den **Aktualisieren**-Button

Benutzer löschen

1. Navigieren Sie Hauptmenüleiste | Zahnrad | Benutzerverwaltung
2. Klicken Sie auf der **Benutzer**-Maske bei dem zu löschenden **Benutzer** in der letzten Spalte auf den Drei-Punkte-Button und wählen Sie die **„Benutzer löschen"-Option**

3. **KLICKEN SIE IM „BENUTZER LÖSCHEN"-POPUP AUF DEN LÖSCHEN-BUTTON**

ACHTUNG 1: Diese Aktion kann nicht rückgängig gemacht werden. Anstatt einen Benutzer zu löschen, möchten Sie diesen womöglich weiterhin in der JIRA-Datenbank behalten, indem Sie ihn auf **Inaktiv** setzen. Folgen Sie den Instruktionen in der **Benutzer bearbeiten**-Sektion, insbesondere **Punkt 3.iv**. (Ein zusätzlicher Bonus ist, dass ***inaktive Benutzer nicht gegen die Gesamtzahl lizenzierter Benutzer zählen***).

ACHTUNG 2: Ein Benutzer kann nicht gelöscht werden, wenn sie/er bereits Vorgängen zugewiesen wurde. Sie müssen also zuerst die Vorgänge löschen oder diese einem anderen Benutzer zuweisen.

Projektrollen

Projektrolle hinzufügen

1. Navigieren Sie Hauptmenüleiste | Zahnrad | System
2. Wählen Sie auf der **Administration-System**-Maske den Punkt **Projektrollen** aus der Seitenleiste in der Sektion „Sicherheit“
3. Navigieren Sie auf der „**Projektrollen-Browser**“-Maske nach unten zur „**Projektrolle hinzufügen**“-Sektion
4. Tragen Sie im **Name**-Feld eine Projektrolle ein
5. Geben Sie eine **Beschreibung** ein
6. Klicken Sie auf den „**Projektrolle hinzufügen**“-Button

Was Sie noch benötigen, damit es funktioniert

- ✓ Projekt
- ✓ Benutzer

Projektrolle bearbeiten

1. Navigieren Sie Hauptmenüleiste | Zahnrad | System
2. Wählen Sie auf der **Administration-System**-Maske den Punkt **Projektrollen** aus der Seitenleiste in der Sektion „Sicherheit“
3. Klicken Sie auf der **„Projektrollen-Browser“**-Maske bei der zu bearbeitenden **Rolle** in der „**Funktionen**“-Spalte auf den **bearbeiten-Link**
4. Auf der „**Projektrolle bearbeiten**“-Maske können Sie:
   i. Den **Namen** ändern
   ii. Die **Beschreibung** ändern
5. Klicken Sie auf den **Aktualisieren**-Button

Standardmitglieder verwalten

1. Navigieren Sie Hauptmenüleiste | Zahnrad | System
2. Wählen Sie auf der **Administration-System**-Seite den Punkt **Projektrollen** aus der Seitenleiste in der Sektion „Sicherheit"
3. Klicken Sie auf der **„Projektrollen-Browser"**-Maske bei der zu verwaltenden **Rolle** in der „**Funktionen**"-Spalte auf den **Standardmitglieder verwalten-Link**
4. Klicken Sie auf der „**Standardmitglieder für Projektrolle bearbeiten**"-Maske in der „Standard Benutzer"-Spalte auf den **Bearbeiten-Link**
5. Geben Sie auf der „**Standardbenutzer zu Projektrolle zuweisen**"-Maske die **Namen** der Standardbenutzer für die Projektrolle in der Textbox ein.

   TIPP: Trennen Sie mehrere Benutzernamen mittels Komma
6. Klicken Sie auf den **Hinzufügen**-Button

Projektrolle löschen

1. Navigieren Sie Hauptmenüleiste | Zahnrad | System
2. Wählen Sie auf der **Administration-System**-Seite den Punkt **Projektrollen** aus der Seitenleiste in der Sektion „Sicherheit"
3. Klicken Sie auf der **„Projektrollen-Browser"**-Maske bei der zu löschenden **Rolle** in der „**Funktionen**"-Spalte auf den **Löschen-Link**
4. Klicken Sie auf den **Löschen**-Button

   ACHTUNG: Wenn Sie eine Projektrolle löschen, wird sie aus **ALLEN** Projekten und Schemata gelöscht.

Projektrolle für Benutzer bearbeiten

1. Navigieren Sie Hauptmenüleiste | Zahnrad | Benutzerverwaltung
2. Klicken Sie auf der **Benutzerverwaltung-Administration**-Maske bei dem jeweiligen **Benutzer** in der letzten Spalte auf den Drei-Punkte-Button und wählen die „**Projektrollen anzeigen**“-Option
3. Klicken Sie auf der „Projektrollen für Benutzer anzeigen“-Maske auf den „Projektrollen bearbeiten“-Button
4. Auf der „Projektrollen für Benutzer bearbeiten“-Maske:
   i. Suchen Sie nach dem **Projekt**, dem Sie den Benutzer zuweisen möchten
   ii. Suchen Sie nach der **Rolle**, die der Benutzer spielen soll
   iii. Aktivieren Sie das **Kontrollkästchen** bei der sich das Projekt und die Rolle kreuzen
   iv. Klicken Sie auf den **Speichern**-Button

Was Sie noch benötigen, damit es funktioniert

- ✓ Projekt
- ✓ Benutzer

Gruppen

Gruppe hinzufügen

1. Navigieren Sie Hauptmenüleiste | Zahnrad | Benutzerverwaltung
2. Wählen Sie auf der **Benutzerverwaltung-Administration**-Seite den Punkt **Gruppe** aus der Seitenleiste
3. Navigieren Sie auf der „**Gruppen**“-Maske zur „**Gruppe hinzufügen**“-Sektion
4. Geben Sie einen **Namen** für die Gruppe im **Name**-Textfeld ein
5. Klicken Sie auf den „**Gruppe hinzufügen**“-Button

Was Sie noch benötigen, damit es funktioniert

- ✓ Berechtigungsschema

Gruppenmitglieder bearbeiten

1. Navigieren Sie Hauptmenüleiste | Zahnrad | Benutzerverwaltung
2. Wählen Sie auf der **Benutzerverwaltung-Administration**-Seite den Punkt **Gruppe** aus der Seitenleiste
3. Klicken Sie auf der **Gruppen**-Maske bei der zu bearbeitenden **Gruppe** in der „**Funktionen**“-Spalte auf den **Mitglieder bearbeiten-Link**
4. Auf der „Mehrere Gruppenmitglieder bearbeiten“-Seite:

   i. Wenn Sie eine oder mehrere weitere Gruppe(n) (in der linken „**ausgewählte Gruppen**“-Spalte) für die Bearbeitung auswählen, müssen Sie den „**die Liste der Gruppenmitglieder aktualisieren**“-Link anklicken,

DAMIT DIE MITGLIEDER IN DER MITTLEREN SPALTE (**GRUPPENMITGLIEDER**) ERSCHEINEN

ACHTUNG: Wenn Sie diese Seite aufrufen, ist Ihre Gruppe bereits ausgewählt und Sie bekommen die Aktualisieren-Option nicht angezeigt

ii. **ENTFERNEN** SIE GRUPPEN-MITGLIEDER IN DER **MITTLEREN SPALTE**, INDEM SIE AUF DEREN **NAMEN** UND DEN „**REMOVE SELECTED USERS**"-BUTTON KLICKEN

iii. **FÜGEN** SIE MITGLIEDER DEN AUSGEWÄHLTEN GRUPPEN IN DER **RECHTEN SPALTE HINZU**, INDEM SIE DEREN **NAMEN** EINGEBEN UND AUF DEN „**ADD SELECTED USERS**"-BUTTON KLICKEN

GRUPPE LÖSCHEN

1. NAVIGIEREN SIE HAUPTMENÜLEISTE | ZAHNRAD | BENUTZERVERWALTUNG
2. WÄHLEN SIE AUF DER **BENUTZERVERWALTUNG-ADMINISTRATION**-MASKE DEN PUNKT **GRUPPE** AUS DER SEITENLEISTE
3. KLICKEN SIE AUF DER **GRUPPEN**-MASKE BEI DER ZU LÖSCHENDEN **GRUPPE** IN DER „**FUNKTIONEN**"-SPALTE AUF DEN **LÖSCHEN-LINK**
4. KLICKEN SIE AUF DER „**GRUPPE LÖSCHEN**"-SEITE AUF DEN **LÖSCHEN**-BUTTON

   TIPP: Sie werden durch das Löschen der Gruppe keine Benutzerkonten löschen.

Quellenmaterial

Das JIRA Core Benutzerhandbuch ist eine ausgezeichnete Quelle für technische Instruktionen:

https://confluence.atlassian.com/alldoc/atlassian-documentation-32243719.html

Über Toreno Information Services

Toreno Information Services ist ein Spezialsoftware-Lieferant und Lösungsanbieter.

Wir helfen Firmen beim Einsatz von kostengünstigen und benutzerfreundlichen Technologien für die folgenden Themen:

- Einfacher und effizienter mit Arbeitsablauf- und Projekt-Management-Software zu arbeiten
- Informationen mit Hilfe von Datenbank-Design und -Wartung besser zu verwalten
- Befähigung von Teams, mittels kollaborativen Arbeitsplätzen effektiver zusammen zu arbeiten

Die Zusammenarbeit mit Toreno I.S. erlaubt Ihnen und Ihrem Team, sich auf den Kernbetrieb zu fokussieren, anstatt durch Ihre Technologie abgelenkt zu sein. **Betrachten Sie uns als die nicht-technische Technologie-Firma.**

Ansässig in Reno, USA und Toronto, Canada, haben unsere Partner jahrzehntelange Erfahrung mit Datensystemen, System-Management, Dokumenten-Management, Vorgangs-, Prozess- und Projekt-Management, Change Management sowie analytischem und operativem Report-Design.

Zögern Sie nicht, uns unter ContactUs@TorenoIS.com zu kontaktieren.

Lassen Sie uns darüber sprechen, wie wir Ihrer Organisation weiterhelfen können.

Unsere Technologie-Lösungen
machen Ihr Leben einfacher!

Über den Übersetzer

Liebe Leserin, lieber Leser,

Zu Beginn möchte ich Rynder Roy Klomp für sein Vertrauen, die Möglichkeit, an diesem spannenden Projekt - nicht-technischen Nutzern die Grundlagen von JIRA näher bringen zu dürfen - sowie die ausgezeichnete Zusammenarbeit über die letzten Monate danken.

Mein Name ist Philipp Sendek, ich bin Technischer Berater bei der Brainbits GmbH (vorige Stationen: Adaptavist Germany GmbH & Accxia GmbH) und neben den Zertifizierungen als Confluence Administrator, JIRA Administrator, JIRA Software for Agile Development und JIRA System Administrator bin ich Mitglied im Atlassian Certification Advisory Board und entwickle zusammen mit internationalen Solution Partnern neue Zertifizierungen und Badges im Namen von Atlassian.

Meine „Atlassian-Reise" begann 2011, bei einem bekannten deutschen „Platinum Expert"-Dienstleiter. Neben der Ausführung von Kunden-Installationen vor Ort und im eigenen Datencenter, habe ich dort Kunden-Workshops über die Administration und Verwaltung der Tools bei verschiedenen Unternehmen gegeben – primär Großunternehmen und großen Instituten.

Nach dem Wechsel zu einem der weltweit führenden Videospiel-Publisher konnte ich mein Wissen über die Atlassian-Tools bei der Prozess- und Betriebs-Optimierung in IT- und Software-Entwicklungs-Abteilungen einsetzen und stetig erweitern.

Anschließend ergriff ich die Chance, mich stärker auf die Atlassian-Tools zu konzentrieren und trat Adaptavist in Deutschland als „Technical Consultant" bei, die einen exklusiven Fokus auf die Atlassian-Tools pflegen. Dadurch konnte ich mein Wissen weiter vertiefen, um deutschlandweit Unternehmen und Organisationen dabei zu unterstützen, den höchsten Wert aus den Atlassian-Tools zu schöpfen.